E. 1313
12.
P.

AF475021

3452

LE NOVVEAV TRAITÉ DE LA COVR,

OV INSTRVCTION DES COVRTISANS,

ENSEIGNANT AVX GENTILS-Hommes l'Art de viure à la Cour, & de s'y maintenir.

A PARIS,

Chez CLAVDE BARBIN, vis à vis le grand Portail de la Sainte Chapelle.

M. DC. LXIV.

TABLE

Des Auteurs alleguez tant dans le Texte, qu'és notés marginales.

Ammian Marcellin.
Appian
Apollonius Tyaneus.
Aristote.
Athenée.
Aulus Gellius.
Ausone.
Carion
Cassiodore.
Cecilius.
Ciceron.
S Chrisostome.
Dion Cassius.
Dionisius Halicarnassens.
Ebanus.
Ennius.
Euripide.
Heliodore.
Herodote.
Hesichius.
Horace.
Iulian l'Apostat.
Iustin l'Historien.
Iuuenal.

Laberius
Lampridius.
Lucian
Mamertinus.
Martial.
Menander
Nicetas Choniates.
Ouide.
Petronius.
Plaute.
Pline le ieune.
Polybe.
Publianus Mimus.
Q. Curce.
Rufinus.
Salomon.
Saluste.
Seneque le Philosophe.
Seneque le Tragique.
Symmaque.
Suetone.
Stobée.
Suidas.
Synesius.
Tacite.
Theognis.
Velleius Paterculus.
Xiphilin.

TRAITÉ

TRAITÉ DE LA COVR.

PREMIERE PARTIE.

En laquelle eſt fort amplement deduit & traicté des aduantages & principales parties requiſes & neceſſaires à vn Courtiſan.

CHAPITRE PREMIER.

1. *De l'incertitude, varieté & diuerſité de la Cour.*
2. *A la Cour plus de hazard que de conduite.*
3. *Au commencement de la Cour le hazard eſt meſlé auec la conduite.*
4. *Excuſe de l'Autheur ſur ſon Eſcrit Ordre & diuiſion de tout le traité.*

ENTRE toutes les ſortes de conuerſations la plus meſlée, & enſemble la plus difficile & eſpineuſe eſt celle de la Cour. En laquelle n'ayant ordinairement autres qui se iettent, que ceux qui sont poussez ou d'ambition, ou de desir de faire leurs affaires: comme ces passions là sont violentes, & qu'elles doiuuent estre encore dauantage en ceux qui se resoluent à vne si penible vie; aussi leurs mouuements sont violents, leurs rencontres rudes & fascheuses, & d'autant plus frequentes, que plus de gens tendent à mesme but. Que s'il est besoin de retenuë, leur dissimulation est plus couuerte, & leurs finesses sont plus malicieuses, & ayans necessairement à se mesler parmy l'orgueil & la vanité de ceux qui ont credit enuers le Prince, bien souuent ne les pouuans contenter en leurs desirs aucunesfois peu raisonnables, on court fortune de se ruiner plustost que de s'auancer.

La vanité est telle en cette conduite, qu'il est du tout impossible d'en donner des regles certaines. Et le meilleur conseil en ce sujet est celuy qui se prend sur le champ, faisant comme l'on dit, la guerre à l'œil. Ce qui a fait que plusieurs en cette varieté ont creu, qu'aux auancemens de Cour, il y auoit plus de rencontre & de hazard 1 que de conduite.

2. Et l'Empereur Sigismond, pour faire voir à vn sien Courtisan qui se

1 *Tacit. Dubitare cogor, fato nascendi, ut cetera, ita principiũ inclinatio in hos, offensio in illos an sit aliquid in nostris cõsiliis, liceatque inter abruptam contumaciam, & deforme obsequiũ, pergere iter ambitione ac periculis vacuum.*

plaignoit apres le seruice de plusieurs années, de n'auoir reçeu aucun auantage de luy, que souuent telles fautes ne prouenoient pas du Prince, mais de la mauuaise fortune des Courtisans, luy presenta deux boüettes fermées, l'vne remplie d'or, & l'autre de plomb: luy donnant le choix de l'vne ou de l'autre pour sa recompense. Ce Courtisan s'estant adressé à celle en laquelle estoit le plomb, pensant prendre celle où estoit l'or, il luy dit qu'il reconnust par là & accusast quant & quant sa mauuaise fortune, & non l'Empereur; 1 de ce qu'il n'auoit encore ressenty les effets de sa liberalité.

3. Si ne faut-il pas croire que tout soit fortuit en la Cour. Il en est comme du ieu de premiere & autres ieux, ausquels le hazart est meslé auec la conduite. Le bon ioüeur ne laissera pas d'y perdre, si la fortune luy est contraire; mais si elle luy en dit, il la sçaura mieux mesnager qu'vn autre. Et pouuons dire que non la Cour seulement, 2 mais toute nostre vie est de mesme.

Toutefois pource que la Cour est vn theatre haut esleué & exposé à la veuë de tout le monde, l'on y remarque mieux les ieux de la fortune. Il ne faut donc pas negliger les regles

1 *Carion. Iam reclusa pixide aiebat Cæsar videri palã non suam voluntatẽ sed ipsius fortunam obstitisse, quo minus hactenus beneficium sit consecutus.*

2. *Cicer. Vitam regis fortuna non sapientia.*

plus ordinaires, & plus vniuerſelles, qui peuuent ſeruir à cette conduite, encore qu'elles ne reüſſiſſent pas touſiours comme l'on s'eſt promis. Pluſieurs bons Pilotes n'ont pas laiſſé de ſe perdre, nonobſtant la connoiſſance & l'experience qu'ils auoient de la nauigation: & d'autres moins entendus ſans aſtrolabe ny bouſſole, ſont venus à bout de longs & perilleux voyages. Pour cela toutesfois il ne faut pas conclurre que nous ne deuions ſans art, ſans ſcience & ſans bouſſole nous ietter à la mercy des vents.

4. Mais certes, i'euſſe deſiré que vous euſſiez choiſi vn pilote plus experimenté que moy en cette mer, ne pouuant en la ſolitude, en laquelle ie vis, vous en repreſenter qu'vne carte aſſez vague & incertaine, & y tracer les routes que le diſcours & les exẽples du vieil temps, (entretiens ordinaires de ma ſolitude) me peuuent enſeigner. Car d'entrer aux exemples de ce temps, quand bien cela ſe pourroit faire auec plus de fruit, neantmoins ne ſe pouuant parler des viuans ſans enuie, il eſt plus ſeur de s'en taire.

5. Auſſi i'eſtime que voſtre intention n'eſt pas que ie m'engage en tels diſcours de la verité, deſquels vous auez plus de connoiſſance que moy. Afin

donc de pouuoir ſuiure quelque ordre en vn ſuiet ſi confus, ie parleray premierement des parties que i'eſtime plus neceſſaires à vn homme de Cour, puis de l'vſage d'icelles en ſa conduite, ſoit pour s'auancer en credit, ſoit pour s'y maintenir, ſoit pour preuoir ſa cheute afin de la rendre plus douce & moins honteuſe.

CHAPITRE II.

1. *Parties plus requiſes & neceſſaires à vn Courtiſan, premier chef, & ſuiet de cette premiere partie.*
2. *De la Ciuilité.*
3. *De la bien ſeance en la Parole.*
4. *De la contenance.*
5. *Des accouſtremens, & de leur vſage.*

1. LEs parties plus neceſſaires à vn homme de Cour, ſont la Ciuilité, & la Promptitude de faire plaiſir à vn chacun pour luy donner entrée: l'Accortiſe & Dexterité pour le conduire par tout; & pour ſe maintenir, la Patience, l'Humilité, la Hardieſſe, & la Suffiſance ou Capacité.

2. La Ciuilité conſiſte principalement en deux points pour la rendre accomplie. L'vn eſt vne certaine Decence, Bien-ſeance, ou bonne grace, à

laquelle l'on se doit conformer tant quel'on peut: l'autre est vne Affabilité agreable qui nous rend non seulement accessibles à tous ceux qui nous voudront aborder, mais aussi fasse desirer nostre hantise & conuersation.

3. Cette Decence ou bonne grace regarde trois choses; la Parole, la Contenance, & les Vestemens. En la Parole faut que la voix soit nette, non enroüée, non trop haute, ny trop basse, non begue, mais distincte; les termes soient honnestes, ordinaires, inteligibles, & communs, non vils toutesfois ny affectez, mais propres à la chose

4. En la contenance faut que la rencontre du visage soit douce, & gracieuse, modestie, non affectée & sans grimaces; le port du corps bien seant, sans gestes extraordinaires; en toutes actions ordinaires, soit boire, manger, ou autre semblable; monstrer modestie, & suiure ce qui est receu entre ceux auec lesquels nous conuersons.

5. Aux Vestemens il faut estre propre non superflu, & selon les façons qui courent, sans trop affecter les nouuelles, ni s'opiniastrer trop aux vieilles. Mais pour se bien regarder en tout cecy, l'on considerera la façon & con-

tenance de ceux ,qui ont reputation de posseder cette bien-seance , & qui par là se rendent agreables , afin de se conformer & dresser à leur imitation.

CHAPITRE III.

1. *De l'Affabilité en general , & en quoy elle consiste.*
2. *Aux Attraicts.*
3. *A estre attentif à escouter.*
4. *Reprendre auec douceur & modestie.*
5. *Principallemẽt necessaire aux grands*
6. *Dequoy doit estre accompagnée l'Affabilité.*

1. L'Affabilité consiste en plusieurs choses, mais principallement à sçauoir accueillir bien & humainement receuoir les personnes , les salüer, honorer, respecter , aller au deuant, & à la rencontre , les appeller , bref par signes exterieurs & caresses les asseurant de nostre courtoisie, & bonne volonté : leur donnant auec gestes & façons attrayantes , le plus de seureté & confiance que faire se pourra , de nous pouuoir faire parler.

2. Ce n'est pas assez pour confirmer entierement l'esprit des hommes , & pour faire qu'ils croyent estre aymez de nous , d'auoir vne bonne volonté

enuers eux & vn grand desir de leur ayder: mais il faut auec vn visage agreable, vn doux-courtois accueil les exciter & conuier de nous accoster.

3. Et les ayans atirez de cette façon-là les escouter auec signe de contentement & patience. Car celuy qui n'escoute ne se peut nommer affable, ny celuy semblablement qui interrompt le discours d'autruy, ou en contredisant, ou en voulant deuiner ce qu'vn autre veut dire.

Et il aduient ordinairement à telles gens de se rendre ridicules & confus auec perte de temps, se trouuans en leur opinion le plus souuent esloignez de ce que l'on leur veut dire. Outre qu'interrompre les conceptions de celuy qui parle, ou ne se rendre pas attentif, est vn offence, & vn grand tesmoignage de mespris.

4. Or principallement nous tesmoignerons nostre attention, en respondant apropos auec iugement & douceur: fuyans tant que faire se pourra les rudes & aigres reparties, faisant naistre en ceux qui parlent à nous l'esperance de pouuoir aysément nous approcher & parler toutes & quantesfois qu'ils voudront.

5. Mais encore que cette facilité à

entendre & respondre soit necessaire à toutes sortes de gens, & en toutes sortes de rencontres, elle l'est neantmoins dauantage aux grands qui ont à traiter affaires.

Car leurs inferieurs entrans en opinion, que ceux qui en vsent ainsi se rendent égaux à eux, sont par là tellement asseurez, qu'ils ne craignent point de se découurir ouuertement de toutes leurs pensées, & de tous leurs desseins, comme si c'estoit à leurs compagnons, ou à leurs amis : de façon que l'on peut dire que ceux là tiennent la clef des cœurs des hommes.

Mais comme l'honneur qu'vn grand nous fait, ne nous est pas agreable seulement pour le regard de sa personne, ains aussi pource que les caresses nous apportent plus de credit enuers ceux qui sont presens : de mesme le mespris qu'vn grand fait de nous, ne nous fasche pas seulement à cause de sa personne, mais nous est insupportable pour le peu d'estime, en laquelle l'on nous tient apres nous auoir veu ainsi maltraiter.

9. Toutefois encore que cette affabilité doiue estre accompagnée de douceur, ce n'est pas à dire qu'elle ne doiue estre aussi accompagnée de la Grauité & Decence sortable à no-

ſtre condition & noſtre eſtat.

Mais comme l'harmonie naiſt d'vne douce & iudicieuſe correſpondance du ton aigu & du graue, ainſi l'affabilité doit eſtre meſlée de la douceur & de la ſeuerité, ou pour mieux dire, doit eſtre comme vn moyen entre ces deux extremitez, de façon que l'vne n'eſpouuante ceux qui auront affaire à nous, & l'autre ne nous auiliſe enuers eux : mais qu'elle ſoit pleine de dignité & d'vne agreable rencontre ſelon la qualité des affaires, des perſonnes, des autres circonſtances : comme l'Empereur Manuel le conſeille à Paleologue ſon fils.

CHAPITRE IV.

1. *Les pointes & plaiſantes rencontres ſont partie de l'affabilité.*
2. *De quelle maniere il faut vſer.*
3. *Quelles doiuent eſtre les rencontres & gauſſeries.*
4.5.6 7. *Quelles il faut euiter & fuir.*
8.9. *Des diuerſes ſortes de Rencontres.*

1. LEs pointes & plaiſantes Rencontres ſont auſſi part de l'affabilité, & ſeruent à aſſaiſonner noſtre parler, la nature ayant donné le ris à l'homme pour donner relaſche à ces humeurs triſtes & melancholiques, qui

ordinairement accompagnent les affaires.

Il faut toutesfois en cecy apporter vn grand iugement & vne grande discretion. Car ceux qui s'en seruent licentieusement & à tous propos, au lieu d'estre tenus pour affables sont tenus pour bouffons & plaisans.

2. Il faut donc en vser sobrement & les entrelasser comme vn eclair, parmy l'obscurité d'vn graue discours, en façon qu'elles ne puissent auillir la dignité, ny de la presonne, ny de l'affaire que l'on traite.

Car comme vn peu d'eau que l'on iette sur vne grand feu l'alume dauantage, & si on en iette beaucoup l'esteint tout à fait, aussi ces pointes & rencontres trop frequentes perdent leur grace & la dignité de celuy qui s'en sert : mais entremeslées & esparses auec iugement en vn discours, l'animent & luy donnent force.

Et ainsi en doit-on vser comme de saulce & d'assaisonnement, & non comme de viande : de peur qu'au lieu de donner goust aux affaires, elles en causent la satieté & le degoustement.

3. Or la quantité de ces rencontres doit estre telle, qu'elle n'ayent en elles aucune partie odieuse : c'est à dire, qu'il n'y ait aucune saleté, & qu'elle

ne tournent ny en moquerie, ny en mé-disance, ny en reproche de quelque verité honteuse à celuy auquel on parle. Car telles rencontres au lieu de concilier les esprits les prouoquent quelquefois à mespris, desdain ou inimitié 2 & particulierement les grands s'en souuiennent longtemps.

Et bien qu'il semble nous deuoir estre permis de repliquer de quelque façon que ce soit quand l'on nous attaque de semblables gausseries : toutesfois le prudent & modeste conseil, que l'on peut prendre en cela, c'est de rabattre la pointe de telles paroles, ou auec vn graue silence, ou auec vn souris non desagreable, 3 plutost qu'auec vne mordante replique perdre son amy.

4. C'est reconnoistre la verité d'vne gausserie que de s'en piquer, & monstrer que l'on en est offencé : Au contraire en la mesprisant nous faisons croire aux autres qu'il n'en est rien. Et ainsi elle se passe sans laisser aucune mauuaise impression aux esprits des escoutans.

1 *Facetiæ, quæ multum ex vero trahunt acrē sui memoriam relinquunt.* 2 *Tacit. Qui gratia Augustæ floruerat aptus alliciendis feminarū animis dicax idē & Tyberium acerbis facetiis irridere solitus, quarum apud præpotentes in longum memoria est.* 3 *Publianus Mimus Maledictum interpretando facies acrius.* 4 *Tac Comitia spreta exolescunt, si irascare agnitia videntur.*

4. Faut aussi fuir les rencontres qui sont ordinaires en la bouche de gens de vile condition & qui ont en soy ie ne sçay quoy de seruile & abiect: comme à celles qui sont tirées des Equiuoques & mots à double entente, pource qu'elles sont plus souuent sottes, contraintes, & mal prises. Mais sur tout nous nous garderons d'accompagner nos rencontres de mines, grimaces, ou autre geste & contenance malseante, 5 comme font ordinairement les bouffons.

5. Ne faut aussi que telles rencontres soyent affectées ny premeditées, mais nées sans y penser.

6. L'on fuira celles qui sont trop auantageuses, & qui tiennent de l'orgueil, ou de la presomption: & ne faut mordre si asprement que l'on s'engage, ou en vne inimitié & haine d'autruy, ou en vne honteuse satisfaction.

7. Non plus deuons-nous reprocher à autruy ce qui nous peut estre reproché à nous mesmes: 6 ny nous gausser des miserables & mal-heureux: comme estant chose trop cruelle, non plus que des meschans qui sont plustost dignes de haine que de gausseries ny de nos amis & parens, comme chose pleine de malignité & mauuais naturel.

5 Suet. Histrionẽ & Philosophum nihil amplius quã vrbe, Italiaque sũmouit, vel contemptu omnis infamiæ, vel faciendo ne dolorem iritaret ingenia.

6 Publianus Mimus. In calamitoso risus etiam iniuria est.

Et bref, quiconque se veut mesler de rencontrer, doit faire grande consideration sur la qualité des personnes, du lieu, du temps, des autres circonstances.

8. Quand aux diuerses sortes de rencontres; elles sont en grand nombre : les vnes consistans en la rencontre d'vn mot court : les autres en la conception & entente de celuy qui parle, les autres en certaine façon de respondre, comme quand nous repondons à ce que moins l'on attendoit de nous; ou que nous respondons froidement sans nous esmouuoir à quelque demande faite auec ardeur & impatience.

9. Desquelles rencontres bien que l'on peust icy apporter plusieurs exemples des anciens, neantmoins pource qu'elles s'apprennent mieux par la pratique & par la conuersation, ie les laisseray, estans d'ailleurs la plusspart froides à reciter si les mots ne sont animez de la grace, auec laquelle ils ont esté autresfois prononcez.

CHAPITRE V.

1. *Les Complimens sont partie de l'Affabilité, la definition d'iceux.*
2. *Du milieu, & des extremitez des Complimens.*
3. *De la responce qu'on doit faire aux Complimens.*
4. *User des Complimens selon les occurrences, & comment.*

1. LEs Complimens aussi sont part de l'Affabilité. Nous appellons Compliment vne briefue expression d'amour, declaration ou demonstration d'honneur, & d'obligation enuers ceux lesquels nous desirons induire à confiance & asseurance qu'ils sont aymez & prisez de nous d'vne merueilleuse & reciprope affection.

2. Cette sortes d'offices, comme toutes autres choses, à son milieu & ses extremitez, de façon que pour y obseruer la mediocrité, il est necessaire d'entrer en consideration des circonstances de la personne, du lieu, du temps, de la chose, & de la cause, pource qu'autre façon de parler est requise enuers vn plus grand, ou plus petit, ou vn esgal, ou pareil à nous; autre quand il n'est question que de

tesmoigner vne simple bien-veillance : autre quand il faut tesmoigner obligation & respect.

Mais sur tout faut prendre garde de ne nous laisser pas transporter tant aux belles paroles, que nous nous engagions en des termes hors de propos, ou bien en des repliques mal-seantes, ou prises de loin. Ains faut qu'entre personnes familieres nous vsions de termes communs, non recherchez ny affectez : bref que la langue & le iugement en cecy marchent du pair, & ensemble : accompagnans nostre discours de gestes, contenances, & façons exterieures, expressiues de la mesme affection & volonté, donnant briefuement à connoistre les causes qui nous induisent à aymer, honorer, & nous resentir obligez.

Entre lesquelles il faudra choisir celles qui seront plus proches au suiet, & plus proches & mieux connues à celuy enuers lequel nous voulons faire ce Compliment.

Et si nous auons quelque gage de son amitié tant pour quelque bon office que nous auons receu de luy, que pour l'auoir tesmoigné par ses discours, il l'en faudra faire resouuenir, attribuant tout son naturel plein d'affection & de courtoisie. A quoy il adiouftera d'autant plus de creance que chacun trompé de l'amour de soy-mesme se persuade aysément auoir, & se réjoüir qu'vn autre croye qu'il possede les qualitez : qui le peuuent rendre agreable, & le faire priser d'vn chacun.

Et ce moyen deduit & traité auec artifice & discretion, a vne certaine force occulte d'esmouuoir & disposer l'esprit, à donner foy & creance à qui s'en sert.

I'ay dit Discretion, pour ce qu'il se rencontre certains naturels, quoy que rares en la Cour, lesquels sont si esloignez de cette vanité ordinaire, qu'ils tiendroient à charlatanerie, & prendroient deffiance de cette façon de proceder.

4. C'est pourquoy il faudra auec ces gens là s'esloigner de toute affectation, n'entrer en ces Complimens qu'aux rencontres dans lesquelles la coustume les rend necessaires, ou bien quand nous y serons portez par la suite du discours ou des affaires : tesmoignans en nous plustost vne habitude & resolution ferme de nostre volonté, que l'impetuosité d'vne affection vehemente qui puisse estre suspecte, ou d'inconstance, ou d'afeterie, ou dessein.

En la responce que l'on fera à ces complimens, l'on se gouuernera auec la mesme mesure & le mesme temperament. Mais particulierement pour respondre à l'obligation des bienfaicts que l'on dira auoir receus de nous, quoy que nous les deuions extenuer, si ne les diminuerons nous pas toutesfois plus qu'il est conuenable (comme aucuns font)

Pour ce que les diminuans trop, ou alleguans que ce seroit chose que nous ferions pour toute autre personne, nous accusons le iugement de celuy qui les prise, & qui croit auoir vn gage de nostre bien-veillance plus que le commun, lequel nous diminuons, en diminuant trop le bienfait : 1 & raualons par mesme moyen celuy qui s'estime estre tenu de nous pour nostre amy, à l'esgal de ceux qui ne le sont pas.

1 Senec. licet ita largiri, vt vnusquisque etiam si eum multis acceperit, in populo se esse non putet Nemo non habeat aliquam familiarem notam, per quam speret se promptius admissum.

C'est pourquoy bien que le deuoir nous ait porté à faire plaisir, il faut monstrer que l'affection particuliere y a contribué quelque chose, sans vanité toutesfois.

C'est ce qui se peut dire en general de cette sorte d'offices, qui pratiquez auec prudence seruent grandement pour gagner credit : comme au contraire, s'ils ne sont accompagnez de discretion, reüssissent ridicules, & estans obmis offencent ceux qui les attendent de nous.

CHAPITRE VI.

1. De la promptitude à faire plaisir, ou du bienfait.
2.3.4. Considerations sur iceluy.
5 6.7. Volontairement, promptement, liberalement.
8. Ne faut pas à l'instant demander la pareille apres auoir fait plaisir.
9. Ne faire desplaisir à l'vn, en faisant plaisir a l'autre.
10. Exemple sur cela.

LA promptitude de faire plaisir, est vne des pincipalles parties qui doiuent estre en vn homme lequel desire estre bien veu, & bien venu parmy les autres.

Elle contient en soy les principaux effets de la bien-veillance, qui sont le bienfait & la reconnoissance du bienfait.

1. Les bienfaits sont le ciment de la societé humaine; & les ceps & manottes (disoit vn ancien) auec lesquels on peut lier & captiuer autruy: mesmement en la Cour, ou l'interest est le seul lien qui rassemble & maintient

tant de gens les vns auec les autres, quoy que poussez de diuerses, & le plus souuent contraires affections.

2. Or la principale consideration que l'on doit auoir en bien-faisant, 1 est de bien faire à la façon que desire & vient à gré à celuy qui le reçoit: y ayant plusieurs choses par lesquelles pensans faire plaisir nous faisons déplaisir, faute de reconnoistre le desir & l'inclination de celuy à qui nous voulons bien faire.

3. L'autre consideration est en la façon de faire plaisir: car des bien faits les vns sont honnorables à celuy qui les reçoit, & ceux là doiuent estre faits deuant tout le monde, afin que l'honneur en soit plus grand.

4. 2 Les autres sont vtiles qui secourent l'indigence, foiblesse, honte, & autres necessitez de celuy qui les reçoit: & ceux cy se doiuent faire secrettement.

5. Les vns & les autres doiuent estre faits volontiers & gayement, non à

1 *Plaut. & Senec. Nullum beneficiũ esse duco, id quod quibus facias non placet Videamus quod oblatum maxime voluptati futurum sic habenti, ne munera superuacua mittamus.*

2 *Quædã beneficia palam dãda, quædã secreto palam quæ consequi gloriosum est, ut militaria dona, & honores, ut quidquid aliud notitiam pulchrius fit rursus quæ non producunt, nec honestiorem faciunt, sed succurrunt infirmitate, egestati, ignominia tacite danda sunt, ut nota sint solis quibus prosunt. l.2. de Beneficiis.*

regret ou par contrainte, ny mesme auec prieres. Car ce qui est accordé de cette façon est cherement vendu : les prieres estans tousiours accompagnées 3 de soûmission & de pudeur.

6. ils doiuent aussi estre faits tost & promptement : car le retardement est signe de doute, ou de peu de volonté : & refuser tost & donner tard est presque tout vn.

7. Selon la Philosophie le bien-fait ne deuroit estre mercenaire, ny fait sous esperance d'vne pareille. Mais en la Cour il ne s'en fait point autrement. Et neantmoins si faut-il le faire, de sorte que l'on ne découure en nous cette esperance, donnant à connoistre le plus que nous pourrons que le bien-fait est gratuit : autrement l'on ne nous en sçauroit plus de gré 4 qu'à vn vsurier qui presteroit son argent à interest.

8. C'est pourquoy celuy qui a fait plaisir, sera auerty de se garder d'entrer en demande promptement enuers celuy qui l'a reçeu, de peur d'estre veu vouloir exiger la pareille 5 & auoir fait plaisir à ce dessein.

9. L'on se gardera aussi à la Cour en faisant plaisir à quelqu'vn de nuire.

3 *Molestū verbum est onerosum, cum demisso vultu est dicendum rogo.*

4. *Senec. Turpis fœneratio est beneficium expensum ferre.*

5 *Cicer. Graue est homini pudenti petere aliquid magnum ab eo de quo se bene meritum putet, exigere magis quam rogare, & in mercedes potius quam beneficii loco numerare videatur.*

ou déplaire à autruy, de peur de perdre d'vn costé ce que l'on penseroit gagner d'vn autre.

Que si vn plaisir fait n'a reüssi comme nous esperions, ce sera prudence de continuer, afin de forcer par là l'ingrat de se rendre reconnoissant, s'il est tel que nous ne nous en puissions passer : & par nouueaux bien-faits, confirmer & rafraichir les vieux.

Mais vne chose dont principalement il se faut garder (bien qu'ordinaire en la Cour) est de ne troubler le receuant en la iouyssance du bien fait : comme font ceux qui ayans procuré vne Charge à quelqu'vn, la luy veulent faire exercer à leur fantaisie, & ne le faisant pas, tournent leur amitié en haine, coniurant la ruine de celuy qu'ils ont auancé.

10. De cette façon en vsa Ruffin, sous l'Empereur Arcadius, enuers Lucian, lequel il auoit fait Comte, ou Iuge en tout l'Orient, & lequel depuis, pour n'auoir satisfait en quelque chose iniuste au desir d'Eucherius oncle d'Arcadius, Ruffin le fit mourir miserablement.

Cet exemple pourroit estre accompagné de plusieurs autres semblables, si ie ne m'estois proposé la brieueté en ce discours.

CHAPITRE VII.

1. *De la reconnoissance & recompence du bienfait, & en quoy elle consiste.*
2. *Plaisir comment consideré.*
3. *Comment mesuré.*
4. *Consideré selon les personnes.*
5. *Moyens qu'il faut tenir pour reconnoistre vn bienfait.*
6. *Le temps de le reconnoistre.*

1. PAssons à la reconnoissance du bien-fait, laquelle consiste à le bien receuoir, s'en ressouuenir, & le sçauoir recompenser dignement & à temps.

Le bien-fait doit estre receu gratieusement auec parole aimable, & visage riant.

Quant à la souuenance, nous la deuons témoigner en publiant le plaisir que nous auons receu non seulement en le prisant & en faisant cas, mais aussi en loüant nostre bien-faicteur.

Et pour le regard de la recompence, elle doit estre proportionnée au bienfait, aux personnes, & aux moyens que l'on a de le reconnoistre.

2. Le bienfait se mesure, ou par sa nature, s'il est grand ou petit, facile

ou difficile, singulier ou commun & ordinaire, vray ou faux : ou bien par l'occasion, s'il a esté fait en la necessité & grand besoin de celuy qui l'a receu : car tels bien-faits ont grande force, & font oublier toutes iniures & offences passées, s'il y en auoit eu : comme au contraire le refus en tels saison est fort iniurieux, & fait oublier les precedens bien-faits.

3. Le plaisir se mesure aussi par la volonté de celuy qui l'a fait pour nous faire plaisir, ou pour sa commodité, ou par vanité, contrainte, necessité, ou hazard, en n'y pensant point ou voulant faire le contraire.

4. La consideration des personnes peut aussi nous obliger plus ou moins à la reconnoissance des bien-faits. 1. Ceux là sont les mieux venus qui partent de main amie, & de ceux que d'ailleurs nous sommes disposez d'aymer.

Au contraire il est fascheux d'estre obligé à celuy qui nous déplaist, 2. & auquel nous ne voulons rien deuoir : Et ceux aussi qui viennent de la main de celuy qui y est aucunement obligé, pource qu'il y a de la Iustice obligent moins.

1 Acceptissima semper.

2. Senec. Graue tormentum est debere cui nolis; contra iucundum est ab eo accepisse beneficium quem amare etiã post iniuriam possis.

5. Quant au moyens que l'on doit employer pour reconnoistre vn plaisir

ſir, il faut (ſi faire ſe peut) qu'il le ſurpaſſent, ou au moins l'égalent auec toute demonſtration que l'on eſtoit obligé à plus, & que cela n'eſt pour ſatisfaire à l'obligation, mais ſeulement pour monſtrer que l'on ſe reconnoiſt obligé.

L'on payera en demonſtration de bonne volonté, quand on ne pourra autrement : en quoy faillent ceux qui ayans receu quelque bienfait ſignalé, lequel ils ne peuuent ſuffiſamment reconnoiſtre par effet, au lieu de payer d'amitié leur bienfaicteur, 3 le payent de hayne, fuyant meſme de le rencontrer, de peur que ſa preſence leur reproche, ou leur ingratitude, ou leur impuiſſance.

6. Ayant donc reconnu les moyens que nous auons de recompenſer vn bienfait reçeu, nous deuons rechercher toutes les occaſions que nous pourrons pour y ſatisfaire à temps, & auec ces precautions, que ce ne ſoit trop promptement, ny trop curieuſement : de peur qu'il ſemble que nous portions auec impatience d'eſtre obligez à noſtre amy, que nous ſoyons en opinion qu'il nous ait fait plaiſir, pour en receuoir vn autre de nous.

Mais nous reconnoiſtrons le bien

3 Sen & Tac. Adeo in contrarium itur, vt quoſdam habeamus infeſtiſſimos, non poſt beneficium tãtum, ſed propter beneficia quæ couſque læta ſunt quo videntur exolui poſſe, vbi multum antecedere pro gratia odium redditur.

fait quelque peu apres, & non fort longtemps, de peur de le laisser vieillir, & auec occasion, laquelle s'offre de soy mesme, ou qui sera recherchée de nous sans fard & sans parade.

CHAPITRE VIII.

1. *De l'Accortise. Second chef de cette partie.*
2. *En suite vne digression sur la difference des personnes, & esprits des hommes, & la capacité Naturelle d'iceux.*
3 *De la capacité Naturelle,*
4. *Du Temperamment des hommes en general.*
5. *D'où prouient la capacité de l'Entendement.*
De la Prudence intellectuelle & de ses facultez.
6. 7. *Façon de traiter auec ceux qui preualent en entendement, & de leurs mœurs.*
8. 9. *De la prudence qui prouient de l'Imagination, & des mœurs de ceux qui s'en preualent.*
10. *Pourquoy la fortune est plus souuent du costé des meschans.*

1. L'Accortise consiste à sçauoi[r] faire difference des personnes,

des affaires, & des autres circonſtances, & ſelon cela regler ſa façon de proceder, ſon parler & ſon ſilence.

2. Les differences des perſonnes, des affaires, & des autres circonſtances ſont indefinies : c'eſt pourquoy nous ne rapporterons icy que celles qui ſe remarquent plus ordinairement en la conuerſation des hommes: leſquelles pourront réueiller noſtre prudence à la conſideration des autres qui s'y rencontrent moins ſouuent.

3. La difference des perſonnes ſe prend, ou des facultez interieures, deſquelles procedent leurs actions, ou de leurs conditions exterieures, par le moyen deſquelles nous pouuons deſcouurir comme au trauers d'vn nuage quelque choſe de leurs inclinations.

Il y a deux puiſſances Interieures en nous, leſquelles ſeruent à la production de toutes nos actions, ſçauoir eſt l'Eſprit & la Volonté.

Les Eſprits des hommes ſont entre eux fort diſſemblables, & en pourroit on faire autant de degrez qu'il y a d'hommes au monde: mais pour le ſuiet de ce diſcours nous le diſtinguerons par la Capacité & Incapacité.

La Capacité eſt, ou Naturelle, ou Acquiſe.

3. La Naturelle vient de la perfection des organes, ou instrumens que la Nature nous a donnez pour l'operation des fonctions de l'esprit : lesquelles on reduit à ces trois, Entendement, Imagination & Memoire, & est la Capacité de l'esprit, ou en l'vne d'icelles ou en deux, ou en toutes trois : cette diuersité prouenant selon aucuns du temperamment du cœur, mais selon d'autres (lesquels nous suiurons) du temperamment du cerueau.

4. Ce temperamment n'est autre chose qu'vn meslange des quatre qualitez premieres : lesquelles ne se trouuans en mesme suiet, toutes en mesme qualité, poids & mesure, l'on qualifie le temperamment du nom de celle qui domine & surpasse les autres en force.

L'on attribuë au temperamment sec la Capacité de l'entendement, laquelle consiste à distinguer, choisir & inferer.

De là vient que les vieillards qui ont le cerueau sec, ont ordinairement plus d'entendement & sont plus sages que les ieunes, 1 les pauures aussi à cause de la necessité qui les trauaille, & par consequent leur desseche le cerueau, preualent le plus souuent en en-

1 *Ouidius & Salom. Grande dolorum ingenium est miserisque venit solertia rebus. Ingenium mala sæpe mouent, vexatio dat intellectum.*

tendement & prudence.

5. I'entends de la prudence qui prouient de l'entendement (y en ayant vne autre de laquelle nous parlerons cy-apres qui procede de la force de l'imagination :) Celle-cy de laquelle nous parlons à present, est pesante & lente, à cause d'vn long discours & ratiocination qu'il faut faire auant resoudre, procede meurement & sur fondemens solides, est meslée de deffiance, & de froideur, & est bonne pour negocier auec toutes sortes de gens.

6. Or ces esprits ne s'arestans pas ordinairement à l'authorité d'autruy, en leur conceptions & recherches, mais voulans d'eux mesmes examiner les fondamentales & premieres maximes par leurs discours & ratiocination particuliere: il les faut payer de raison, & non pas s'amuser à les vouloir persuader par l'authorité & credit d'autruy.

7. Quand au reste de leurs mœurs & façons de faire; elles tiennent le plus souuent de la simplicité, innocence, humilité, misericorde, & douceur, & la plus part de leurs actions sont fort moderées.

8. Du temperament chaud vient l'imagination : & comme la chaleur

est la qualité la plus actiue de toutes les quatre, aussi l'imagination est plus actiue que les autres facultez : toutesfois comme il y a plusieurs degrez de chaleur, aussi la force de l'imagination est diuerse.

9. Le vray Imaginatif est ordinairement grand parleur, incontinent, arrogant, presomptueux & vain, la chaleur luy representant plusieurs especes en l'imagination, desquelles pour se contenter il choisit tantost l'vne, & tantost l'autre. Et cette mesme chaleur faisant boüillir l'humidité, excite plusieurs vapeurs au cerueau, qui cause la presomption & la vanité : lesquelles empeschent que l'entendement en puisse voir ni choisir la verité, qui est son principal effet : de façon qu'en tels esprits, rarement se rencontre la prudence, de laquelle nous auons parlé, mais bien vne certaine pointe de chaleur qui les iette à quelque inuention d'experience, auec vne preuoyance de l'aduenir, que l'imagination leur represente, consistant principallement cette prudence en des faites, qui ne reüssissent gueres qu'en negotiant auec gens de semblable humeur : si ce n'est és choses qui gissent en prompte execution : car en celles-là l'imagination preuaut.

Et aduient ordinairement que tels eſprits s'adonnent pluſtoſt au mal qu'au bien, pource que la chaleur leur donne impetuoſité au vice & inuention des fineſſes pour paruenir à leurs deſ-ſeins.

10. Delà vient que la fortune le plus ſouuent eſt du coſté des méchans, 2 pource qu'eſtans plus imagi-ginatifs que les bons, plus aigus en leurs inuentions, plus hardis, inconſiderés & moins retenus en l'execution, toutes choſes par la celerité & viuacité de pourſuites leur ſuccedant mieux.

Or, comme nous auons dit, que les pauures ſe trouuent ordinairement plus propres aux operations de l'Entendement, que de l'imagination, auſſi nous pouuons dire que les riches ſont plus propres aux operations de l'Imagination que de l'entendement; dautant (à ce que diſent les Naturaliſtes) que ceux-cy par la bonne chere qu'ils font deuiennent ſanguins, & par conſequent chauds & humides & de temperament contraire à la ſeichereſſe.

CHAPITRE IX.

1. *D'où prouient la Capacité de la Memoire, & les mœurs de ceux qui preualent en elle.*
2. *L'Imagination & la memoire ne se rencontrent iamais ensemble.*
3. 4. *Mœurs des imaginatifs au premier degré,*
5. *Au second.*
6. *Au premier & dernier degré.*
7. *Conclusion de la capacité naturelle de l'esprit.*

1. LA memoire a pour partage l'humidité du cerueau, d'où vient que les enfans & ieunes gens ont plus de memoire que les vieux: & qu'apres auoir dormy le matin on a meilleure memoire que le soir, pource que le dormir humecte le cerueau, comme la veille le desseche.

Parmy cette sorte d'esprits, il ne se trouue pas gueres moins de vanité & d'ostentation que parmy les Imaginatifs: toutesfois manquans dauantage de discours & ratiocination, ils se laissent plus aisément aller à l'authorité, credit & exemple d'autruy, que ne font les autres.

Or comme le Temperament ne conſiſte pas en vne ſeule qualité, mais au meſlange des quatre ; Auſſi encore qu'aux operations de l'eſprit on recognoiſſe vne des trois Facultez preualoir en certaines perſonnes, ſi faut-il pour rendre l'eſprit capable qu'il ait pareillement les deux autres, ſinon en pareil degré au moins auec quelque force ſuffiſante pour agir.

2. L'Entendement & la memoire ne ſe peuuent en façon quelconque trouuer en meſme degré, pource que le ſec & l'humide ne ſe peuuent imaginer en aucun ſuiet auec pareille force.

De là nous pouuons conclurre, que qui aura grand entendement aura peu de memoire, & au contraire quiconque aura bonne memoire aura peu d'entendement.

Semblablement, ou l'humidité abonde, la chaleur ne peut eſtre grande ; pource que la chaleur enfin conſommeroit l'humidité : & par conſequent la memoire ne peut eſtre grande en ceux qui ont le cerueau chaud, au troiſieſme degré comme ont les vrais imaginatifs.

Car bien qu'ils ſe reſouuiennent de quelque choſe, ce n'eſt pas en eux tant vn effet de la memoire, qui eſt vne faculté ſeulement paſſiue pour receuoir, & non actiue, qu'vn effet de l'imaginatiue, qui a quelque part en la reminiſcence.

Telles gens auſſi n'ont pas grand entendement : Car encore que cette chaleur produiſe ſechereſſe au cerueau, neantmoins pour ce que c'eſt vne ſeichereſſe forcée qui deſſeiche les parties plus delicates du cerueau, & ne laiſſe que les plus groſſieres & terreſtres, elle ne peut produire les effets de l'entendement tels que la ſeichereſſe naturelle.

3. De là aduient que les Poëtes & les grands parleurs, qui poſſedent cette ſorte d'imagination, ne ſont pas ordinairement bien ſages.

4. Car cette promptitude & ſoudaineté que la chaleur produit en cette ſorte d'eſprits, laquelle pour vn temps les fait admirer, eſt non ſeulement contraire aux operations de l'entendement, qui requierent du temps & du loiſir, mais auſſi eſt vne grande propenſion & diſpoſition à la folie.

Sen. Nullum magnum ingenium ſine mixtura dementiæ.

De ceux-cy ſe doit entendre ce qu'Ariſtote, dit qu'il n'y a point de grand eſprit ſans quelque meſlange de folie. 1 Et à la verité c'eſt miracle d'en trouuer vn bien reglé & moderé.

Nous conclurons donc que l'imagination & l'entendement en ce degré de chaleur ne se peuuent rencontrer ensemble en mesme suiet, d'où vient que ceux qui preualent en entendement ne reüssissent pas ordinairement bons Poëtes & grands parleurs : & ceux de ce téperament qui se sont rendus maistres en ce mestier, ont eu besoin d'eschauffer leur imagination, les vns par le vin, les autres par l'amour, & aucuns sont deuenus Poëtes par indignation & colere.

1 *Ennius ipse pater nunquam nisi potus ad arma prosiluis dicenda.*

5. Aux autres degrez de l'imagination se peut trouuer auec l'entenment & la memoire : mais ceux qui seront au second auront moins de memoire, plus d'entendement & meilleure imagination, sçauront trouuer & iuger ce qui est plus vtile, inuenter astuces, finesses expediens pour traiter affaires, preuoir l'auenir, & gouuerner autruy.

Telles gens seront ordinairement coleres, adustes, & à cause de cela inégaux en leurs humeurs, tantost la chaleur, tantost la secheresse, & tantost la froideur faisans leurs effets en eux.

6. Au premier & plus bas degré de chaleur l'Imagination s'accorde auec la memoire, la chaleur n'estant si excessiue qu'elle puisse consommer l'hu-

midité. Ceux qui apprennent ayſement à peindre: & à bien eſcrire, tiennent de ce temperamment, comme auſſi ceux que l'on voit d'ailleurs eſtre fort curieux de proprieté, netteté, elegance, & autres petites curioſitez qui plaiſent à l'œil.

Il y a de la vanité & de l'arrogance ordinairement en telles gens, neantmoins n'ayant pas grand entendement ils ſe conduiſent plus par l'authorité & credit d'autruy que par la raiſon: cecy ſuffira pour connoiſtre la capacité naturelle d'vn eſprit.

CHAPITRE X.

1. *De la Capacité aquiſe de l'eſprit,*
2. *Par les ſciences.*
3. *Quelles ſciences ont beſoin d'Entendement*
4. *Quelles de Memoire*
5. *Quelles d'Imagination,*
6. *Aquiſe par l'experience, & en quoy elle conſiſte.*

1. VEnons à l'aquiſe. Cette Capacité s'acquiert, ou par les Sciences ou par l'experience: & pour eſtre telle que l'on la peut deſirer: il faut qu'elle ſoit iointe à la Naturelle: c'eſt à dire que la Faculté d'eſprit, la-

quelle preuaut en nous, soit propre pour la science à laquelle nous-nous voulons adonner.

2. Car des Sciences les vnes ont besoin d'entendement plus que les autres, aucunes d'vne plus viue Imagination, & les autres requierent principalement la Memoire.

3. La Theologie Scolastique, Theorie de Medecine, Dialectique, Philosophie Naturelle & Morale, pratique de Iurisprudence, c'est à dire de iuger & consulter, ont besoin d'Entendement.

4. Pour apprendre les langues, la Theorique de la Iurisprudence, la Theologie positiue, la Cosmographie & Arithmetique, il faut preualoir en Memoire.

5. Quant à l'Imagination, tout ce qui consiste en figure, netteté, proprieté, corespondance, proportion, harmonie, & ordre en depend, & par consequent la Poësie, l'Eloquence, la Musique, les Mathematiques, Astrologie, Pratique de Medecine, Politique, Art militaire, Peinture, Mechanique, Architecture, & Negotiation. Et cecy toutesfois en diuers degrez, lesquels se reconnoistront selon que chaque profession a plus ou moins affaire de l'Entendement, ou de la Memoire,

6. L'experience consistant principalement en ressouuenance des exemples, & de ce que l'on a veu, fait, ou entendu, a besoin de l'imagination & de la memoire principallement : toutesfois les exemples ne se rapportans en toutes les circonstances qui se peuuent presenter, si l'on veut tirer quelque consequence, & s'en seruir, auec choix & iugement, l'on aura plus besoin d'entendement que d'aucune autre faculté.

CHAPITRE XI.

1. *De l'Incapacité des Esprits, & des causes de cette Incapacité.*
2. *D'où prouient la foiblesse Naturelle de l'Esprit, & ses effets.*
3. *De l'inconstance des opinions,*
4. *De la presomption.*
5. *De la vanité.*
6. *Maniere de traiter auec les vains.*
7. *La presomption incompatible auec le iugement.*
8. *Proprietez de ceux qui ont le cerueau humide.*
9. *De ceux qui l'ont humide & chaud.*
10. *De ceux qui l'ont froid & humide; & l'incapacité de ses sortes d'esprits.*
11. *De la foiblesse de l'Esprit prouenant de l'ignorance, deux sortes d'ignoran-*

ce, l'vne presomptueuse de ses effets

12. L'*autre simple & ses effets.*

1. PAr les differences de la Capacité des Esprits : l'on peut aysement reconnoistre celles qui se retrouuent en l'Incapacité. Toutesfois pour ce que nos defaux sont en plus grand nombre que les auantages, lesquels nous pouuons obtenir, soit de la nature, soit par nostre industrie, nous en traiterons separement, afin que par les differences de l'Incapacité nous reconnoissions encore mieux celles de la Capacité

2. L'Incapacité de l'esprit prouient de plusieurs causes, dont les principales sont la Foiblesse d'esprit, & la Preoccupation.

La Foiblesse de l'esprit procede, ou de la Nature, ou de l'ignorance.

De la nature, si le temperament du cerueau est contraire, ou mal propre à l'operation des facultez de l'Esprit, ou qu'il produise quelque deresglement en leurs fonctions.

3. Le cerueau trop chaud, ou trop froid produit l'Inconstance des opinions : mais en ce dernier le mouuement est tardif, & l'esprit pesant en ses sens & conceptions tousiours accom-

pagné de crainte : & l'inconſtance en cette ſorte d'Eſprit ſe tourne aiſement en irreſolution ſans execution le plus ſouuent, trouuant ordinairement meilleur le conſeil dont le temps de l'execution eſt paſſé.

L'inconſtance qui prouient de l'excez de la chaleur, eſt cauſée de diuers expediens que l'imagination repreſente à l'eſprit, & du defaut de pouuoir & choiſir le meilleur, à cauſe de la promptitude qui accompagne cette qualité actiue.

4. I'ay dit cy-deuant que la preſomption & la vanité ſe rencontre ordinairement auec les temperamens propres à l'imagination, & à la memoire. Mais la preſomption, eſt plus ordinaire en celuy de l'imagination & la vanité en celuy de la memoire : & toutes deux ſont contraires aux operations de l'entendement & du iugement.

5. Car le propre de la vanité d'eſtimer les choſes par la montre, l'eſclat & la parade, & non par leur vray eſtre : faire compte des actions qui ſe font auec bruit, deſeſtimer celles qui ſe font lentement, froidement, ſourdement & doucement; preferer l'art à la Nature, l'acquis au naturel, l'extraordinaire à l'ordinaire.

6. Auſſi ces eſprits ſe payent le plus

souuent de fumée, de vent, de fard, & de fausse monnoye qu'ils prisent, plus que la bonne & loyale, ayans plus d'esgard au cours qu'à la bonté interieure, c'est pourquoy il les faudra seruir selon leur goust. Et la curiosité estant souuent produite par la vanité; il les faudra entretenir de choses curieuses, & qui leur plaisent quoy qu'inutiles.

7. Quant à la presomption, elle est encore incompatible auec le iugement: car elle fait que l'esprit preferant sa suffisance & ses inuentions à celles d'autruy ne croit que ce qu'il entend, estime impossible ce qu'il n'entend pas, ramenant tout à sa creance, à son opinion, & à sa portée sans autrement l'examiner. Ce sont les defauts plus ordinaires qui se trouuent en ces esprits-là.

8. Ceux dont le cerueau abonde par trop en humidité, aqueuse & coulante (y en ayant vne onctueuse & aërée) apprennent & oublient tost: ont les sens assoupis, & les mouuemens tardifs.

6. Si le Cerueau est humide & chaud auec excez, les conceptions seront grossieres & basses: s'il est froid & sec, en la ieunesse elles seront plus esleuées que l'ordinaire de l'âge ne le permet:

mais plus on ira plus auant, plus l'esprit deuiendra mousse.

Car ce qui rend l'esprit plus vif en ce bas âge est la chaleur naturelle qui est encore en sa force, laquelle vieillit & diminuë plus nous allons en auant.

10. Que si le cerueau est froid & humide, les sens seront obtus & tardifs.

11. L'ordinaire de ces sortes d'esprits est d'examiner vne action plustost par le pretexte que par la cause, n'estans capables de penetrer iusques-là: Iuger des conseils par les euenemens plustost que par la raison, ne prendre des affaires que l'escorce, sans en examiner la suite & l'importance mesme, si elle est esloignée.

La foiblesse que l'ignorance produit en nos esprits est de de deux sortes.

L'vne est ordinairement accompagnée de presomption, qui cause en nous vn mespris & vn desdain de tout ce que l'on nous propose: & cette-cy est la vraye Ignorance mere d'opiniastreté, contention & contradiction, & incapable de pouuoir estre changée, c'est pourquoy par vn mesme moyen l'on se peut vanger & s'entretenir de telles gens les laissans en leurs erreurs, & ordinairement tels presomptueux font beau ieu à ceux qui veulent entreprendre sur eux, dequoy Sejan

1 prit auantage pour se deffaire de Drusus.

1 *Tacitus, Gnarus praeferocem & insidiis magis opportunum.*

12. Quant à l'autre sorte d'ignorance qui est plus simple & plus innocente, elle est ordinairement accompagnée d'admiration & d'estonnement, & par la docilité peut-estre instruite & changée, accompagnant la raison de l'hauthorité, laquelle peut souuent beaucoup à l'endroit de tels esprits.

CHAPITRE XII.

1. *Les preoccupations causes d'incapacité d'esprit, d'où precedentes.*
2. *Deux sortes d'opinion venant de la persuasion a vn particulier.*
3. *Ce qu'elles causent, & le remede.*
4. *D'où procedent les opinions appuyées sur la coustume.*
5. *Chaque profession à ses opinions particulieres.*
6. *De quoy l'homme de Cour doit-estre principallement informé, & ses precautions.*
7. *Les effets & considerations des opinions appuyées sur l'estimation commune.*
8. *Selon la rareté.*
9. *Selon l'abondance.*
10. *Selon l'absence ou presence.*
11. *Selon la facilité, ou difficulté.*

12. Selon la nouueauté vne estrangeté
13. Selon la coustumance.

5. PAssons aux Preoccupations qui peuuent causer en nous quelque Incapacité.

Les opinions contraires à la verité, desquels l'esprit peut-estre preoccupé : viennent ou de la persuasion de quelque particulier, ou de la coustume ou des passions desquelles la volonté peut-estre saisie.

2. Le particulier nous peut imprimer vne opinion contre la verité, ou par credit & authorité qu'il a enuers nous, ou pour estre le premier à nous donner cette impression.

3. Le premier est tesmoignage de facilité, & le second de trop de promptitude laquelle n'estans pas ordinairement accompagnée de iugement, faute de pouuoir iuger la verité, demeure & s'arreste aux premieres impressions, c'est pourquoy le plus seur est de preuenir ces esprits là, & empescher que d'autres le preuiennent.

4. Les opinons que la coustume nous imprime viennent, ou d'vne nourriture & conuersation particuliere, ou d'vne coustume generale. Il est bien certain que celuy qui aura esté nourry sedentaire, tiendra d'autres

opinions, que ceux qui ont veſcu vne vie tumultuaire. 1 Et pour ne ſçauoir faire cette difference l'on ſe mocqua de Muſonius Philoſophe qui preſchoit la paix, parlant aux ſoldats de Valens.

5. Chaque profeſſion & vacation a ſes opinions particulieres, non ſeulement pour ce qui concerne la vacation, mais aucunefois pour les choſes meſmes qui ſont communes aux vns & aux autres.

6. Pour ce il faut que l'homme de Cour ſoit informé non ſeulement des opinions de la Cour, mais auſſi de celles de particuliers auec leſquels il doit traicter ; afin ſelon cela, de ſe pouuoir gouuerner & conduire. Ce qu'il apprendra non ſeulement de leurs actions & diſcours : mais auſſi de la nourriture & conuerſation en laquelle ceux-là ont eſté eſleuez : eſtant certain que nous reüſſiſſons ordinairement ſemblables à ceux auec leſquels nous conuerſons.

7. Quand aux opinions qui ſont appuyées ſur l'eſtimation que le commun fait des choſes, elles combattent

1. *Tac. Miſcuerat ſe legatis Muſſonius Rufus Equeſtris ordinis, ſtudium Philoſophiæ & placita Stoicorum æmulatus, cœptabatque permixtus manipulis, bona pacis ac belli diſcrimina differens, armatos manere. Id pleriſque ludibrio, pluribus tædio, neç deerant qui propellerem proculcarentque in admonitu modeſtiſsimi cuiuſque & alij minitantibus, omiſiſſet intempeſtiuam ſapientiam.*

auec bien plus d'authorité & de force en nostre esprit, pour renuerser la verité non seulement par cette obligation vniuerselle à laquelle personne n'ose s'opposer: mais aussi par la rareté, ou abondance, absence, ou presence assiduelle: difficulté, ou facilité, nouueauté, estrangeté, ou accoustumance de certaines choses, desquelles le prix hausse, ou baisse selon qu'il plaist à l'vsage.

8. Ainsi par la rareté, plusieurs choses peu vtiles sont prisées, comme sont les diamans & perles: & par la mesme raison ceux qui ont en eux quelque qualité rare, bien qu'inutile, sont plus prisez que les autres.

9. Au contraire l'abondance nous fait desestimer ce dont nous auons foison, quoy qu'il soit non seulement vtile, mais necessaire.

10. Semblablement l'absence d'vne chose nous l'a fait plus estimer en l'Imagination qu'en la realité, soit auant que l'auoir, soit apres l'auoir perduë, & sa presence fait que nous la mesestimons, à cause de la satieté que la ioüissance ordinairement engendre en nous.

11. La difficulté aussi nous fait priser les choses plus qu'elles ne valent, pourueu que l'acquisition n'en soit iu-

gée du tout impossible : & la felicité nous les fait mesestimer comme ordinaires, sans auoir égard à leur bonté, ou valeur naturelle.

12. Et pareillement la nouueauté & estrangeté nous fait condamner certaines choses comme estans inutiles, & en d'autres y admirans la rareté (comme nous auons dit) elle nous les fait par trop priser.

Au contraire l'accoustumance fait que nous mesestimons certaines choses pour estre trop ordinaires, & quelquefois nous en fait estimer d'autres plus qu'elles ne valent.

CHAPITRE XIII.

1. *De la Preoccupation selon les Passions, & son effet, selon l'amour, selon la haine.*
2. *Passion selon la ioye.*
3. *Selon la tristesse.*
4. *Selon la crainte, & selon la colere.*

1. QVant à la Preoccupation des Passions, ce n'est que trop souuent qu'elles éblouïssent, & quelquefois aueuglent du tout nostre entendement. Comme l'amour preste des beautez à l'obiet qu'il embrasse, lesquelles ne sont reconnuës par les autres qui ne sont aueuglez de cette

passion, ainsi la hayne s'imagine des laideurs & horreurs extraordinaires en l'obiet qu'elle hayt.

2. La Ioye fait tant de cas de l'obiet qui l'agite, quelle ne peut taire, & quelquefois en deuient, si vaine & si babillarde, qu'elle fait assez reconnoistre que l'esprit est hors de son assiette, & s'en rend ridicule.

1 Simmac, Lætitia loquax res est atque ostentatrix sui.

3. La tristesse au contraire est muette & abatuë, afoiblissant tellement l'esprit, que de là le prouerbe est venu, qu'aux esclaues & miserables Dieu a osté la moitié de l'Entendement.

4. Pour le regard des changemens que la crainte, la cholere, & les autres passions font en nostre esprit ; chacun non seulement les connoist, mais les ressent ordinairement en soy, dequoy ayant à parler cy-apres, ie me contenteray pour le present de ce que i'en ay aporté, pour monstrer l'empeschement qu'elles donnent aux fonctions de l'esprit, quoy que d'ailleurs capable, & les differences & diuersitez qu'elles produisent, non seulement aux volontez (comme nous dirons) mais aussi aux esprits des hommes.

CHA-

CHAPITRE XIV.

1. *De la volonté, troisiesme chef de cette partie.*
2. *D'où prouient la difference des volontez.*
3. *Difference de la volonté des esprits.*
4. 5. 6. 7 *Consideration du bien, & son obiet.*
8. *Considerations des mouuemens de volonté.*
9. *De leur diuersité, de leur obiet, & ce qui en prouient.*
10. 11. 12 13. 14. 15. *Considerations du mal simplement, ses obiets, & ce qui en prouient.*

1. VEnons donc à la volonté qui donne le bransle à l'esprit, lequel de soy est comme indifferent à toutes sortes d'obiets.

2. Les differences de la volonté prouiennent, ou de la diuersité des obiets qui se presentent à elle, ou de la diuersité de ses mouuemens.

3. Les obiets sont indefinis, mais tous sont apprehendez par la volonté, ou comme biens, ou comme maux. Comme biens, la volonté les suit, comme maux, elles les fuit, d'où prouiennent les deux principaux mou-

uements, l'vn en auant l'autre en arriere.

4. Le bien & le mal en ce suiet ne se doiuent pas considerer selon l'opinion des Philosophes, ny mesme selon l'opinion commune, mais selon l'opinion particuliere de la personne, de laquelle nous voulons reconnoistre la volonté, afin selon icelle de nous regler en ce que nous auons à faire, principal effet de l'accortise.

5. Car en certaines personnes la consideration de l'honneur sera plus que la consideration des richesses, & en d'autres l'esperance de la ioüissance de quelque plaisir aura plus de force, que l'esperance, ny de l'honneur, ny du profit.

6. Les discours & les actions de la personne nous monstreront assez les principalles inclinations qu'elle peut auoir plus à vn obiet qu'à vn autre si nous les voulons espier & considerer soigneusement.

7. Mais si nous auons à traiter quelque affaire particuliere, il faut regarder ce que cette personne là peut principallement desirer ou craindre au suiet qui se presente; encore que peut-estre il n'y ait rien à craindre au desir pour elle. Car en cela il se faut gouuerner selon l'opinion d'autruy, &

non ſelon la noſtre, voila pour les obiets.

8. Aux mouuemens de la volonté, il faut conſiderer nonſeulement leurs diuerſitez, & leurs differences : mais auſſi l'vſage de cette reconnoiſſance pour s'en preualoir accortement aux occaſions qui ſe peuuent preſenter.

9. La diuerſité des mouuemens de noſtre volonté vient de la diuerſe façon que l'obiet eſt par nous apprehendé. Car le bien conſideré, comme tel ſimplement, fera naiſtre vn aggrement de l'obiet que nous appellons Amour, ou amitie : s'il eſt preſent, en l'acquiſition naiſtra la ioye, en l'vſage, iouyſſance, contentement & plaiſir : s'il eſt à venir, le mouuement s'appellera deſir. Que ſi nous cherchons les moyens de l'obtenir, les iugeans poſſibles nous entrerons en eſperances, ſi impoſſibles, en deſeſpoir.

10. Le mal conſideré, comme tel ſimplement engendrera ſeulement en nous la haine : laquelle en la fuite du mal s'appellera horreur : s'il prouient de l'abſence du bien qui nous manque, la triſteſſe naiſtra en nous, ſi de la preſence du mal meſme, douleur & faſcherie : s'il touche l'honneur & reputation, en l'acte naiſtra la pu-

deur apres l'acte la honte.

11. Si le mal est à venir ce sera la crainte, & s'il tend à l'extinction de nostre nature, ou pour nuire à nostre estre, se sera peur: si pour le mal passé, ce sera repentance : si pour le mal d'autruy & de quelqu'vn que nous aymions, pitié & compassion.

12. Que si nous pensons venir à bout de ce mal comme inferieur à nos forces, la confiance nous asseurera le courage ou la hardiesse nous poussera à entreprendre.

13. Que si le mal receu, porte en soy quelque mespris, ou de nous, ou de nos amis, lors le ressentiment excitera en nous la colere, laquelle si elle est courte s'appellera courroux.

14. Quelquesfois le bien d'autruy nous est mal, & le mal d'autruy nous est bien, selon l'affection que nous portons à la personne à laquelle il arriue, comme celuy qui aduient à nos concurrens ou ennemis, d'où vient l'enuie & le bien que nous desirons pour nous seulement, sans le vouloir communiquer à autruy, si vn autre y participe nous le reputons à mal pour nous; d'où procede la jalousie.

15. Que si nous nous faschons du bien d'autruy, à cause que nous l'en estimons indigne, de là naistra l'indi-

gnation : si pource que nous le desirons pour nous, ce sera emulation.

CHAPITRE XV.

1. VOila les principaux mouuemens de nostre volonté, d'où l'on peut recueillir en combien de sortes le bien & le mal se representeront à nous.

Toutesfois pour l'vsage & pour s'en seruir au suiet qui se presente, il faut passer plus auant en la connoissance de ces mouuemens, de laquelle l'vsage consiste principallement à rechercher les moyens; ou de les reueiller en autruy, ou de les moderer non seulement en autruy, mais aussi en nous : ou bien par la complaisance, de nous accommoder à ceux d'autruy (s'il est necessaire de les seconder.)

2. Pour resueiller ces mouuemens en autruy, la connoissance de trois choses est necessaire : à sçauoir de la suite de ces mouuemens en la production les vns des autres : des causes plus vniuerselles qui peuuent exciter chaque mouuement, ou au moins les principaux, desquels les autres dependent : & des inclinations, ou dispositions des personnes qui panchent plus vers l'vne de ces affections que vers les autres.

3. Pour venir donc à la suite, il faut sçauoir que tout obiet est consideré, ou simplement comme bien ou mal ; ou bien est consideré auec intention d'obtenir l'vn : comme bien, & de se garantir de l'autre, comme mal.

4. Les mouuemens qui sont produits de la premiere consideration, se font (à ce que disent les Naturalistes) premierement au foye, siege de faculté, qu'ils appellent concupiscible : & ce par le moyen des esprits qui sont au sang, d'où procedent les mouuemens de toutes les facultez.

5. Et ceux qui sont produits par la seconde cōsideration naissent au cœur, siege de la faculté qu'ils appellent irascible, & selon cette distinction l'on

ſepare en deux, tous les mouuemens de noſtre volonté.

Ceux de la volonté concupiſcible s'eſtendent plus loin que ceux de l'iraſcible. Car aucuns de ceux-là ſe meuuent ſans s'arreſter à l'obiet, comme fait le deſir, & les autres s'y arreſtent, comme la ioye.

Mais nul des mouuemens de l'iraſcible ne s'arreſte à l'obiet.

6. Or l'arreſt, ou le repos eſtant fin du mouuement, eſt le premier en intention & le dernier en execution: c'eſt pourquoy ſi nous conferons les mouuemens de l'iraſcible auec ceux de la concupiſcible, leſquels ſe repoſent & s'arreſtent au bien, il eſt certain que ceux de l'iraſcible precederont en l'ordre de l'execution, les mouuemens de la concupiſcible, qui s'arreſtent au bien, & ainſi l'eſperance precedera la ioye.

7. Mais le mouuement de la concupiſcible qui s'arreſte au mal, ſera au milieu de deux mouuemens de l'iraſcible, & ainſi la faſcherie ſuiura la crainte, & precedera la colere.

8. Quant aux mouuemens de la concupiſcible, leſquels ne s'arreſtent ny au bien, ny au mal, eſtans conferez auec ceux de l'irraſcible, ils vont les premiers, ceux de l'iraſcible, adiou-

stans la consideration de la difficulté qu'il y a d'obtenir le bien ou euiter le mal pardessus ceux de la concupiscible: ainsi l'esperance adiouste quelque effort pardessus le desir, & la crainte adiouste la lascheté & auillissement de courage à l'apprehension ou horreur du mal.

9. De là nous pouuons conclure que les mouuemens de l'irascible sont entre ceux de la concupiscible, lesquels ne s'arrestent à l'obiet, & ceux qui s'y arrestent, estant precedez de ceux-là, & suiuis de ceux-cy.

10. Quant à l'ordre des mouuemens de la concupiscible entr'eux, il doit estre aussi diuersement consideré, ou selon l'intention; ou selon l'execution en l'obiet du bien. Ce qui naist le premier en nous est vne certaine complaisance & agréement de l'obiet; apres le desir se forme, qui est vn mouuement au bien, & le dernier point est l'acquest qui cause la ioye & le plaisir.

11. Selon l'intention le plaisir marche le premier, pour lequel nous desirons le bien, & du desir vient l'amour & l'agréement.

12. Or l'appetit & le desir du bien estant cause que l'on fuit le mal, l'obiet du bien va deuant l'obiet du mal:

& partant les mouuemens ou passions qui regardent l'obiet du bien, precedent en intention celles qui regardent l'obiet du mal, & cecy a lieu, tant aux mouuemens de l'irascible, que de la concupiscible.

CHAPITRE XVI.

1. *De l'ordre des passions selon qu'elles se produisent l'vne l'autre.*
2. *Des causes des passions.*
3. *Les passions qui ont le bien pour obiet.*
4. *Amour de conformité, & tout ce qui se raporte à elle de considerable.*
5. *Amitié d'interest.*
6. *Son effet.*
7. *Causes du desir, & d'où il naist.*
8. *Causes de l'esperance*
9. *Comment l'experience fortifie l'esperance.*
10. 11 *Force de l'esperance.*

1. L'Ordre donc des passions selon qu'elles se produisent l'vne l'autre, est cestuy-cy : l'amour, le desir, l'esperance, la hardiesse, la ioye. Et au contraire la haine, la fuite ou horreur, la crainte, la colere, le desespoir, la tristesse.

Ainsi la ioye & la tristesse sont les deux passions ausquelles les autres se terminent : l'esperance & la crainte, la colere & le desespoir sont celles ausquelles reside le plus violent mouuement de la volonté esbranlée par l'amour & le desir du bien, ou par la hayne & horreur du mal.

Ie laisse à parler des autres passions, dautant qu'elles n'ont point d'ordre entre elles : mais selon que l'vne ou l'autre de celles-cy se mesle parmy elles, selon cela, elles precedent ou suiuent.

2. Venons donc aux causes plus ordinaires par lesquelles ces passions se peuuent exciter, & commençons par celles qui ont pour obiet le bien.

3. L'amour, le desir, la ioye ont le bien pour obiet commun, mais celuy qui ayme le considere particulierement comme obiet, lequel se peut vnir à luy.

Or l'vnion ne pouuant proceder qu'aux choses semblables, sinon en tous points, au moins en quelqu'vn qui soit considerable, comme la similitude, ou ressemblance est de deux sortes aussi cette affection se propose tantost l'vne, & tantost l'autre selon la rencontre des suiets.

Car ce en quoy deux personnes conuiennent est, ou actuellement & en effet en ces deux personnes, comme ſemblables humeurs ; & conformité de volontez , & de là vient la vraye amitié : ou en effet en l'vne , & en l'autre n'y eſt que par deſir & par inclination , & de là naiſt l'amour ou l'amitié d'intereſt qui a pour principal fondement l'amour de ſoy meſme , ſur lequel preſque toutes les amitiez de ce monde , meſme celles de la Cour, ſont baſties.

4. A la premiere ſorte d'Amitié ſe rapportent toutes celles qui ſont fondées ſur les parentez, alliances , familiaritez , conuerſation , conformitez de mœurs, de volontez, de profeſſions: ſi ce n'eſt que cette derniere ſoit trauerſée par l'enuie , ou l'emulation , leſquelles ſe rencontrent ordinairement entre gens de meſme meſtier. Semblablement on y peut rapporter l'amitié de ceux auſquels le bien & le mal ſont communs : & de ceux qui ſont de meſme aage , ou de meſme pays , entre ceux qui ſont d'vn autre, & bref tous ceux qui ſe rapportent en quelque point conſiderable , lequel les ſepare & diſtingue d'auec pluſieurs autres. A cauſe de cette conformité & ſimilitude , la douceur , la complaiſance , l'obeiſſance , &. tout ce qui y peut ſeruir , nous peut concilier cette amitié.

5. L'autre sorte d'amitié ayant pour fondement l'amour de soy-mesme, on ne peut resueiller cette affection en l'esprit de personne, que par son interest.

De cette amitié le pauure ayme le riche pour s'enrichir, & le riche le pauure pour s'en seruir, ou en estre honoré: nous aymons de mesme ceux lesquels nous ont fait, ou peuuent faire plaisir, ou à ceux que nous cherissons.

Puis donc que l'interest est la principalle cause de cette amitié, il faudra rechercher celuy qui a plus de force enuers la personne en laquelle nous voulons resueiller cette affection comme enuers vn auaritieux le gain, enuers vn ambitieux l'honneur, & enuers vn ieune voulupteux le plaisir; chacun mesurant son interest selon sa necessité, & sa necessité, selon ses desirs.

7. Cela trouué, il sera facile de resueiller le desir & la ioye: car le desir naist de deux principalles causes. La premiere est la connoissance du bien en l'obiet qui luy est proposé, laquelle l'amour luy donne telle qu'il l'a receuë, & l'autre est l'absence de ce bien.

Cecy toutefois ne suffiroit pas pour exciter vn grand mouuement en quelqu'vn, s'il n'en iugeoit possible l'acquisition, de façon qu'il y faudra adiouster les moyens, par lesquels l'esperance se peut resueiller, qui sont de plusieurs sortes.

8. Car tout ce qui peut rendre vne personne puissante, comme richesse, force, authorité, credit, amis, parens, & autres telles choses: ou ce qui peut seruir à nostre dessein, nous peut donder esperance d'en venir à bout, si nous reconnoissons que cét auantage soit en nous.

9. L'experience aussi en la chose que nous voulons faire, peut fortifier nostre esperance, premierement pource qu'ayant fait, ou veu faire vne chose nous sommes plus propres à la faire, que si nous ne l'auions iamais veuë, secondement pource qu'elle nous fait croire que cette chose est possible.

De là vient que l'exemple de semblable chose dont vn autre sera venu à bout seruira aussi à resueiller en nous l'esperance de pouuoir obtenir ce que nous desirons.

10. Ce mouuement est celuy qui nous ayde d'auantage en toutes sortes d'affaires, & dit 1 Lucian que l'esperance, & la crainte sont les deux ayans, c'est à dire les deux plus puissans *Lucian.*

mouuemens qui nous agitent. Car l'opinion que nous auons qu'vne affaire est difficile , reueille nostre attention, & l'opinion qu'elle est possible, fait que nous nous efforçons d'en venir à bout.

11. Et dauantage l'esperance rendant l'auenir present en nostre imagination, elle fait naistre la ioye en l'esprit, lequel en cét estat est plus libre , & plus clair-voyant pour inuenter & s'auiser de plusieurs moyens , afin de paruenir à son dessein, que s'il estoit en tristesse ou fascherie.

Or l'esperance ayant iugé possibles les moyens d'obtenir le bien, fait naistre en nous la confiance pour passer à la hardiesse.

Chapitre XVII.

1. *Cause de la confiance,*
2. *Comment considerée.*
3. 4. *Son mouuement.*
5. 6. *D'où elle prouient.*
7. *Causes de la hardiesse produite par deux moyens.*
8. 9. *Causes de la ioye, & comment elle naist & se forme en nous.*
10. *Iouissance presuppose presence réelle, ou imaginaire,*
11. *Qu'elle est la plus grande ioye.*
14. *Comment le mal se rend present à nous.*

1 CAr si la confiance demeuroit aux simples termes d'asseurance, ce seroit plustost repos que mouuemens, mais elle est icy considerée pour vn passage de l'esperance à la hardiesse, & est celle qui nous fait iuger possibles les moyens d'éuiter les empeschemens, & les trauerses que l'on peut preuoir en ce que nous desirons.

3. Ce mouuement naist principalement en nous, quand nous nous imaginons que les choses qui nous peuuent garantir & sauuer sont proches, ou en nostre puissance, & ce qui peut nuire en est esloigné, ou de lieu ou de temps, ou d'occasion, ou de volonté.

4. Et selon la qualité de l'affaire, pour ce dernier, nous nous fondons en la consideration ou de nostre puissance, ou de nostre innocence & iustice de nos déportemens, ou de la preud'hommie & naturel de ceux, la puissance desquels nous auons suiet de redouter, s'ils sont gens de bien, respectueux, modestes, amis, s'ils esperent quelqu'auantage de nous, ou bien s'ils nous redoutent.

5. La confiance vient aussi quand les choses que nous voulons faire, sont vtiles, ou à plus grand nombre de

personnes, ou à gens de plus grande qualité & puissance que ne sont ceux ausquels elles peuuent nuire.

6. N'auoir point esprouué de malheur & ne le reconnoistre, nous peut aussi rendre plus asseurez, le peu de compte que nos inferieurs font de ce mal, l'opinion d'estre assistez de quelque faueur diuine, les persuasions & prieres d'autruy peuuent seruir à mesme effet.

7. Cette confiance formée l'on passe à donner le dernier bransle & secousse à la volonté, pour entreprendre ce qu'elle desire par le moyen de la hardiesse, laquelle est produite par deux moyens : à sçauoir par les choses qui peuuent resueiller l'esperance, comme nostre propre force, experience, puissance, & assistance d'autruy, & autres auantages desquels nous auons parlé cy-dessus : Et par les choses qui peuuent exclure la crainte qui consistent, ou en l'esloignement de ce qui peut nuire, ou en l'empeschement, ou remede, que l'on y peut apporter.

8. Ayans esté conduits par ces mouuemens à l'acquisition du bien, la ioye naistra en nous, qui n'est pas tant vn mouuement, que fin de mouuement, ayant esgard à l'execution,

ou commencement de mouuement si l'on regarde l'intention.

8. Pour la former deux choses sont necessaires, la connoissance du bien acquis & la iouyssance. La premiere, pource que plusieurs biens sont possedez par aucuns qui ne les reconnoissans pour tels ne s'en réjoüissent point.

10. Quant à la iouissance, elle presuppose presence reelle, ou bien imaginaire, telle que le desir, 1 l'esperance, & la memoire nous fait voir. 1 *Synes. in amor. Clitophon.*

Car encore que le desir & l'esperance soient de l'aduenir & la memoire du passé: toutesfois l'imagination nous rend presentes les choses absentes, d'où vient que la ioye & la tristesse accompagnent ordinairement le desir & l'esperance.

11. Et encore qu'entre toutes les sortes de ioye, celle que la presence reelle du bien produit en nous, semble deuoir estre la plus grande, comme la mieux fondée, toutefois pour la nonchalance que nous apportons souuent à gouter le bien que nous possedons, & au contraire nous representans les choses que nous n'auons pas plus grandes en nostre imagination, qu'elles ne sont en effet: il aduient que la ioye que produisent le Desir & l'Esperance, est

souuent plus grande : mesmement en l'esperance, qui non seulement comprend & anticipe le bien par l'apprehension, mais aussi par la possibilité de l'obtenir.

12 Autant en pouuons nous dire du mal lequel se rend present à nous, non seulement quand il nous arriue, mais aussi quand nous l'anticipons par la crainte: ou que passé nous le rappellons par nostre Souuenance, d'où prouient la tristesse & la fascherie.

Ainsi donc au defaut de la Presence relle du Bien ou du Mal, nous pourrons resueiller ces passions par leur presence imaginaire, non seulement auec autant de force, mais quelquefois auec plus d'effet.

CHAPITRE XVIII.

1. *De ceux qui sont disposez aux passions sont meuës par l'obiet du bien.*
2. *Des mouuemens & passions de volonté qui ont le mal pour obiect.*
3. 4. 5. 6. 7. *Pourquoy nous sommes plus sensibles au mal qu'au bien*
8. *Causes de la haine, & ce qui naist d'icelle.*
9. *Comme la crainte.*
10 *Les choses qui nous espouuentent.*
11. *De ceux que nous auons offensez.*

quels sont plus à craindre.

12. *Ce qu'on doit craindre le plus.*

OR pour reconnoistre ceux qui sont plus disposez à receuoir ces impressions, outre que la connoissance des obiets qui leur pourront estre plus agreables nous en enseignera, faut sçauoir que les naturels doux, affables, courtois, humbles, non mesdisans, ny quereleux se trouueront plus susceptibles de ses passions : comme aussi ceux qui ayment les plaisirs, ieux passe-temps, ou d'estre honorez : respectez & caressez : ceux pareillement qui seront pitoyables, secourables, seruiables, aymans les compagnies non solitaires, opiniastres, dissimulez, trompeurs irreconciliables, vindicatifs, ou presomptueux : les vains toutesfois qui ne seront accompagnez de presomption, pour estre honorez & caressez, seront aisément induits à aymer.

Mais particulierement pour l'Esperance, la Confiance, & la Hardiesse, ceux s'y laisseront aller plus aisement, qui sont plus courageux, plus ardants & plus actifs : comme pareillement ceux qui auront bonne opinion de leur suffisance, credit, authorité, puissance, moyens, & experience, & ceux qui auront tousiours esté heureux, lesquels seront aisez à persuader, ou à cause de leur facilité, ou à cause de leur ignorance.

Semblablement les ieunes gens, les fols, les estourdis, pour l'inconsideration & precipitation qui accompagne ces humeurs là : & ceux qui sont eschauffez du vin, pour la chaleur & multiplication des esprits qui les rend aussi precipitez & inconsiderez. Cecy suffise pour les passions qui ont pour obiet le bien.

2. Si de la connoissance d'vn contraire il est aysé de connoistre l'autre, il nous sera aisé connoissant les causes de l'amour, du desir, de l'esperance, confiance, hardiesse, & de la ioye, de connoistre celles de la hayne: de l'horreur, ou fuite du mal, de la crainte, desfiance, desespoir & de la tristesse: estant certain que comme la conformité d'humeurs, ou la consideration de l'vtilité lie les hommes ensemble par l'amitié ; aussi de la contrarieté d'humeurs, ou de la consideration du dommage naist la hayne & l'inimitié.

3. Il y a toutefois cette difference, que les passions qui ont pour obiet le mal sont plus fortes que celles qui ont pour obiet le bien, non que le mouuement en soit plus violent, mais

pour ce que le mal eſtant contraire à noſtre nature, il ſe fait plus viuement ſentir que le bien, lequel y eſt ſemblable & conforme : la raiſon de l'Antipathie voulant que deux contraires ſe picquent, & ſe faſſent ſentir d'auantage à l'oppoſition l'vn de l'autre.

4. Ce qui eſt ſemblable eſt plus difficile à diſcerner à nos ſens, que ce qui eſt contraire, le blanc ſur le blanc eſt plus difficile à diſcerner que ne ſeroit le noir ſur le blanc: ainſi le bien eſt plus difficile à diſcerner d'auec le bien qu'il n'eſt d'auec le mal.

5. En la confuſion de pluſieurs choſes, celles qui ſont ſemblables ſe reconnoiſſent moins les vnes d'auec les autres : mais au meſlange des choſes diuerſes, ou contraires en qualité, ou ſubſtance, la diuerſité, ou contrarieté s'y reconnoiſt incontinent.

6. C'eſt pourquoy le bien s'vniſſant à noſtre nature nous n'en tenons compte, eſtimans que nous n'auons que ce que nous deuons auoir : mais le mal y ſuruenant, pource que noſtre nature luy eſt contraire, elle demeure touſiours en contraſte, qui n'eſt autre choſe que le reſſentiment du mal.

7. De là vient que nous oublions ayſement le bien que l'on nous fait, & 1 difficilement nous oublions le mal.

1 *Senec. Altiùs iniuriæ quam merita deſcendunt.*

8. Or comme de la connoissance du mal, naist la haine que nous luy portons, aussi de la hayne n'aist l'horreur ou la fuite du mal, laquelle ne se peut imaginer sans estre accompagnée de crainte, nonplus que le desir sans l'esperance, quoy qu'ils apprehendent l'obiet diuersement. C'est pourquoy les causes de crainte nous enseigneront les causes de la fuite, ou horreur du mal, desquelles voicy les plus ordinaires.

Toutes choses qui peuuent nuire nous font craindre. Les signes mesmes des choses nuisibles: comme de la mort de la tempeste, & autres choses, nous font peur, pource que le signe nous monstre que la chose n'est pas esloignée.

10. Or entre les choses qui nous espouuentent, l'inimitié & la colere de ceux qui ont quelque puissance, sont des premieres: comme de ceux qui sont puissans en valeur, hardiesse, richesse, amis, suite, bien dire, authorité, credit; pource que le vouloir conioint auec le pouuoir de mal-faire, nous fait croire que le mal est proche. L'iniustice accompagnée de force est à craindre pour la mesme raison: comme aussi la valeur outragée & offencée, iointe à la force est formida-

ble : car l'iniure receuë luy fait venir la volonté de s'en venger, & la force luy en donne le moyen. Semblablement la crainte & desfiance des plus puissans, est à redouter, car ils desirent s'asseurer par toutes voyes.

1. Cæcil. in Aul. Gell. Ira quæ tegitur nocet, professa perdunt odia, vindictæ locum: Nã ij sunt inimici pessimi, fronte hilari, corde tristi, quos neque vt apprehendas, neque vt mittas, sciat.

11. Mais entre ceux que nous auons offencez, ou qui se desfient de nous, ou qui sont ialoux, ou enuieux de nostre bien, ceux là sont principalemẽt à craindre, qui filent doux, ne disent mot, & dissimulent leurs iniures & leurs desseins, pource que nous ne pouuons descouurir quand ils sont sur le poinct de la vengeance, ou de faire quelque chose à nostre preiudice.

12. On doit aussi craindre d'auoir sa vie, ses biens, ses honneurs, & sa personne en la puissance & discretion d'autruy; d'où vient que ceux qui sçauent quelque chose de mal en nous, sont grandement à craindre, pour l'apprehension que l'on doit auoir d'estre descouuerts par eux, ou par enuie, haine, ialousie, lascheté, ou esperence de profit.

CHAPITRE XIX.

1. Disposition aux mouuemens & passions qui ont pour obiet le mal.
2. 3. Qui sont ceux qui ne craignent iamais que mal leur aduienne.
4. Remede pour ne point craindre.
5 De ceux qui sõt disposez à la crainte.
6. 7. L'Vsage de la crainte est consideré en deux facons.
8. Crainte suiuie de deffiance.
9. De la passion de tristesse & fascherie, & quelles autres passions elle engendre.

1. QVant à la disposition requise pour receuoir ces passions, nous iugerons aysement ceux qui sont disposez à hayr, parce que nous auons dit de ceux qui sont disposez à aymer.

2. Mais pour le regard de la crainte, il est certain que ceux qui ne croyent pas qu'aucun mal-heur leur puisse arriuer, ne s'esbranlent pas aysement par cette passion : car la crainte ne peut-estre dans l'imagination & attente du mal. C'est pourquoy ceux qui ont tousiours esté heureux; & ceux qui sont puissans en moyens, amis, credit & force, ou authorité, estimant que

que tout leur doit reüssir & fleschir sous eux, n'entrent pas ordinairement en crainte.

3. Ceux aussi qui ont perdu toute esperance de bien, ayans long-temps paty & esté en affliction, comme accoustumez au mal ne le craignent plus.

4. C'est vn remede pour ne point craindre que de ne point esperer, dit Seneque. Car il faut qu'en ceux qui craignent il y ait quelque reste d'esperance de bien, pour lequel ils soient en anxieté.

De là vient que ceux qui craignent sont prompts & diligens à se conseiller. Or ne delibere-t-on pas des choses, desquelles l'on a perdu toute esperance.

5. De tout ce que dessus l'on peut conclure, que ceux sont disposez à la crainte, qui pensent pouuoir receuoir quelque mal : & qui reconnoissent en eux quelque foiblesse pour y resister comme la pluspart des vieilards, les pauures abandonnez de secours, d'amis, & de moyens, ou de basse condition, de peu de credit, d'authorité, méprisez ou haïs, enuiez ou suspects de vice, ou pour estre quelquefois trop vaillans, ou pour auoir trop de credit enuers le peuple : ce seul soup-

çon, ou deffiance, ayant fait courir mauuaise fortune à plusieurs grands personnages.

6. L'vsage de ce mouuement est frequent & ordinairement on s'en sert en deux façons. L'vne, pour faire perdre l'esperance de ce que l'on pouuoit desirer. Et en ce cas, il faut exagerer le mal, & les empeschemens que l'on peut remonstrer en la suite de ce que l'on desire, sans découurir les remedes ou expediens qui en puissent faciliter l'acquisition.

7. L'autre, pour réueiller la preuoyance: & en ce cas estant necessaire que la crainte soit mediocre, il faut auec les difficultez, y apporter les moyens de le surmonter: en quoy la crainte en cét estat, fait plus d'effet que l'esperance, pource que l'esperance presuppose le bien se pouuoir obtenir, & la crainte est du mal qui difficillement se peut éuiter, partant en celle-cy, comme regardant le plus difficile, l'esprit se bande dauantage qu'en l'autre.

8. La crainte est suiuie des deffiance: & la deffiance connoissant ne pouuoir éuiter le mal, ou ne pouuoir obtenir le bien que l'on desire (la priuation du bien estant apprehendé par nostre volonté, comme mal) elle se

tourne en desespoir, passe en tristesse & fascherie : qui est grande ou petite selon que l'importance de l'obiet est iugé par l'entendement, faisant cette passion plusieurs diuers effets en nous.

Car aucunesfois elle est fin de mouuement s'arrestant à la consideration du mal, comme la ioye est repos au bien, & aucunefois elle réueille en nous plusieurs autres mouuemens, desquels les principaux & plus ordinaires sont la colere, la honte, la compassion, l'enuie, la ialousie, l'indignation, & l'émulation, lesquels sont produits partie de la fascherie, & partie de la rencontre de diuerses considerations qui se remarquent en vn mesme obiet.

CHAPITRE XX.

1. *De la colere, & des passions qui concurrent en elle.*
2. *Obiets contraires en la colere.*
3. *Causes de la colere.*
4. 5. *Le mespris & l'iniure sont des principales.*
6. *Ceux qui entrent plus aisement en colere.*
7. *Les passions qui nous disposent à la colere.*

1. LA colere se forme en nous par la rencontre de plusieurs passions. Car commençant par la fascherie & tristesse d'vne iniure receuë, elle est accompagnée de la haine contre celuy qui nous a offensé, auec vn desir de nous en venger, lequel est conioint auec l'esperance d'en venir à bout: pource que le desir & l'esperance sont des choses possibles, bien qu'en icelles il y ait quelque difficulté. Car si nous estimions la vengeance impossible, ce mouuement demeureroit aux termes de haine & de tristesse.

Or l'esperance nous representant la vengeance en l'imagination, nous sommes incontinent saisis de plaisir & de contentement: lequel la colere recherche pour se deliurer de la tristesse, comme estant le seul remede pour se disposer à la ioye, chacun prenant plaisir de penser à ce qu'il desire.

Que si la vengeance estoit presente, le plaisir & le contentement sera parfait, & pource qu'il chasseroit du tout la tristesse, & appaiseroit le mouuement de la colere.

2. Ainsi cette passion a deux contraires obiets, à sçauoir la vengeance, & celuy duquel l'on se veut venger. La vengeance est considerée comme bien, & desirée comme tel.: d'où vient qu'estant faite, nous nous en réjoüissons. Celuy duquel nous nous voulons venger est consideré comme mal qui nous est nuisible.

3. Quant à la cause de la colere l'on en met ordinairement deux. L'vne est le peu de compte que l'on mõstre faire de nous, soit par iniure, affront, ou autre sorte de mépris. L'autre, l'empeschement & l'opposition que l'on nous donne à obtenir, ou faire ce que nous desirons. Ce qu'aucuns comprennent sous ce mesme nom de mépris, comme aussi de se resioüir de nostre mal, nous mettre en oubly, & autres semblables façons de faire.

4. L'iniure se mesure selon l'opinion que nous auons de l'iniustice du mespris, de façõ que si nous estimõs l'iniustice grãde, l'iniure nous picquera dauantage. Ainsi le mépris, ou empeschement fait à vn Grand, auquel est deu plus de respect, estant plus iniuste excitera plus de colere: comme pareillement en vn homme de bien, le tort que l'on luy aura fait.

Pub. Min. Grauissima est probi hominis iracundia.

5. Par cette mesme raison nous nous mettons plus en colere d'estre mesprisez en ce en quoy nous pensons exceller, qu'en ce en quoy nous n'excellons point, estimant ce mespris iniuste.

6. De là vient que les orgueilleux vains & presõptueux, bref tous ceux qui ont bonne opinion d'eux mesmes pour quelque auantage que ce soit, entrent plus aisement en colere: l'iniure estant d'autant plus grande en leur imagination, qu'ils ont meilleure opinion d'eux mesmes.

Ammian. Prudentes dicunt irã nasci ex mollitia mentis, consultum id asserentes argumẽto probabili, quod iracundiores sunt in clunibus languidi, & fœmina, maribus & iuuenibus, senes, & fœlicibus ærumnosi.

7. Il est bien vray que nous ne laissons pas aussi de nous fascher d'estre méprisez pour les défauts qui sont en nous. Mais c'est pource que les defauts de soy causent en nous de la foiblesse, ou de la tristesse, desquelles celle-cy nous dispose à la colere, d'où vient que nous y entrons aysement contre ceux qui nous apportent de facheuses nouuelles, & celle-là nous rend plus sensibles aux iniures, & de là vient que peu de chose met en colere les enfans, les vieillards, les femmes & les malades, comme aussi ceux qui sont ja ébranlez du desir, d'amour, de soupçon ou de crainte, comme n'ayãs la retenuë assez forte pour resister à ce mouuement. Et cette passion dure plus és esprits rudes & sau-

uages, qu'en ceux qui sont plus polis, & plus ciuilisez.

8. La honte est vne espece de crainte qui regarde le deshonneur, mais quelquefois la fascherie, & aucunes fois la colere se meslent par dedans. Elle se meut en nous par la presence actuelle ou imaginaire des actions honteuses, ou deshonnestes & indecentes, tant passées, presentes, qu'auenir, soit qu'elles prouiennent de nous, ou de ceux qui nous touchent de parenté, ou lesquels, pour quelque autre suiet, nous affectionnons.

9. Mais les flateries & loüanges de nous, dites en nostre presence, deuant qui lors, & où elles ne doiuent estre dites, peuuent aussi nous faire rougir & esmouuoir en nous, cette affection: semblablement le reproche d'vn plaisir qui nous a esté fait, estre repris d'vne faute, la confesser & en demander pardon, ne participer aux biens qui sont communs à nos inferieurs, ou égaux : estre necessiteux, & inferieur à quelqu'vn, nous rend honteux deuant celuy là : seruir ceux que nous auons veu nos inferieurs ou esgaux, seruir en choses basses & abiectes : estre descheu d'vne plus grande fortune nous rend pareillement honteux, mesme de la presence de ceux

qui nous y ont veu. La honte prouenant le plus souuent en la presence & qualité de ceux deuant lesquels nous nous presentons, comme deuant ceux lesquels nous respectons & admirons, ou ceux qui concourrent d'honneur auec nous, qui remarquent nos actions, ou sont ordinaires d'en médire. Car enuers ceux qui ne peuuent rapporter nos actions comme les enfans, ou enuers ceux qui ne le voudroient, comme nos amis, ou qui ne l'oseroient comme nos seruiteurs, nous ne nous émouuons pas ordinairement de cette façon.

19. Nous sommes aussi honteux deuant ceux qui nous ont obligez sans leur en auoir sçeu gré, leur presence nous reprochant nostre ingratitude.

11. De ce que dessus nous concluons que tous ceux qui sont ialoux de l'honneur, qui pensent ou desirent estre en bonne opinion, ceux aussi qui ont reçeu quelque affront, ou qui sont en quelque estat & condition contemptible, sont disposez à receuoir en eux ce mouuement, lequel se diuersifie toutefois comme tous les autres, selon le temps, le lieu, les personnes & autres conditions & circonstances qui se rencontrent dans les actions des hommes.

CHAPITRE XXI.

1. *De la compassion, & d'où elle est causée.*
2. *Ceux qui ordinairement sont peu pitoyables*
3. *Disposition à la compassion, & ceux qui le sont le plus.*
4. 5. 6. *Ce qui peut accroistre en nous la compassion, & esmouuoir dauantage à la pieté.*

1. LA compassion est esmeuë par la fascherie que nous prenons du mal d'autruy. Mais pour exciter cette fascherie, il faut ou que l'amour enuers l'affligé, ou l'opinion que l'affligé souffre iniustement precedent. Car si nous ne l'aimions, ou s'il estoit par nous estimé meschant à l'esgal du mal qu'il souffre, nous ne le plaindrions pas.

Toutesfois il y a des rencontres, ausquelles la condition de nostre nature, ensemble la puissance & inconstance de la fortune, peuuent sans autre consideration exciter en nous ce mouuement, nous faisant craindre de voir en nous mesmes le mal que nous voyons auenir à autruy.

Ce qui aduient quand nous estimons ce mal n'estre éloigné de nous, ny auſſi en eſtre ſi proche qu'il nous touche. Car en ce dernier cas, au lieu de penſer au mal d'autruy nous penſerions au noſtre, & au lieu de compaſſion la crainte ſe formeroit en nous.

C'eſt la raiſon pour laquelle nous n'entrons pas en ce mouuement pour les perſonnes inconnnës ; pource qu'elles ſont trop eſtoignées de noſtre conſideration, ny pour les perſonnes ſi proches que leur mal & le noſtre ne ſoient qu'vn : Mais pour celles qui ſont entre ces deux extremes, & que nous connoiſſons d'vne connoiſſance ordinaire & commune.

2. De ce que nous auons dit de la conſideration de noſtre nature, & de l'inconſtance de la fortune l'on peut conclure que deux ſortes de perſonnes ſont ordinairement peu pitoyables ; à ſçauoir celles qui ſont reduites en extreme neceſſité & miſere, leſquelles tant s'en faut qu'elles ayent pitié des autres, qu'elles conſolent leur miſere par celle d'autruy, eſtant (comme l'on dit) l'ordinaire conſolation des miſerables d'auoir des ſemblables, & celles qui croyẽt eſtre éleuées ſi haut qu'elles eſtiment étre aſſeurées contre toutes ſortes d'euenemens de la fortune, leſquelles au lieu

d'entrer en compassion des affligez, s'en moquent & aucunesfois vsent d'insolence enuers eux.

3. Au contraire donc, ceux seront dispósez à la compassion qui craindront le mal l'auront ressenty autresfois, en seront sortis auec difficulté & peril: & par consequent les vieux qui ont plus d'experience de la foiblesse des choses humaines, & ceux qui se reconnoistront foibles de forces, de moyens, de credit, de noblesse, d'amis & de parens. Et bref ceux qui auront plus de crainte & de connoissance du mal, se laisseront plus aysement emporter à ce mouuement.

4. Or entre les maux, ceux qui nous peuuent plus esmouuoir à pitié, sont ceux qui sont accompagnez d'affliction de corps, ou de fascherie d'esprit, & lesquels nous aduiennent, non par nostre faute; mais (comme nous croyons) par la malice de la fortune, ou de nos ennemis.

5. Et comme ces maux croissent par les circonstances, aussi fait la compassion, comme si en l'affliction on est abandonné des siens, priué de ses moyens, offensé sans suiet, par ennemis puissans, ou cruels, si l'on dépend de ses ennemis, & autres semblables particularitez qui accompa-

gneat ordinairement les mal-heureux.

6. Mais non ſeulement le mal preſent, mais auſſi l'aduenir, s'il eſt proche, nous émeut à pitié : comme ſemblablement le paſſé, s'il n'eſt trop éloigné de temps, ou que la ſouuenance en ſoit encore fraiſche. De la vient que la repreſentation des geſtes, de la voix, de l'habit & contenance des affligez, nous émeuuent dauantage: pource que par ces ſignes exterieurs le mal qui les afflige eſt fait preſent en noſtre imagination. Aux quatre paſſions qui ſuiuent la haine & la faſcherie y ſont meſlées: & en quelques vnes d'icelles, comme en la ialouſie, l'amour y a auſſi quelque part.

CHAPITRE XXII.

1. *De l'enuie.*
2. 3. *D'où elle eſt cauſée.*
4. 5. *Des cauſes qui nous diſpoſent à l'enuie.*
6. *De l'indignation, & de quoy elle eſt meſlee*
7. *Les biens de la fortune emeuuent en nous cette paſſion d'enuie.*
8. *D'où naiſt l'indignation*
9. *Les Grands plus eſmeus de cette paſſion que les autres hommes.*

1. L'Enuie naist quand nous nous faschons du bien d'autruy, sans autre consideration, sinon que nous desirons qu'il n'eust ce bien.

2. Et encore qu'il n'y ait point de cause d'inimitié precedente, neantmoins elle ne se peut pas imaginer sans haine, ou mauuaise & maligne volonté, ny mesme sans vne colere sourde, laquelle ne s'estend proprement que cõtre ceux que nous croyõs n'estre pas plus que nous, ou estre nos inferieurs en quelque condition, sinon en toutes, & contre ceux qui nous sont connus, & non trop esloignez.

2. Car nous n'enuions pas les biens d'vn homme qui nous sera inconnu, qui sera aux Indes, s'il n'a esté nostre compagnon ou inferieur, & que mesme nous ayons eu quelque suiet de

contention auec luy.

3. Ainsi donc celuy qui de tout temps est esléue bien haut au dessus de nous, ne sera enuié de nous : mais bien celuy qui ayant esté nostre égal est deuenu grand en peu de temps, & celuy qui possede ce qui nous seroit propre, & auquel la fortune a rendu quelque chose de plus facile qu'à nous, 1 encore qu'il fut nostre parent.

Aristot.

4. Par semblable raison ceux seront disposez à l'enuie qui auront des égaux ou inferieurs, lesquels entreront en concurrence de quelque chose auec eux. Et se voit ordinairement que ceux sont plus enuieux, ausquels manquent seulement quelques biens, & qui sont en quelque prosperité, estimans qu'ayans plusieurs auantages ils doiuent encore auoir celuy qui leur defaut.

5. Ceux aussi qui sont desireux d'honneur & de reputation, sont ordinairemeut plus enuieux que ceux qui sont moins ambitieux, estimans que la reputation d'autruy diminuë la leur. Voila pour l'enuie.

6. En l'indignation on se fasche du bien d'autruy, pour consideration de la personne qui le possede, laquelle nous estimons en estre indigne : & est ce mouuement meslé de fascherie, enuie, haine, & colere.

7. Or les biens qui émeuuent en nous cette affection, sont ceux de la fortune & du corps : comme richesse, noblesse, amis, honneur, puissance, grandeur, santé, force, beauté, & autres semblables : & non ceux de l'esprit, pource que nous ne pouuons pas dire qu'vn homme est indigne d'estre iuste, vertueux, ou sçauant, & la fascherie que nous en pourrions prendre pour ce regard se doit appeller enuie.

8. L'indignation naist aussi, quand sans industrie, ou par moyens sales & deshonnestes on acquiert quelque bien, d'où vient que les prompts & inopinez auancemens d'autruy nous font entrer en ce mouuement, comme la chose que l'on n'a pas merité par la peine & le trauail. Et generalement tout passage d'vne basse, à vne plus grande fortune esmeut ces trois passions, enuie, indignation & emulation.

Au contraire l'accoustumance de voir vn homme en vn mesme estat nous fait estimer qu'il le merite : le temps nous rendant la possession de toutes choses legitime ; & comme en vne prescription, il nous semble que ceux possedent le leur, qui ont possedé longuement.

9. Les grands aussi ausquels on

égale de petits compagnons en quelque auantage que ce soit sont esmeus à indignation, estimans par ce moyen que leur condition est auilie.

10. L'inexperience en la charge en laquelle quelqu'vn est auancé, nous pousse aussi à cette passion ; pource qu'il faut que les auantages, ou charges que l'on veut donner à quelqu'vn soient proportionnées à sa capacité & à sa condition, toutes sortes de biens, n'estant pas conuenables à toutes sortes de personnes : comme le commandement d'vne armée à vn homme d'autre profession que de guerre, quoy que grand & plein de merite d'ailleurs.

11. Les gens de bien & vertueux sont aussi disposez à cette passion, pource que haïssans les choses iniustes, ils ne peuuent voir les indignes posseder les biens. Et vniuersellement ceux qui pensent meriter quelque chose, voyans estre accordé quelque auantage à vn qui leur est inferieur en suffisance, qualité ou autre condition, s'indignent aysement : comme au contraire les gens vils, abiets, seruiles & de peu d'esprit, se reconnoissans tels, ne s'émeuuent point de cette façon, ne pouuans reprocher aux autres les defauts qu'ils

reconnoissent en eux mesmes.

12. L'émulation semble estre vne espece d'enuie, & touresfois elle est fort differente : car l'enuie se fasche du bien d'autruy, non tant pour l'amour de soy mesme, que pour quelque malignité ou haine qui accompagne cette passion.

13. Mais l'émulation ne se fasche pas tant du bien d'autruy, comme estant possedé par autruy, que pource qu'elle ne possede pas ce bien là mesme, qui est cause qu'aucunes fois elle excite en nous vne infinité de vertueuses operations, pour acquerir ce bien.

14. C'est pourquoy nous voyons ordinairement ceux là disposez à cette passion qui ont le courage haut, & sont accompagnez de belles & grandes qualitez, comme de suffisance, richesse, credit, amis, dignitez & autres propres, pour effectuer quelque chose de grand : pource que telles personnes estiment deuoir posseder ce qui est seant & conuenable aux gens de bien, de façon que le voyant en autruy ils s'émeuuent, & font ce qu'ils peuuent pour l'acquerir.

15. Les ieunes gens aussi sont fort disposez à cette passion, & ceux qui descendent de gens nobles, honorez

& prisez : estimans que cet honneur doit estre continué en eux, & que comme leur estant propre il leur doit estre rendu.

16. Or pour former en l'esprit l'émulation, il faut, outre l'amour de soy mesme auoir la connoissance des biens que l'on desire, lesquels en ce mouuement regardent principalement l'honneur & le profit.

17. Pour les desirer il faut qu'ils nous manquent, & que neantmoins ils soient tels que nous ayons opinion de les pouuoir obtenir : Car ceux qui ne les connoissent pas, qui les ont en abondance, ou qui desesperent de les pouuoir obtenir, n'entreront point en ce mouuement.

18. La ialousie a son principal fondement en l'amour de soy-mesme. Ce qui fait que nous embrassons l'obiet si estroitement, que nous n'en voulons faire part à personne, & si quelqu'vn y participe, non seulement l'enuie contre celuy-là nous trauaille, mais aussi la haine contre l'obiet mesme.

Or cette passion estant tousiours precedée de soupçon, deffiance & de crainte, ceux qui se trouueront disposez à ces mouuemens, se trouueront aussi propres à ietter en ialousie du bien qu'ils posséderont en leur presentant vn, ou plusieurs concurrens qui desirent & pourchassent le mesme bien.

Ce sont les causes & les moyens desquels plus ordinairement on se sert pour réueiller les mouuemens de la volonté selon les circonstances du lieu, du temps, des personnes, & des affaires.

CHAPITRE XXIII.

1. *Vsage de la connoissance des passions, & les moyens de les moderer en nous, & en autruy.*
2. *Auantages de la moderation des passions en nous mesmes pour viure en Cour.*
3. *Moderées par douceur & force de courage*
4. *Par douceur naturelle.*
5. *Ou acquise.*
6. *Par nourriture.*
7. *Par experience.*
8. *Ou par discours de raison, & iusques où il s'estend.*
9. *Diuerses considerations sur iceluy.*

1. VEnons aux moyens de les moderer, en quoy i'estime qu'il faut commencer par nous mesmes.

Car de penser auoir plus de force sur la volonté d'autruy, que sur la nostre, il n'y a point d'apparence.

2. Mais si nous pouuons nous commander à nous mesmes, il n'y a point de doute que nous ne soyons capables de regenter tout le monde, & estre maistre des affections d'autruy, pource que cette moderation nous donnera loisir d'épier le lieu, le tẽps, les occasions & les autres auantages necessaires pour venir à bout de nostre dessein. Il sera en nous de feindre, ployer & differer à nostre ayse selon le besoin, marchant tousiours la bride en main, faillant d'atteinte nous ne perdrons pour cela courage, mais si l'on nous ferme la porte d'vn costé, nous chercherons vn autre passage sans tourment ny affliction.

Bref nous nous garantirons de ces aspres & passionnez mouuemens, qui troublent & empeschent la conduite des affaires, nous entrauent, arrestent & font que souuent nous nous donnons la iambe à nous mesmes, produisans en nous la precipitation, l'opiniastreté, l'indiscretion, l'aigreur, le soupçon & l'impatience.

3. Or ces mouuemens sont moderez, soit en nous soit en autruy : ou par douceur de mœurs ou par force

de courage, ou par preuoyance, ou par aduertissement.

La douceur des mœurs & la force de courage, bien que diuerses en soy, souuent toutesfois produisent mesmes effets pour ce regard : & l'vne & l'autre, est ou naturelle ou acquise.

4. Quant à la naturelle, il est bien certain qu'il se trouue des volontez naturellement plus reposées les vnes que les autres, & d'autres plus esleuées au dessus des obiets, lesquels peuuent exciter ces mouuemens en nous : ce qui est cause qu'elles n'en sont pas ebranlées aisement, ny auec tant de violence.

Ie ne mets point icy en compte la stupidité, ou insensibilité, ny l'ignorance, lesquelles nous ostent le ressentiment du bien, 1 comme celuy du mal. Car il faut approcher plus de la beste que de l'homme, pour estre de cette complexion. Neantmoins pource qu'on peut se preualoir selon les occasions de cette sorte de naturels, il faut connoistre ceux qui en tiennent quelque chose : car en la Cour aussi bien qu'en mesnage, toutes pieces y seruent, & se mettent en besogne.

1 Senec. in Oedip. Iners malorum remedium ignorantia.

Or cette douceur de mœurs, & force de courage prouenant de certaines complexions, & entre autres de la ſanguine, qui eſt plus éloignée de l'excez, eſtant entre le flegme qui engendre la ſtupidité, & la bile qui produit la colere : il faudra pour ſe maintenir en cét eſtat, éuiter de tomber aux deux principales intemperatures du ſang, qui ſont la bile iaune & la melancolie : leſquels cauſent en nous pluſieurs mouuemens extraordinaires : & temperer le flegme, de peur que par ſa froideur il n'aſſoupiſſe nos ſens.

Ie laiſſeray toutesfois aux Medecins de preſcrire le regime qui pourroit eſtre propre : non ſeulement pour ne point entreprendre ſur leur meſtier, mais auſſi pour la difficulté qui ſe rencontreroit à pratiquer ce qu'aucuns en ont écrit, & le peu d'auantage que l'on en pourroit receuoir.

5. Quant aux moyens d'acquerir cette douceur des mœurs, & force de courage, il y en a trois principaux, la nourriture, l'experience & le diſcours de la raiſon.

6. Eſtre eſleuez & nourris auec perſonnes moderées, ou reſoluës à tout, nous donne vn certain ply ſemblable; La preſente conuerſation coulant en nos meſmes opinions, & meſmes façons de faire.

7. Semblablement l'experience d

plusieurs & diuerses rencontres qui sont auenuës à nous, ou à d'autres que nous connoissons, fait que nous nous portons plus moderement en semblables occurrences.

8. Mais le discours de la raison va plus loin & embraisse toutes sortes de considerations, desquelles nous apporterons icy les principales, qui peuuent seruir à ce suiet.

9. La premiere est celle de la vraye estimation des choses, mesmes de celles qui peuuent estre apprehendées par nous comme bonnes, ou comme mauuaises.

Icy toute la Philosophie s'est amusée pour nous asseurer contre plusieurs choses qui nous ébloüissent, ou nous estonnent : mais iusques à present elle a peu gagné auec le commun, & gagnera encore moins en Cour, laquelle prend le contre-pied de toutes ses regles, desquelles comme ie ne conseillerois à personne de se seruir enuers aucun qu'il ne l'en reconnust capable, de peur de reüssir ou importun ou ridicule : aussi conseillerois-ie volontiers à chacun en son particulier, pour acquerir cette moderation (qui est la plus necessaire en la Cour, & le principal fondement de l'Accortise) de ne les negliger.

CHAPITRE XXIV.

1. *Quatriesme chef de cette partie. Trois principales fautes que nous faisons en l'estimation des choses bonnes ou mauuaises.*
2. *L'indifference remede à la premiere faute.*
3. *Ce que c'est que la mort.*
4. 5. *Le temps & le delay remede à la seconde faute.*
6. 7. 8. 9. 10. *Consideration sur les remedes.*
11. *Ou desauantage remede à la troisiesme faute.*
12. *Examen des auantages d'vn obiet & exemple sur iceux.*
13. *Foiblesse, credulité, curiosité, trois deffauts d'où procedent les mauuaises opinions que nous prenons de nous, & d'autruy.*
14. *Remede a la foiblesse.*
15. *A la credulité.*
16. *A la curiosité.*
17. *Conclusion de ce Chapitre.*

1. POur en dire quelque chose en passant, il faut sçauoir que nous faillons en plusieurs sortes au iugement & vraye estimation des obiets qui se presentent à nostre volonté.

Pre-

Premierement interpretant à bien ou mal ce qui est indifferent, ou nous representant le mal ou le bien beaucoup plus grand qu'il n'est en effet, ou appellant bien ce qui est mal, & mal ce qui ne l'est pas.

2. Quant à la premiere faute, il est bien certain que la pluspart des choses en ce monde ont deux anses par lesquelles on les peut prendre; par l'vne elles semble griefues & pesantes, & par l'autre aisées & legeres : il est en nostre choix de les prendre par où nous voudrons. Il n'y a point de raison à laquelle il ne s'en puisse trouuer quelqu'autre contraire.

3. La mort est la plus fascheuse rencontre que nous craignons : mais si nous considerons la misere de ce monde, c'est vn affranchissement & prompte recepte à tous maux, vn port & vn abry contre toutes les tempestes & orages de nostre vie.

Il en est de tous les autres obiets presque de mesme, il y en a peu qui puissent estre tenus si absolument pour maux, que l'on n'en puisse tirer quelque auantage : ny si absolument pour biens, qui n'ayent quelque inconuenient.

Donc si les mouuemens qui sont resueillez par la consideration du bien nous emportent auec trop de violence, il faudra entrer en la consideration des incommoditez & des auantages qui en peuuent reussir, & ceux qui seront poussez par la consideration du mal, se pourront moderer en leur representant les auantages qu'ils en pourront receuoir : & ainsi s'exerçant en cette indifference, l'on se trouuera aux termes de cette moderation, qui nous est necessaire pour la conduite des affaires. Et ne faut point craindre qu'elle attiedisse ou rende plus foibles nos poursuites. Car tousiours nostre iugement panchera plus d'vn costé que d'autre, mais ce ne sera pas auec precipitation & inconsideration.

4. Pour ne point tomber en l'autre faute, laquelle se fait en nous representant le mal ou le bien plus grand qu'il n'est : il faut donner le loisir au iugement de le bien considerer & despoüiller l'obiet qui nous peut esmouuoir de toutes les qualitez & rencontres lesquels nous le peuuent faire sembler plus grand.

5. Par le temps l'impetuosité du mouuement s'affoiblira & donnera lieu à vne plus parfaite connoissance de ce qui nous esmeut, quand ce ne seroit qu'en nous donnant autant

de temps qu'il en faudroit pour compter les lettres de l'Alphabet, comme vn Sage conseilloit à Auguste quand il seroit en colere.

Chacun sçait condamner les iugemens qui se font auec passion, & neantmoins presque tous ceux que nous faisons se font de cette sorte.

6. Laissons donc vieillir [illegible]lement ce mouuement que nostre esprit retourne en son assiette, puisque tout ce qui se fait auec passion nous doit estre suspect: & considerons apres l'obiet nud & despoüillé de toutes ces circonstances, nous le trouueront tout autre qu'il ne nous a semblé à sa premiere monstre.

7. Pour exemple, la presence du mal à son premier abord nous le fait paroistre plus grand qu'il n'est en verité, d'où prouient la tristesse, laquelle enfin auec le temps se passe. Que si la mal estoit tel en verité, il le seroit aussi bien dans vingt ans qu'à present. Despoüillons le donc de cette circonstance de presence, reduisons nostre imagination à la verité, nous trouuerons que nous ne serons si agitez & trauaillez de ce mouuement.

8. Mais ce n'est pas seulement la circonstance de la presence qui accroist le mal, ou le bien ou nostre ima-

gination, 1 celle de l'aduenir en fait autant ; c'est elle qui nous trompe souuent en nos craintes en nos esperances, ce que nous esperons pour manque, ce que nous craignons s'escoule, & ce que nous n'attendons point nous arriue.

1 *Cassiodor. Non est paruum tormentum, ad versũ aliquid formidare venturum dum semper grauius æstimatur emergere quod timetur.*

9. Plusieurs rencontres suruiennent qui empeschent ce que nous preuoyons, le foudre se destourne auec le vent d'vn chapeau, & les fortunes des grands en vn petit moment, vn tour de roüe met en haut ce qui estoit en bas & souuent d'où nous attendions nostre ruine, nous receuons nostre salut.

10. Il en est de mesme des autres circonstances de rareté, abondance, facilité, difficulté, nouueauté, estrangeté & accoustumance, lesquelles cy deuant nous auons dit empescher les fonctions de nostre iugement : & desquels il faut necessairement despouiller les obiets si nous en voulons iuger auec verité, comme aussi nostre esprit de la preoccupation des opinions & erreurs populaires.

11 La troisiesme faute est plus grandes que les deux precedentes, quand nous nous persuadons qu'vn obiet est bon & vtile, qui est mauuais & nuisible : & celuy là estre mauuais

& nuiſible qui ne l'eſt point.

Cette erreur prouient de ce que toutes choſes comme nous auons dit ont deux anſes, & que ſans y prendre garde nous les prenons par la premiere qui ſe rencontre.

12. Il faut donc auant que de iuger de la qualité d'vn obiet reconnoiſtre les auantages & deſauantages, peſer la conſequence de chacun, les comparer les vns aux autres, & lors ſi les auantages ſurpaſſent les deſauantages, non tant en nombre qu'en poids, qualité, ſuite, ou importance: nous le pourrons appeller bon & vtile: ſi au contraire, nous le reietterons comme mauuais & nuiſible.

Pour exemple chacun tient la vengeance pour vn grand bien, & comme choſe agreable elle eſt deſirée de tous, à cauſe du contentement qu'elle apporte, lequel toutesfois eſt beaucoup moindre que ne ſont les faſcheries qui nous trauaillent en la recherche que nous faiſons des moyens pour en venir à bout.

Ce penſement eſt vn ver qui nous ronge le cœur nous agite de iour, trauaille de nuict, le plus ſouuent en vain: & cependant que nous nous tourmentons noſtre ennemy rit, ſe donne du bon temps, & lors que nous sommes sur le point de l'execution il aduient, que pensans luy creuer vn œil, nous perdons tous les deux : la crainte de la iustice, ou d'vne pire recherche nous saisissant, & nous mettant en peine, ou de nous cacher, ou de nous enfuir.

Si donc on balance tout cela auec vn peu de contentement de peu de durée, & quelquesfois bien imaginaire, on trouuera qu'il ne contrepese pas ces fascheries. Ainsi en est-il de plusieurs autres choses.

Quant à ceux qui s'imaginent du mal, où il n'y en a point, ils sont encore en plus grande erreur : quoy qu'ils semblent d'estre plus entendus & plus accorts prenans garde à tout & s'enquerans de tout.

C'est estre trop ingenieux à se tourmenter & s'affliger soy-mesme : que de chercher ce que l'on ne desire pas trouuer, & c'est auoir mauuais estomach que de digerer mal les bonnes viandes.

Au contraire il faut chercher en toutes choses la plus douce interpretation, & celle qui nous contente le plus, quoy que nous nous deuions resoudre au prix.

Celuy là ne vous a-il salüé comme

il deuoit, n'estimez pas pour cela que ce soit mespris, s'il vous est amy, c'est vne grande familiarité, qui en est cause; s'il est vostre inferieur, il n'est à croire qu'il y ait pensé, ou c'est sotise, ou indiscretion: quoy que ce soit defaut d'autruy, par lequel il est rendu plus digne de mespris que vous, duquel l'honneur ne doit pas dépendre de telles gens.

13. Ces mauuaises opinions procedent de trois defauts qui sont en nous, foiblesse, credulité, curiosité. Plus nous sommes foibles, plus sommes nous aysez à esbranler: plus nos mouuemens sont violents, estans semblables aux efforts des enfans & des vieillards qui courent quand ils pensent cheminer.

14. Il faut donc se roidir, & resueiller en nous par le discours, la connoissance de ce qui se presente, & fuir la delicatesse & l'amour des choses qui nous peuuent le plus esmouuoir.

15. Croire aussi legerement, & nous laisser aller à la premiere opinion que nous prenons d'vn homme, ou d'vne affaire, ou à la persuasion d'autruy, nous met en pareille peine: c'est pourquoy il faut fermer les oreilles aux rapports ordinaires en la Cour, auoir recours au temps, & se donner loisir

de voir si la suite des actions corres-pondra au commencement , ou à ce que l'on nous en dit.

16. Semblablement la curiosité en la recherche de ce qui nous peut offenser & fascher estant preuenuë d'vne mauuaise opinion, & accompagnée de meffiances, nous a fait interpreter à mal toutes les actions d'autruy.

Nous fuyrons donc ces deux derniers defauts & nous fortifierons contre le premier, & mesme en ce qui regarde les personnes, nous nous representerons deuant les yeux les imperfections ordinaires des hommes.

17. Chacun cloche d'vn pied, c'est beaucoup quand on ne cloche point de tous deux, & si nous voulons nous rendre moderez enuers les fautes d'autruy, examinons par le menu nos actions, & lors y en reconnoissans d'autres non moins defectueuses, & peut estre semblables, prestons aux fautes d'autruy les escuses que nous apportons aux nostres. Voila comment nous nous deuons comporter en l'estimation des choses.

CHAPITRE XXV.

1. Considerations de nostre pouuoir pour moderer nos passions.

2. En quoy consiste ce pouuoir.

3. Pour quelle fin on se iette à la Cour.

4.5. Mesurer ses forces auec les difficultez qui se presentent.

6. Preuoyance, second moyen pour moderer les passions

7.8.9. Le premier effet de cette preuoyance est de fuyr les causes & occasions d'entrer en ces mouuemens.

10. Second effet de cette preuoyance de se preparer à ce que l'on preuoit deuoir aduenir & l'attendre de pied coy.

11. Troisiesme effet de la mesme preuoyance de destourner le mal preueu ou se le familiariser en l'imagination.

12. Du diuertissement troisiesme moyen de moderer les passions.

13.14.15.16. Autres moyens de diuertir l'esprit passionné.

1. L'Autre consideration qui nous peut seruir pour moderer nos passions, est la connoissance de ce que nous pouuons, bornant nos desirs & nos esperances à choses certaines: proches, & aisées, & nous accoustumant à la facilité & simplicité,

mere de paix & de repos. Nous ne sommes trompez en nos desirs & esperances que par vne fausse opinion que nous prenons d'en pouuoir venir à bout : que si nous examinons par le menu iusques où nostre pouuoir peut aller, nous n'entasserons point desirs sur desirs.

2. Or ce pouuoir ne consiste pas seulement en l'authorité, credit, amis, capacité ou autres semblables moyens, par lesquels nous pouuons obtenir ce que nous desirons ; mais aussi en la disposition de nostre volonté pour souffrir & endurer ce qui est ordinaire en telle poursuites.

3. Vous vous iettez à la Cour pour auoir richesses, honneurs, authorité, ou puissance, vous y auez de grandes entrées, force amis, plusieurs belles parties qui peuuent vous rendre recommandable : mais ce n'est pas assez, il faut sçauoir si vous estes disposé de flatter les grands, & quelquefois les valets, faire la cour à vn portier apres qu'il vous aura fait longtemps compter les cheuilles d'vne porte, souffrir d'estre calomnié & endure des iniures sans oser vous plaindre, s'acommoder aux voluptez & passions d'autruy. Car c'est à ce prix & auec cette monnoye que cette d en-

rée s'achepte.

4. Espluchez donc toutes ces circonstances, sondez vostre pouuoir, pesez cette monnoye, & considerez si la marchandise la vaut, peut-estre iugerez vous qu'il faut marcher en cette foire auec plus de retenuë & de moderation que plusieurs ne font.

5. Il en est de mesme de toutes les autres affaires, il faut mesurer ses forces auec les difficultez; & sans se flatter. Car c'est vne surprise ordinaire qui se coule en nous insensiblement, & ne pouuans ce que nous voulons nous deuons accommoder nostre volonté à ce que nous ne pouuons. Cecy suffise pour les moyens plus communs, lesquels se peuuent tirer du discours de la raison pour moderer les passions.

6. Venons aux moyens desquels les plus foibles seruent qui sont là preuoyance, & le diuertissement.

7. Le premier effet de la preuoyance, est de se deffaire des causes & occasions qui peuuent exciter en nous quelque mouuement desreglé, & ainsi luy couper le chemin & fermer toutes les aduenuës.

8. Toutes choses sont en leur naissance foibles & tendres, & est bien plus aysé de repousser & fermer le

premier pas à ce mouuement, que s'y porter bien & reglement.

9. Ainsi celuy qui aura accoustumé de se picquer au ieu se gardera de ioüer, celuy qui sera prompt & colere, fuyra les altercations contentieuses, celuy qui aymera ou hayra quelque obiet, ne se presentera deuant luy mais au contraire s'en esloignera.

10. Le second effet de la preuoyance, sera de preuoir le bien ou le mal, qui se peut rencontrer en vn affaire, nonseulement pour l'examiner par le menu en toutes ses circonstances, mais aussi pour se tenir sur ses gardes : l'attendant de pied coy en repos & silence & sans agitation exterieure qui souuent redouble les mouuemens de l'esprit & les rend plus violens.

11. Le troisiesme effet sera de destourner ou trauerser le mal que nous preuoyons deuoir tomber sur nous : ou si nous ne le pouuons, c'est de faire que par l'accoustumance de le nous representer en l'imagination nous le receuions auec moins de fascherie, estant certains que les coups preueus font moins de mal.

12. Quant au diuertissement, c'est, vn moyen duquel on se sert en toutes passions, & comme vn clou chasse

l'autre, ainsi vne passion en chasse vne autre, & en cela l'on se peut porter en deux diuerses façons.

Car ou l'on diuertit l'esprit qui est esmeu, en proposans vn autre obiet à cette mesme passion qui l'agite : comme si à celuy qui est amoureux d'vne femme l'on luy en presente vne autre plus aymable : ou à celuy qui poursuit vne affaire par des moyens, qui ne nous agréent pas nous luy en proposons de plus faciles.

13. Ou bien on diuertit l'esprit d'vne passion à vn autre, ou contraire, ou diuerse, comme quand en vn ambitieux, on modere les esperances qu'il a d'eniamber, & monter plus haut par la crainte de deschoir du degré auquel il est, qui est vne ruse laquelle a souuent esté pratiquée par plusieurs Princes enuers leurs plus grands fauoris.

14. Semblablement aussi quand à vn homme qui est en tristesse, nous presentons quelque chose qui le puisse resioüir : à vn qui craint des moyens pour l'asseurer, & à vn qui nous hayt des preuues de nostre amitié, pour l'attirer à nous aymer.

15. Mais en cecy il faut prendre garde que l'obiet auquel nous voulons attirer l'esprit, soit plus fort en

l'imagination que celuy duquel il est saisi.

16. Et si vn seul obiect n'est suffisant, il en faudra presenter plusieurs : n'y ayant rien qui relasche, ou plustost affoiblisse tant l'esprit que la pluralité, & diuersité d'obiets en tous lesquels se voulant bander, ses mouuemens sont rendus moins violents à l'endroit de chacun d'iceux separement.

CHAPITRE XXVI.

1. *Troisiesme vsage de la connoissance des mouuemens de la volonté, & en quoy elle consiste, à sçauoir en complaisance, & comment on s'en sert ordinairement en Cour, qui est le cinquiesme chef de la premiere partie de ce traité*

2. *De l'vtilité & necessité de la complaisance & des exemples sur ce propos*

3. 4. *De la complaisance en la colere.*

5. 6. 7. *Comment il se faut comporter auec cette passion.*

8. 9. *En douceur, & du naturel des personnes douces.*

10. *En la crainte, & du naturel des craintifs.*

11. *Accommodement à cette passion.*

nes qui prouient de la difference des conditions interieures.

1. RESte le troisiesme vsage de la connoissance des mouuemens de la volonté, qui consiste à s'accommoder aux affections & façons de faire d'autruy, ce qu'en vn mot on appelle complaisance, de laquelle l'on abuse le plus souuent en Cour où ordinairement elle degenere en flatterie.

1 *Alex in Stob &c. Anaxan. in Athen. lib. 6.*

2. Pouuant neantmoins estre non seulement vtile comme celle d'Arcadius Patriarche de Constantinople, qui par ce moyen adoucissoit & retenoit la cruauté de l'Empereur Leon Marcella: mais aussi necessaires en plusieurs rencontres tant enuers le Prince 2 qu'enuers les particuliers. I'en diray icy quelque chose plus pour exemple, que pour representer ce qui se pourroit rapporter sur ce suiet, & commenceray par la colere.

2 *Apoll. in Stob. & Theog.*

3. La personne qui est troublée de cette passion, volontiers se plaint de l'iniure receuë, l'amplifie, a l'esprit bandé à la vengeance & la loüe, est prompte à la tenter, craint peu le peril, cherche plustost l'execution, que d'entrer en consideration de ce qu'elle fait, approuue & suit les partis pre-

cipitez, dit mal de celuy qui l'a offencée, luy fait le plus d'ennemis qu'elle peut, & par sa contenance, elle manifeste cette passion en plusieurs façons, son visage change de couleur, elle parle auec impetuosité & confusion, regardant de trauers : & tantost de ça, tantost de là.

4. Qui voudra donc s'accommoder à celuy qui sera poussé de cette passion, il imitera aucunement ses actions : & fera connoistre que c'est pour le mesme suiet se faschant de l'iniure receuë : blasmant la personne qui l'aura faite, loüant la vengeance, approuuant la promptitude, hardiesse & resolution à se vanger, & autres telles choses.

5. Mais durant que ces contenances ne sont pas seantes, ny à toutes sortes de gens, ny enuers toutes sortes de personnes, il y faudra apporter vne grande discretion, & se proposans plusieurs moyens de vengeance, il faudra tascher de faire choisir celuy-là qui requiert plus de temps pour son execution comme estant le plus seur, afin que le temps refroidisse la colere, & fasse place à la raison.

6. Bref en toutes resolutions promptes que la colere peut produire, faudra en differer l'execution par les plus

ſpecieux pretextes que l'on pourra, fondant ce delay (ſi faire ſe peut) ſur aucunes conſiderations que l'on voit eſtre embraſſée par le paſſionné.

7. C'eſt charité que de tromper en ce ſuiet ſon amy pour le deſtourner de ce mouuement, & accortiſe de le faire en façon qu'il ne ſemble que vous luy ſoyez contraire, de peur qu'il ne s'en offence.

8. Auec les perſonnes douces & de contraire habitude à la colere, nous ſuiurons toute vne contraire voye. Car telles perſonnes ſont ordinairement eſloignez de vengeance, parlent humainement de ceux meſmes qui les ont offencez, diminuent en excuſant l'iniure receuë, conſiderent les difficultez & dangers qu'il y a de s'en venger, approuuuent de ne ſe laiſſer vaincre à cette paſſion, de proceder auec raiſon, & auec conſeil, ſe contentent de la ſatisfaction que l'on leur offre.

6. Nous voulans donc accommoder à telles perſonnes, nous loüerons la reſiſtance qu'elles font à l'impetuoſité de la colere & au deſir de vengeance, leur ſageſſe à peſer l'iniure auec les qualitez de celuy qui l'a faite, & de celuy qui l'a receue.

10. Le craintif met en consideration toutes sortes de dangers, pour petits qu'ils soyent, il luy semble que le mal soit plus voisin qu'il n'est, a peur de toutes choses, son esperance est foible, mesme en choses certaines il entre en desfiance, change souuent d'auis & de conseil, & est irresolu, se tourne du costé qu'il estime y auoir moins de danger encore que moins honnorable, exagere le danger auquel il se trouue, s'oublie soy-mesme, & les personnes qui luy sont plus cheres, les postposant à sa seureté, & tesmoigne sa peur par plusieurs gestes & contenances, changeant de visage, palissant, parlant confusement, inconstamment & auec interruption.

11. Pour nous accommoder à cette passion, nous appuyrons de raison cette crainte, que nous nommerons sagesse & preuoyance mere de seureté; blasmans la legereté qui se fonde sur des esperances vaines, nous appellerons temerité de faire autrement, & nous monstrans en quelque façon frapez de peur, nous excuserons ce que nous ne pouuons loüer sans honte.

12. Au contraire si nous auons affaire auec vn homme plein de con-

fiance, lequel n'entre en confideration des chofes qui peuuent apporter crainte & dommage, & qui s'estime assez pour se garentir du mal, amplifiant le moyen qu'il en a, & diminuant le mal & le danger: estant prompt à hazarder & mettre en execution ses desseins, accompagnant ses façons de faire d'vne gayeté de visage, & d'vne parole resoluë, constante & asseurée. Nous luy ferons reconnoistre sa condition, qualité, puissance, & credit qui nous donnent toute asseurance, qu'il viendra à bout de ce qu'il entreprend, diminuant le peril & le hazard, & rehaussant sa preuoyance, & les moyens qu'il a entre les mains: Nous loüerons sa promptitude à resoudre, sa constance à poursuiure, sa hardiesse à executer, & si le suiet se presente, monstrerons auoir suiuy és choses qui nous touchent vne mesme façon de proceder.

3. Mais si nous ne voulons nous accommoder à vne personne touchée de quelque honte, considerans que telles gens se plaignent & se faschent ordinairement, quand il leur est aduenu quelque chose qui leur fasse honte, s'efforcent de la couurir & de l'excuser confessans leur faute estant descouuerte: & monstrans en

estre repentans, ialoux de leur honneur & reputation, n'ont à plaisir que l'on les fasse ressouuenir de ce qui leur est aduenu.

14. Nous monstrerons auoir regret du desplaisir qu'ils ressentent, & que mal volontiers nous entrons en ce discours-là que cette honte ne procede que d'vn naturel loüable, ialoux de l'honneur, & qu'il n'y a personne qui ne soit suiet à tels accidens, lesquels enfin le temps ou quelque contraire action effacera de la memoire des hommes.

15. Que si nous nous rencontrons auec quelque impudent qui ait comme l'on dit touets ses hontes beuës, considerent que telles personnes n'ont aucun desplaisir, honte, ou repentance de chose qu'ils fassent, quelque deshonneste qu'elle soit : mais au contraire la loüent, l'excusent, & quelquefois en parlent auec plaisir, n'ayant aucun soin du tort que telle chose peut apporter à leur reputation, & haïssans & mesprisans ceux qui leur contrarient, ou trouuent mauuaises leurs façons de faire.

16. Si nous ne pouuons nous deuelopper de telles gens, il nous faudra, comme l'on dit, hurler auec les loups, & blasmer & mespriser ce trop

grand respect que l'on a à l'opinion des hommes, à laquelle ceux qui se veulent asseruir, sont esclaues, & priuez d'vne infinité de plaisirs & commoditez, accusans ceux qui s'y rangent de trop grande seuerité, ou simplicité.

17. Pour s'accommoder à celuy qui sera poussé de bien-vëillance enuers quelqu'vn, sçachant que telles gens loüent volontiers, honnorent, respectent, deffendent, excusent ceux qu'ils affectionnent, & quand il est besoin les admonestent & exhortent, nous monstrerons d'approuuer le choix & l'élection que celuy-là a fait, loüerons sa constance en ses amitiez, & les offices faits enuers ceux qu'il ayme.

18. Que s'il hait quelqu'vn, & que nous soyons forcez en cela de luy complaire, nous blasmerons la personne gaye, exaggerons les actions qu'elle aura mal faites, ferons semblant de nous resiouir de son mal & nous fascher de son bien, luy donnant le tort, & amplifiant l'iniure qu'elle aura faite à autruy.

19. Mais pource que la bien-veillance ne paroist que par les effects qui sont compris sous le nom de courtoisie, il faut sçauoir que ceux qui sont

disposez à ce mouuement, sont prompts à faire plaisir, se resiouïssent que l'occasion s'en presente à eux, es-pient le temps, le lieu, les conditions des personnes qui les peuuent conuier & donner moyen de faire plaisir, ont agreable d'estre les premiers, ou seuls à vser de courtoisie, blasment ceux qui font le contraire, & sont bien ayses d'estre tenus pour tels: & d'estre aymez, cheris, honnorez, loüez & respectez.

20. C'est pourquoy auec telles gens nous loüerons leur promptitude à faire courtoisie, le plaisir fait, ou qu'ils veulent faire, monstrerons estre fort contens, quand il se presente à nous quelque occasion de bien faire à quelqu'vn: nous rendrons soigneux de reconnoistre, ou par remerciement, ou par seruices, ou par autres bienfaits, celuy que nous aurons receu.

21. Que si nous auons affaire à des ingrats (la compagnie desquels ie conseilleray tousiours de fuyr autant qu'il sera possible) nous diminuerons le plaisir receu, blasmerons l'intention de celuy qui l'a fait, remonstrerons qu'il est dur de se charger d'vne obligation sans iuste cause, & que les sages sçauent faire difference entre les

vrais plaisirs & les feints ou simulez. Que comme les ingrats ne sont point à loüer, à cause de leur mauuaise volonté, non plus le sont ceux qui se reconnoissent redeuables de ce qu'ils ne doiuent point.

22. Les humeurs bien-veillantes sont aussi ordinairement, accompagnées de pieté, & compassion enuers autruy, se plaignent du mal de la personne affligée, monstrent non seulement de connoistre combien indignement & à tout le mal arriue à la personne que l'on plaint : mais aussi auoir sujet de craindre qu'il ne leur en arriue autant ou à ceux qu'ils ayment, loüent la patience, le courrage, les conditions, & les qualitez de l'affligé, le consolent, confortent s'offrent à luy pour l'ayder & le secourir : & encore aucuns auec soupirs & larmes donnent indice de leur compassion, & de mesme façon nous nous pourrons comporter autant que la qualité du mal, & la bien-seance le requerra.

23. Ceux qui sont poussez d'indignation pour le bien qui arriue à quelqu'vn sans l'auoir merité, ont de coustume de rabaisser & diminüer les conditions & les merites de celuy là : & de se pleindre de la condition des

des choses humaines, & de l'aueuglement de la fortune.

24. L'enuieux se comporte presque d'vne semblable façon; mais pour gratifier dauantage celuy-cy, nous pourrons entrer en comparaison de celuy qui porte enuie à celuy qui est enuié, rehaussant le merite de l'enuieux & diminuant celuy de l'enuié, ramenteuant les actions que ce dernier a mal faites, ou qui sont dignes de mespris, ou de haine.

25. Mais tels mouuemens estant de ceux que l'homme de bien doit fuyr il ne s'engagera à telles complaisances que forcé auec grande consideration, & telle discretion qu'il ne se fasse tort à sa preud'hommie.

26. Quand à la ioye & à la tristesse, l'on s'y gouuerne diuersement. Car la ioye ne reçoit pas volontiers la tristesse en sa compagnie.

27. Mais la tristesse peut estre en tel point que le triste admettra volontiers vn homme ioyeux & agreable pourueu qu'il se sçache insinuer doucement. Car si au milieu d'vne grande tristesse quelqu'vn venoit boufonner, il se rendroit desagreable & importun. Mais si laissant passer à violence de la fascherie, & s'accommodant pour vn temps, quelqu'vn se

1 Iuuenal in Saty 3. Quidquod adulandi gens prudentissima laudat. Sermonem indocti, faciem deformis amici. Et longum inualidi collum ceruicibus aquat, Herculis Anteum procul à tellure tenentis. Miratur vocem angustam qua deterius nec: Ille sonat, quo mordetur gallina marito.

rencontre qui coulant d'vn propos en vn autre en quelque discours agreable à celuy qui est fasché, il allegera cette tristesse.

Natio comœda est, rides? maiore cachinno. Concutitur, flet, si lacrymas conspexit amici. Nec dolet igniculū bruma si tempore poscas.

28. Car estant le naturel de l'homme porté plus au plaisir qu'à la fascherie; luy estant le premier presenté auec façon, il l'embrasse plus volontiers que l'autre.

29. Mais cecy regarde plus le diuertissement que la complaisance: laquelle en la tristesse sera accompagné de silence, lors qu'auec bienseance nous ne pourrons imiter les contenances de celuy qui est en affliction.

30. Quant à la ioye, chacun la sçait contrefaire, & qui s'entremeslera des loüanges de celuy auquel on veut complaire, l'on sera encore mieux venu. Ie serois trop long si ie voulois representer toutes les diuerses façons de faire, qui procedent de nos mouuemens interieurs, & cela seroit nonseulement ennuyeux: mais aussi inutile: ce que i'en ay dit est suffisant pour comprendre comme l'on se doit gouuerner en la complaisance.

31. Seulement donneray-ie aduis en passant de ne point imiter les sottes & ridicules contenances, comme faisoient les Courtisan d'Alexandre,

lesquels portoient le col plus panché d'vn costé que d'autre pource qu'Aléxandre le portoit ainsi: & aucunsde la Cour de son Pere Philippe, lesquels voyans ce Prince pour vn coup qu'il auoit receu en l'œil, s'estre fair bander le visage, se firent aussi bander de mesme, encore qu'ils n'eussent aucun mal

32. Cela tient trop de ces Parasites du temps passé, lesquels vsoient indifferemment de cette complaisance, ou plustost d'vne vile & basse flatterie qui ne peut estre bien venuë que parmy les lourdauts.

33. Il est bien vray que quelquefois on est contraint d'imiter les vices & desbauches aussi bien que les vertus de ceux auec lesquels on conuerse. Alcibiades estant à Athenes faisoit l'Orateur & le Philosophe, parmy les Lacedemoniens se monstroit austere & seuere en sa vie; auec les Thraces s'exerçoit non seulement à monter & picquer cheuaux: mais aussi à bien boire, auec les Ioniens, estoit voluptueux; ioyeux, & paresseux, & auec les Perses fastueux & braue en meubles, en habits & accoustremens.

34. Semblables esprits sont fort propres en la Cour, oû il faut ployer & se rendre faciles à se conformer à

toutes ſortes d'humeurs & façons de faire ſans que l'on y apperçoiue de la contrainte.

35. ¶ Cecy donc ſuffira, & par meſme moyen ie finiray le diſcours de la difference des perſonnes qui prouient de la diuerſité des conditions interieures, pour paſſer aux exterieures, leſquels eſtans auſſi indefinies, nous ne rapporterons icy que celles qui peuuent ſeruir à connoiſtre les interieurs, ou qui ſe remarquent plus ordinairement en la conuerſation.

CHAPITRE XXVII.

1. *Difference des personnes par les conditions exterieures selon l'aage, septiéme chef de cette premiere partie.*
2. *L'aage de l'homme partagé en plusieurs parties.*
3. 4. 5. 6. 7. 8. 9. 10. *Mœurs & complexions de la ieunesse.*
11. 12. 13. 14. *Mœurs, humeurs, & complexions des vieillards*
15. 16. *De la virilité, & de l'humeur de ceux qui sont de cét aage.*

1 LEs conditions exterieures des personnes qui peuuent seruir à iuger des interieurs, viennent, ou de l'aage, ou de la fortune.

2. L'on partage l'aage de l'homme en plusieurs parties, toutesfois la difference des mœurs se remarque principalement en la Ieunesse, Vieillesse, & Virilité

3. En la Ieunesse nous sommes ordinairement pleins de nos volontez, prompts à executer nos desirs, ardens aux plaisirs du corps & incontinens, mesmement aux charnels, changeans, & aysez à rassasier, & à nous ennuyer des plaisirs mesmes, qui non plus que toutes autres choses

violétes, ne peuuent lõguement durer.

4. Nous nous courrouçons aysément, & pour peu de chose : nous nous laissons emportez à l'impetuosité de la colere : pource qu'en cet aage estans plus desireux d'honneur, nous pouuons moins endurer d'estre mesprisez. Mais nous sommes aussi moins auaricieux, n'ayans pas encore éprouué ce que c'est que d'auoir faute de moyens : ce qui est cause qu'en cét aage nous nous iettons en des dépences superfluës & excessiues.

5. Il y a aussi en la ieunesse moins de malignité, & plus de simplicité, qu'en aucun autre aage, faute de sçauoir, ou de considerer les meschancetez qui se font en ce monde.

6. D'où vient aussi que pour n'auoir pas esté beaucoup de fois trompez, les ieunes croyent de leger : & pour cette raison ils sont tellement pleins d'esperance, qu'ils se promettent obtenir tout ce qu'ils desirent. Aussi dit-on que l'esperance est plus grande en eux que la ressouuenance. Car l'esperance regarde l'auenir, qui est beaucoup plus grand en la ieunesse que n'est le passé, obiet de la ressouuenance.

7. Ainsi estans coleres & pleins d'esperance.

entreprennent promptement, & l'esperance qu'ils ont de venir à bout de leurs affaires, fait qu'ils ne craignent rien & entrent aysement en confiance d'eux-mesmes.

8. Ils sont aussi honteux & respectueux, tant à cause qu'ils sont nouueaux en toutes choses, que pource qu'ils ont esté esleuez auec crainte. Ils suiuent l'esclat & la vanité plustost que l'vtile: & l'amitié est plus forte en cet aage, qu'en aucun autre, tant pource qu'elle est plus desireuse de compagnie, que pource que la consideration du profit, qui quelquefois dissout les amitiez, est moindre en l'esprit des ieunes gens.

9. Or encore qu'ils soient ordinairement ignorans de beaucoup de choses, si n'en ont-ils pas moins de presomption, & pensans tout sçauoir asseurent tout, d'où vient qu'ils passent quelquefois les bornes en leurs desseins & en leurs aduis, penchans en toutes leurs affections enuers les extremitez, soit pour aymer ou pour hayr.

10. Ils font toutesfois iniure plustost par insolence & petulance, que par malice: sont aysez à émouuoir à compassion, ayans bonne opinion de tous les hommes, & les croyans meil-

leurs qu'ils ne sont: pour ce que la frequence du vice, à cause de leur aage, ne leur est pas connuë : ce qui fait aussi qu'ayant plus d'innocence en eux, ils condamnent le vice par leurs iugemens auec plus de seuerité, & la complexion sanguine dominant ordinairement en cét âge, ils sont enioüez, aymans à rire, gosser & plaisanter.

11. Mais les vieux comme ils sont ordinairement d'vn contraire temperament, aussi ont ils les mœurs & les humeurs toutes contraires à celles des ieunes. Car pour auoir esté longtemps en ce monde, & s'estre trouuez trompez plusieurs fois, n'asseurent aucunes choses, & ne se promettent rien, monstrant tenir tout en opinion & en doute, rien en science & certitude : ont peu de courage pour auoir eu en leur vie plusieurs rencontres qui les ont rebutez d'entreprendre, parlans tousiours douteusement, prennent tout au pire, & ne se representent iamais que le mal : interpretent mesme aucunesfois en mal les choses faites auec bonne intention: sont soupçonneux & deffiants, effets, de la crainte qui leur glace le cœur, & de l'experience, qu'ils ont de l'infidelité des hommes Ils n'ayment ny ne haïssent auec vehemence : ils de-

ſire plus de viure que les ieunes, pource que le deſir eſt des choſes qui ſont abſentes de nous, & nous defaillent : de façon que leur vie s'abſentant tous les iours d'eux, & leur en reſtant fort peu, ils deſirent ce qui leur manque. Cette conſideration en partie les rend plus auares, pource que les biens ſeruent à maintenir la vie : & en partie la peine qu'ils ſçauent y auoir d'en amaſſer, le peu d'eſperance qu'ils ont de le pouuoir faire au peu de temps qui leur reſte, & la facilité qu'il y a de les perdre.

12. La reſſouuenance du paſſé les rend babillards, & quelquesfois vains & importuns : ayſement ils ſe courroucent, & auec aigreur, mais foiblement toutesfois.

13. Des appetits ordinaires aux hommes vne partie les a abandonnez, & le peu qui leur en reſte a peu de force : de là vient qu'ils ſe laiſſent emporter à toutes leurs volontez, meſurant tout par le gain & le profit.

14. Les iniures qu'ils font, ils les font pour nuire, & non par brauade, ils ſont pleins de compaſſion comme les ieunes : mais c'eſt pour la foibleſſe qui eſt en eux, & non pour la bonté de leur naturel, ou pour l'innocence, laquelle accompagne ordinaire-

ment la ieunesse.

15. De ce deux extremitez : il est aysé de deuiner l'humeur de ceux qui sont en l'aage Viril, lesquels seront esloignez de cette confiance & presomption ordinaire aux ieunes, & de la crainte & defiance des vieillards.

16. Ainsi apportant de la moderation en leurs mœurs, & du iugement aux affaires, ils se conduiront auec circonspection, ioignans l'vtile auec l'honneste & rassemblans toutes les aduantages qui sont separez en la ieunesse, & en la vieillesse, les excez & defauts qui se trouuent en ces deux aages, seront mediocres en ceux-cy.

CHAPITRE XXVIII.

1. *Differences des personnes selon la condition de leur fortune.*
2. *Les auantages, & desauantages que nous receuons de la fortune.*
3 *La Noblesse premier auantage d'icelle, & ses mœurs.*
4.5. *Richesses second auantage, & les mœurs des riches.*
6. *La difference qui est entre vn nouuellement enrichy, & de celuy qui l'est de longue main*
7.8 9. *Mœurs des puissans & qui ont authorité, troisieme auantage de la fortune.*

1. VEnons à la difference qui prouient des diuerses conditions de la fortune.

2. Les quatres principaux auantages que nous receuons de la fortune, sont Noblesse, richesse, puissance, bon-heur : ausquels quatre desauanges sont opposez qui peuuent diuersifier & changer nos façons de faire: & d'autant que de la connoissance d'vn contraire, l'autre qui luy est opposé peut estre connu, nous nous contenterons de representer les inclinations & mœurs de ceux qui pos-

ſedent ces quatres aduantages.

3. Les Nobles ſont plus ambitieux & deſireux d'honneur que les autres, eſtant le naturel ordinaire des hommes, qui poſſedent quelque bien, de s'efforcer de l'accroiſtre & l'orgueil accompagnant ordinairement ceux de cette condition, ils mépriſent non ſeulement les autres hommes de baſſe conditiõ, mais auſſi ceux qui ne ſont ſi anciennement nobles qu'eux: & ce meſpris vient de ce que ſemblables choſes, tant plus qu'elles ſont eſloignées de nous, d'autant ſont elles plus eſtimées, & plus honnorées que celles que nous voyons de nos yeux.

4. Les Riches ſont inſolens & altiers, prenant ce courage qu'ils ont de leurs richeſſes, leſquelles ils eſtiment eſtre le prix de toutes choſes: par conſequent toutes choſes eſtre en leur pouuoir. Ils ſont delicats, tant pource qu'ordinairement l'abondance apporte cela auec ſoy, que pour faire paroiſtre leur grandeur.

5. Ils ſont ingrats, vindicatifs, arrogans, oſtentateurs & vains, pource que les hommes ſe plaiſent de penſer & parler de ce qu'ils ayment & admirent, les riches n'admirans & n'aymans rien tant que leurs richeſſes, ils

en parlent ordinairement, & en font parade, croyans que chacun y prenne autant de plaisir qu'eux : & en effet ils sont heureux en leur folie.

6. Mais il y a bien difference entre ceux qui dés long-temps sont riches, & ceux qui de nouueau se sont enrichis : ces derniers estans plus imprudents, plus auaricieux, & plus insolens.

Quant aux iniures que les riches font, ils les font plus par insolence & brauade, que pour nuyre.

7. Ceux qui sont puissans, & en quelque grande authorité, sont presque de semblable humeur, mais ils sont plus courageux & desireux d'honneur, & ne sont pas si nonchalans que les riches.

8. Car la puissance estant suiette à surprise, & en perpetuelle action, ils ont besoin d'estre plus vigilans & défians : leur contenance tient plutost du grand que du fascheux, & est plus modeste beaucoup que celles des riches, estant accompagnée d'vne seuerité moderée.

9. Quant à leurs iniures, elles sont grandes selon leur puissance, se reconcilians difficilement auec ceux dont il se defient, & lesquels monstrent se sentir offencez d'eux.

erat, secunda se cura sustulit: fœlicitas iracundiã nutrit, vbi aures superbas sustentator & turba circũterit.

10. Ceux qui en toutes leurs actions ont esté accompagnez de bonheur ont toutes les humeurs des nobles, riches, & puissans : mais ils sont plus arrogans, coleres, & inconsiderez, estimans que toutes choses leur doiuent venir à souhait, & que rien ne se doit opposer à eux.

11. Outre ces differences qui prouiennent de la difference de l'aage, ou diuerse condition de la fortune, l'on doit considerer en la conuersation, si la personne auec laquelle nous auons affaire, est domestique, ou estrangere, confidente ou non, egale, ou inegale, inferieure, ou superieure à nous, de bon, ou de mauuais naturel, veritable ou mensongere, agreable & gaye ou seuere, hautaine ou modeste, interessée ou sans interest, requerant chaque qualité sa façon de proceder particuliere.

12. Pource qu'auec nos domestiques & confidens nous deuons estre libres : auec les estranges, défians & plus retenus : honorer nos superieurs, respecter nos semblables, & enuers nos inferieurs vser de courtoisie & de douceur.

13. Nous procederons aussi auec toute seureté & confiance enuers ceux qui sont veritables & gens de bien,

mais nous ne deuõs croire à ceux qui ont coustume de mentir, ou qui n'ont pas beaucoup de reputation, mesme quand ils auroient (comme l'on dit) le gage en la main.

14. Enuers ceux qui sont d'agreable compagnie, nous y procederons auec beaucoup de familiarité, auec ceux qui sont seueres, nous serons plus retenus, & traiterons auec moins de paroles.

15. Aux ambitieux & gens hauts à la main, rendrons tout l'honneur qu'ils peuuent desirer de nous, & monterorns de les estimer beaucoup: mais auec ceux qui sont modestes, nous viurons sans aucune affectation: aux malins & malicieux nous ne presterons l'oreille, en façon toutesfois que nous ne leur donnions à connoistre que nous les tenons pour tels, & à ceux qui seront pleins de bonne volonté & d'affection, nous rendrons tous les temoignages d'amitié que nous pourrons.

16. Nous rechercherons les officieux tousiours de quelque plaisir qu'ils poissent faire, & fuirons les inofficieux. Auec les interessez nous marcherons sagement en ce qui touche leur interest, & ne croirons legerement ce qui vient d'eux. Au con-

traire à ceux qui ne sont point interessez nous pourrons aiouster plus de foy. Voila comme nous nous deuons comporter selon la difference des personnes.

CHPITRE XXIX.

1. *Huictiéme chef de cette partie, où est traité des affaires dont les suiets sont indefinis.*
2. *Generales differnces des affaires, prises des causes qui s'examinent & considerent.*
3. *Par les moyẽs possibles, ou impossibles, necessaires, ou non faciles, difficiles, vtiles, domageables, iustes, iniustes.*
4. *Differences des actions des hommes seruant pour le iugement de la possibilité, ou impossibilité.*
5. *Pouuoir & vouloir necessaires en la production des actions.*
6.7. *Considerations sur le pouuoir.*
8.9. *Sur le vouloir.*
10. *Considerations sur les moyens & leurs differences.*
11. *Circonstance du lieu aux choses mobiles.*
12. *Du temps.*
13. *Consideration de la diuersité des empeschemens.*
14. *Consider ati ons sur la facilité ou*

difficulté d'vne affaire.

15. *Sur la necessité.*

16. *Absoluë.*

17. *Conditionnelle.*

1. PAssons à la difference des affaires, desquels les sujets estant indefinis, & les rencontres des particularitez, qui les peuuent diuersifier, sans nombre: Ie me contenteray icy pour réueiller le Iugement & l'Accortise de mettre en auant quelques circõstances plus ordinaires, desquelles on se peut seruir pour les examiner.

2. Les affaires se considerent & examinent principalement par la Cause qui leur donne le premier bransle, & qui les doit conduire à leur fin: Par les moyens desquels on se peut seruir à cet effet: par la Fin, pour laquelle l'on entreprend l'affaire, & par l'effet ou éuenement qui en peut reüssir.

3. L'examen de la Cause & des Moyens, nous enseignera si elle est Possible ou impossible, Necessaire ou non, & nous montrera la Facilité, ou difficulté qui se rencontrera en l'execution. En la Fin, & en l'effet nous y considererons le bien ou le mal, proche ou éloigné: & en la Cause aux Moyens, en la Fin, & en l'effet,

nous y considerons la Iustice.

4. Or des actions des hommes, les vnes sont produites par vne seule cause, les autres ont besoin de la rencontre de plusieurs, & de cette rencontre se fait ou successiuement par vne suite, & certain ordre des vnes apres les autres, ou par vne concurrence de toutes ensemble en mesme temps: & en cette rencontre de plusieurs Causes, il faut prendre garde de distinguer celles qui sont les principales, d'auec celles qui seruent d'aide seulement, & celles qui sont necessaires absolument, d'auec celles qui ne le sont que pour plus grande facilité, ou commodité.

5. Les principales Causes des actions aux affaires, resident dans les personnes, ausquelles pour la perfection de quelque action, il faut selon l'ordre du discours & de la raison, que le pouuoir & le vouloir se rencontrent en mesme point & mesme tẽps. Et la puissance ayant plusieurs degrez, & estant de plusieurs sortes, il faut rechercher si cette sorte qui est requise à l'affaire, de laquelle il est question, est en la personne qui la doit effectuer.

6. Car vn petit compagnon, quoy qu'impuissant en toute autre chose,

pourra quelquefois dauantage en certaines sortes d'affaires, qu'vn qui sera plus riche & plus grand, ceux-cy est ās souuent empeschez & retenus par hōte, respect, deffiance, soupçon, ou par quelqu'autre consideration.

7. Ainsi il faut que le pouuoir soit proportionné à la qualité de l'affaire, & non pas le mesurer selon les auantages de la faueur, credit, ou grandeur, s'ils ne seruent à l'affaire dont est question.

8. Quant à la volonté, elle se pourra reconnoistre par la qualité de la fin, & par l'opinion que la personne en a : car nous presumerons tousiours qu'vn homme voudra ce qu'il croit estre à son auantage, ou des siens, ou qu'il estimera estre iuste : & son opinion se reconnoistra par ses paroles, conseils, discours, actions, gestes & demonstrations exterieures, tant presentes que passées. Ie dis passées : car l'execution de semblables affaires, cōme aussi l'exemple de l'auoir autresfois inutilement entrepris, nous peut faire iuger non seulement de l'opinion de celuy qui y peut aider, mais aussi de la possibilité ou impossibilité presente, entrans en comparaison des moyens, du temps, du lieu, de l'occasion, & autres circonstances, tant de

l'execution que de l'empeschement.

9. Et ces considerations du pouuoir & de la volonté, ne se doiuent pas seulement faire en la personne qui à la principale conduite de l'affaire, mais en toutes autres qui y doiuent contribuer : comme pareillement en celles qui la peuuent trauerser, soit directement ou indirectement.

10. Apres nous examinerons les moyens, & les outils ou instrumens necessaires, auec leur quantité & qualitez proportionnées à l'action, ce qui la doit preceder, suiure & accompagner : son commencement, son milieu, & sa fin : & en tout la commodité du lieu & du temps.

11. Considerant en ce qui se passe d'vn lieu à vn autre, non seulement le lieu où l'on est, mais celuy d'où l'on vient; où l'on doit passer, où l'on veut aller, où l'on se doit arrester. Soit pour la conduite de l'affaire que l'on entreprend, soit pour la perfection de quelqu'autre qui y peut seruir : pesant ce que chaque particularité en ce chãgement de lieu, peut apporter d'auantage, ou desauantage en l'affaire dont est question.

12. Au temps nous considererons quand l'affaire se peut traiter, ou acheuer, combien de temps on y doit

employer, depuis quel temps on l'a commencée, si elle a esté entremise, ou differée : si trop tost, ou trop tard, apres, deuant, ou à l'instant d'vne autre.

13. Cela fait nous nous examinerons par les mesmes voyes la cause des empeschemens, ou difficultez qui se peuuent rencontrer en l'execution, soit qu'elles procedent des personnes, ou de la qualité, quantité, suite, ou ordre, des moyens & autres circonstances. Ausquels empeschemens l'on cherchera les remedes plus conuenables pour faciliter l'action.

14. Or vne chose est dite facile, quand elle se peut faire auec peu de peine, peu de frais, & peu de temps & qu'il n'est besoin pour sa perfection de beaucoup de personnes, ou de choses desquelles nous ne puissions aisement disposer, & qui ne dependent de nous.

15. Vn autre consideration qui se doit faire en la cause des actions, est celle de la necessité ; à laquelle il faut souuent que toutes autres cedent. Car des actions, les vnes viennent de nous, les autres viennent d'ailleurs : en celles qui procedent de nous, & sont en nostre puissance : nous y deuons apporter tout le iugement qu'il

nous eſt poſſible pour les conduire à la fin que nous deuons deſirer & nous laiſſer emporter à la violence en celles qui ne procedent pas de nous, auec intention toutesfois de reprendre noſtre route ſi toſt que le mauuais vent ſera appaiſé.

16. Or ſoit que cette violence vienne de la fortune, c'eſt à dire d'vne certaine rencontre de circonſtances que nous n'ayons pû preuoir, ou d'vn certain ordre & ſuite neceſſaire des choſes que nous ne pouuons éuiter, nous deuons ſelon cela regler & accommoder nos déportemens.

17. Mais le principal diſcours & effet de noſtre iugement ne regarde pas tant la neceſſité abſoluë, que la neceſſité conditionelle, qui ſe rapporte à la fin à laquelle nous tendons, & aux moyens neceſſaires pour y paruenir.

CHAPITRE XXX.

1. *Moyens pour gaigner credit enuers vn Roy, ou vn Prince.*
2.3.4. *Ce qu'il faut considerer.*
5. *Ordre des moyens qu'il y faut tenir.*
6. *Considerations des auantages, ou desauantages.*
7. *Consideration de l'honneur.*
8. *Du profit, & comment il se doit considerer.*
9. *Consideration du plaisir, & les biens qui s'y rapportent.*

1. AInsi disons nous que pour gaigner credit enuers le Prince, il faut premierement nous faire connoistre à quelqu'vn de ceux qui l'approchent de plus pres, & en cette sorte de necessité conditionelle, il faut peser deux choses L'vne est l'importance de la fin pour laquelle nous nous reduisons à cette necessité.

2. Car si cette necessité à laquelle nous nous engagerons, nous peut apporter plus de dommage que l'euenement (que nous desirons,) ou la fin (à laquelle nous tendons) reüssissant ne nous peut apporter d'auantage, ce sera plus sagement fait de tourner nos desseins ailleurs.

3. Et pour ce il faudra balancer par la comparaiſon du plus ou du moins, l'auantage de la fin auec le deſauantage des moyens pour y paruenir.

4. L'autre eſt de bien conſiderer s'il y a pluſieurs moyens ſeruant à cette fin, leſquels on balancera pareillement les vns auec les autres : & choiſira-on les plus ſeurs & moins hazardeux, les plus aiſez & plus prompts, & les plus honorables.

5. Car bien que l'Honneur en toutes actions deuſt marcher le premier: toutesfois neceſſaires, quand il y a choix des moyens pour y paruenir: la premiere conſideration eſt celle de la Seureté, puis de la Facilité, apres de l'Honneur, enſuite duquel on peut aiouſter la conſideration de l'auantage: pource qu'en telles actions on ne recherche que de ſe tirer de neceſſité, laquelle comme l'on dit, n'a point de loy: & la fin de l'action eſtant honorable, elle rabille par ſon euenement la male-façon qui ſeroit aux moyens que l'on aura tenus pour y paruenir eſtans d'ailleurs excuſez de la neceſſité

6. Apres auoir fait ces conſiderations ſur la cauſe, & les moyens nous conſidererons en la fin & en l'effet ou euenement, le bien & le mal qui y peut

peut-estre : lequel nous n'examinerions pas selon les opinions particulieres des Philosophes, mais selon l'opinion commune, ou bien de ceux qui doiuent contribuer, ou participer à l'action.

Tout bien regardé ou l'honneur, ou le profit, ou le plaisir.

7. L'honneur consiste, ou en l'opinion que l'on prend du merite d'vne personne, ou en ceremonies de respect & de reuerences, desquelles on honore celuy qui est superieur en puissance, authorité, credit, richesse, ou quelque autre aduantage remarquable : lequel à cause de l'honneur qui y est attaché, est desiré d'vn chacun.

Par contraire raison tout ce qui pourra auoir en soy, ou à sa suite, quelque des-honneur ou infamie, sera tenu pour mal.

8. Le profit pris largement, se considere en deux choses: sçauoir est en la seureté publique, ou particuliere, & au gain qui ne consiste pas seulement en l'acquest du bien qui nous manque, mais aussi en la conseruation de ce que nous auons, & à fuyr, repousser, chasser, ou diminuer le mal present, & empescher, ou destourner le mal auenir.

9. Quant au plaisir il se trouue en toutes sortes de biens en certains sens. Car l'honneur & le profit aportent plaisir. Toutes fois on rapporte principalement au plaisir les biens qui ne se peuuent rapporter à l'honneur, & au profit, lesquels nous sont agreables, non seulement pour le ressentiment que nous auons de leur presence, & par vne ioüissance volontaire non forcée, (car toute contrainte est desagreable en quelque suiect que ce soit) mais aussi par leur ressouuenance quand ils sont passez, & par le desir & l'esperance estans encore à venir.

De mesme en est il du mal pour ce regard, lequel n'est seulement tel (comme nous auons dit cy-deuant) par presence, mais aussi nous afflige estant à aduenir par la crainte & l'aprehension que nous en auons, comme les fautes passées par la repentance.

CHAPITRE XXXI.

1. *De la iustice d'vne affaire.*
2. *Regles de cette iniustice, de deux sortes vniuerselles.*
3. *La verité dependance de la iustice vniuerselle*
4. *Ou particuliere.*
5.6. *L'vsage est plustost receu à la Cour, que la iustice particuliere & vniuerselle.*
7. *Exemple sur cela.*
8.9. *Conclusion des differences des personnes, & des affaires.*

1. LE bien ou le mal qui peut estre à la fin, ou l'euenement d'vne action, estant bien reconnu, il le faudra examiner par la iustice, n'y ayant personne, pour meschante qu'elle soit, qui ne desire donner ce lustre à toutes ses actions, non seulement en leur fin, mais aussi en leur cause & aux moyens.

2. Or les regles de la iustice sont de deux sortes, les vnes vniuerselles receuës par la pluspart des hommes, confessées par ceux qui sont en autres choses de contraire aduis, ou opinion, & tenuës pour iustes presque par tout. Comme de reconnoistre

vne diuinité, aimer ses parens, obeïr à ses pere & mere, esleuer ses enfans, reconnoistre & receuoir vn bienfait, & par mesme raison venger & chastier vne iniure.

Toutefois la Police a trouué plus à propos d'oster la vengeance des plus grandes iniures aux particuliers, de peur qu'ils ne s'y portassent indiscrettement, & l'a remise entre les mains du Public.

3. La verité qui rend aussi tesmoignage de ce que chaque chose est, se peut dire des dependances de cette iustice: comme pareillement la Loy, fondement de toutes sortes de traictez, promesses & conuentions: sans laquelle toutes choses seroient en confusion, & ne pourroit la societé, ny le commerce des hommes subsister.

4. Les autres regles de la iustice sont particulieres, prouenans, ou de l'vsage qui les authorise, ou du commandement du Magistrat, comme sont les loix & les ordonnances, ou de l'interpretation & consequence de ces loix en autres choses semblables, desquelles elles n'ont manifestement & expressement disposé.

5. 6. Rarement en la Cour, si ce n'est aux affaires plus serieuses, on s'in-

forme de ces deux derniers sortes. Mais bien de ce qui est receu par l'vsage, encore qu'il soit aucune fois contraire aux loix & aux ordonnances.

7. Pour exemple, qui voudroit iuger en la Cour du point d'honneur, ou de la iustice d'vn appel fait pour vn Duel, selon les termes de l'ordonnance ou les regles de conscience, il reüssiroit ridicule en la corruption de nos mœurs.

C'est pourquoy en telles choses il faudra se reduire à ce qui se pratique, & selon cela former sa resolution & son iugement.

8. Cecy suffira pour apporter aux affaires, les plus ordinaires & plus vniuerselles considerations, non seulement pour iuger ce qui se doit faire, mais aussi pour coniecturer ce qui s'est fait, ou sera, en ce qui nous peut estre proposé.

9. Car de la puissance & de la volonté des personnes, & de la qualité des affaires, & des circonstances du lieu & du temps, il nous sera aysé de conclurre ce qui est faisable.

CHAPITRE XXXII.

1. *Des procedures.*
2. *Consideration des circonstances.*
3. *L'ordre plus commun pour proceder & traiter vne affaire en Cour.*
4. *Destourner les empeschemens & gagner creance.*
5. *Quels sont les empeschemens de nostre part.*
6, 7. *Des qualitez qui peuuent diminuer nostre credit.*
8. *Moyens de le destourner.*

1. VEnons à la façon de proceder en laquelle les circonstances ne sont de moindre conside a ion que l'ordre, lequel se doit diuersifier selon icelles, s'accommodant au lieu & au temps, & choisissant le plus conuenable à la qualité des personnes, & des affaires, mesnageant les occasions sans se precipiter, faisant reconnoistre que l'on procede en chaque chose selon sa nature, suiuant en tout plustost la raison, & l'auis des plus sages & experimentez, que la fortune & la passion, ne faisant rien sans y auoir bien pensé: & vsant sur le point de l'execution de celerité & promptitude.

2. Quelques fois ſelon le beſoin faudra diſſimuler, differer & obeir à la neceſſité & ſe reduire à vouloir ce que l'on peut, ne pouuant faire ce que l'on veut.

3. Mais l'ordre plus commun pour traiter vne affaire & ramener quelqu'vn à noſtre opinion, eſt de preuoir les empeſchemens qui la peuuent deſtourner de ce à quoy nous le voulons induire, & de gagner creance en ſon droit.

4. Les empeſchemens viennent, ou de noſtre part; ou de la perſonne à laquelle nous nous addreſſons, ou de ceux qui nous contrediſent, & auſquels noſtre aduis ne plaiſt ou peut nuire: ou bien de l'affaire que nous entreprenons, & de ce à quoy nous voulons induire autruy.

5. Pour le regard de noſtre perſonne, nous deuons conſiderer pourquoy nous nous entremettons en ce ſuiet, ſi volontairement de nous meſmes, ou requis, ou commandez.

Sçauoir qu'elle opinion les hommes vniuerſellement, & particulierement celuy auquel nous nous addreſſons, a de noſtre preud'hommie, prudence & amitié, meſme pour raiſon de ce à quoy nous ne le voulons induire: & ioindre à cela la conſideration de nostre façon de viure, condition, authorité & credit que nous pourrons auoir enuers luy.

En quel degré nous sommes, d'esgalité, superiorité, ou inferiorité, accommodans selon cela nostre discours: nous ressouuenans neantmoins que la modestie plaist plus qu'vne façon imperieuse & rogue.

Mais sur tout il ne faudra montrer aucun signe de malice, imprudence ou mal-veillance, comme aussi ne dire rien contraire à nos actions & deportemens qui sont à la veuë d'vn chacun pour ne les dementir par nostre discours.

6. Or des qualitez, qui peuuent diminuer nostre credit, les vnes portent leur desfaueur auec elles, comme la foiblesse de l'aage, le peu d'experience, & l'ignorance, l'imprudence, la legereté, l'inconstance, & presomption.

7. Les autres nous rendent suspects enuers celuy auquel nous nous addressons : comme la puissance, l'authorité, l'interest que nous pouuons auoir en l'affaire, soit par corruption ou autrement, l'enuie, la crainte, la colere, ou autre passion, ou bien l'auoir autresfois inutilement tenté, ou chose semblable, en auoir parlé plu-

sieurs fois ſans auoir rien auancé : nous eſtre trompez ſouuent en nos opinions, en parler les premiers , ou trop toſt ou trop tard.

8. Tels & ſemblables empeſchemens doiuent eſtre bien reconnus par nous, & aucuns ſelon leur qualité peuuent eſtre confeſſez ingenuement comme blaſmables : les autres deſauoüez, monſtrant que c'eſt tout le contraire , ou excuſez , en rendant raiſon, ou compenſant le mal auec quelque autre bien, ou cõme l'ayant fait à bonne intention , ou le diminuant, ou bien en accuſant la fortune , le hazard , ou la nature des choſes, & reiettant le mal , qui y peut eſtre, ſur autruy.

CHAPITRE XXXIII.

1. *Moyen de reconnoiſtre les empeſchemens de celuy auec lequel nous traitons, & qui nous contrarie.*
2. *De la precaution eſtans reconnus.*
3. 4. *Les moyens de les deſtourner.*
5. 6. 7. *Conſiderations ſur ces meſmes empeſchemens, & les moyens pour les diuertir.*
8. *Empeſchemens venans d'autres perſonnes que celles auec qui nous traitons, & les moyens de les deſtourner.*

1 EN la personne que nous voulons induire à faire quelque chose, outre que nous deuons considerer son aage, son rang, sa profession, (soit qu'il en ait plusieurs, ou peu, ou vne seule) qu'elles sont ses façons de faire, ses passions & affections plus ordinaires ; la capacité de son entendement, son accortise ou prudence ; il faut considerer la disposition vers la chose que nous voulons persuader, les respects ou égards que cette personne peut auoir à diuerses choses ou personnes qui la peut faire pencher plus d'vn costé que d'autre.

Le Peuple & les ignorans se laissent plustost aller à l'vtilité, & les gens d'honneur à l'honneur.

Les hommes aussi sont plus prompts à fuir le mal qu'à faire le bien : & la crainte de celuy-là les emeut auec plus d'efficace que l'esperance de cestuy-cy.

Il faut aussi sçauoir qu'il est plus aysé de persuader aux craintifs, deffians, & irresolus de ne point faire : que de faire quelque chose.

2. Les empeschemens qui peuuent prouenir de cette personne estans reconnus, nous prendrons garde s'il n'y en a point quelque autre qui vienne d'ailleurs : comme si elle est persuadée desia au contraire, si elle est lasse de parler, ou ouyr parler sur ce suiet, si elle a perdu l'esperance de ce costé-là ; si elle est découragée, peu soigneuse, & peu desireuse de faire ce que nous desirons, si elle est possedée de flateurs & gens contraires à ce que nous voulons persuader.

3. En tous ces empeschemens nous nous gouuernons selon la qualité de la personne & du sujet. Car quelques fois il faudra doucement la reprendre & admonester de son deuoir, de perseuerer à prendre aduis de ses amis, quelques fois luy donner courage, luy faisant reconnoistre l'occasion d'vne plus heureuse issuë que par le passé, pourueu qu'elle suiue bon conseil, & luy faire comprendre qu'elle ne doit prester l'oreille à ceux qui l'induisent au contraire.

4. Quelquesfois il sera à propos de l'excuser, reietter la faute sur la fortune, ou sur autre chose : promettre des remedes prompts & faciles, &

combattre les passions par les moyens que nous auons deduits-cydessus, & reueiller en celuy auquel nous auons à faire, celles qui sont pour nous.

5. Nous considererons aussi les empeschemens qui nous peuuent venir de la personne qui nous contrarie en ce sujet, & si son authorité, sa faueur, sa puissance, son accortise, ou autre qualité qui soit en luy, nous peut nuire, nous les diminuerons & rabaisserons le plus que nous pourrons : ou bien nous les rehausserons, monstrans de craindre qu'elles ne nuysent quelque iour à celuy que nous conseillons, descouurans la confiance & l'asseurance que celuy-là prend sur ses qualitez, remonstrans combien telle confiance a nuit & peut nuire à celuy qui l'a.

6. Et cecy plus ou moins ouuertement & librement, selon la condition des personnes & autres circonstances, ayans tousiours esgard à fuir ce qui est pour nuire, & se seruir de ce qui peut ayder.

7. Et si celuy qui nous contredit, a quelques mauuaises conditions, comme s'il est impudent, flateur, partial, corruptible, querelleux, inconstant, malin, poussé d'interest, ou passion, nous nous en pourrons preua-

loir pour luy diminuer son credit. Comme pareillement s'il a dit quelque raison foible pour soustenir sa contradiction; nous pouuons monstrer son peu de sens & experience en cét affaire.

8. Quelque fois les empeschemens peuuent venir d'autres personnes, comme celles ausquelles peut nuire le conseil que nous donnons à quelqu'vn, si elles sont conioinctes d'amitié, ou de parenté, ou obligation à celuy-là. Lors nous diminuerons le dommage, ou bien proposerons des remedes au contraire, ou exaggereons par dessus ce dommage, l'auantage que celuy que nous conseillons en receura: ou bien nous montrerons que cette personne-là a changé de volonté & affection enuers celuy que nous voulons persuader.

9. Les empeschemens qui peuuent prouenir des personnes, lesquelles interuiennent en vne affaire, estans ostez: il faut considerer si l'affaire d'elle-mesme n'a point quelque desgoust en soy qui puisse desfauoriser nostre entreprise, comme si elle est trop difficile, ou presque impossible, esloignée de la pensée & creance ordinaire, peu vray-semblable, hazardeuse, iniuste, indigne, de peu de con-

ſideration, conſeillée autrefois en vain, en vain tentée & autre mauuaiſe iſſuë, contraire à vne roſolution ja priſe.

10. Ce que nous nierons, diminuerons, ou compenſerons & balancerons la difficulté, le peril, le deshonneur, & autres tels defauts auec l'importance de l'affaire, montrans qu'elle a changé de condition, & qu'il n'y faut point apporter de preiugé, les exemples ne ſe rapportans en toutes les circonſtances.

11. Que ſi noſtre mal-heur ou la neceſſité nous porte à perſuader quelque choſe qui ne ſemble en apparence honneſte, nous l'excuſerons ou comme neceſſaire, ou comme pratiquée par d'aurres, ou comme propre & conuenable au temps, tendante à bonne fin, & conforme à l'opinion de pluſieurs.

De là nous pourrons paſſer à l'vtilité.

12. Que ſi nous auons à combattre la neceſſité, il faudra entrer en comparaiſon des choſes ſemblables, nier cette neceſſité auec le plus de raiſons que nous pourrons faire ouuerture d'expediens, tant pour euiter les dangers que l'on craint, que pour paruenir au bien que l'on deſire.

13. Et pource que l'on n'entreprend pas volontiers les choses que l'on estime impossibles, ou trop difficiles, si nous voulons destourner quelqu'vn d'entreprendre, nous amplifierons par le menu les difficultez : & ce moyen nous manquant, nous combattrons l'vtilité comme estant petite, nulle, ou incertaine : peserons au contraire le mal qui peut venir d'vne telle entreprise si elle ne reüssit.

14. Et si nous ne pouuons la combattre par l'vtilite ; nous la combattrons par l'honnestete & la iustice ; montrant que l'entreprise est peu honorable pour celuy qui la veut faire, ou pleine d'iniustice.

15. Ces empeschemens ainsi leuez, il faudra pour gagner creance enuers celuy que nous persuadons, nous accommoder à son inclination autant que le suiet nous le permetra, & tourner toutes nos raisons, nous rendre complaisans & agreables, réueiller en luy les passions qui nous pourront seruir, & faire naistre en son esprit vne certaine opinion, que nous l'aymons, le prisons, & honorons, auec tel respect, qu'il reconnoisse que nous ne voudrions auoir mis rien en auant qui luy peust nuire, faisant paroistre

en tous nos discours , nostre sincerité & preud'hommie.

CHAPITRE XXXIV.

1. *Deregler son parler, neufiesme chef de cette premiere partie pour obseruer le silence auec modestie, briéueté, bienseance, & fuir.*
2. *L'importunité.*
3. *Le mensonge & diuerses considerations du mensonge, selon la creance de celuy qui parle.*
4. *Selon le suiet duquel on parle.*
5. *Comment si nous parlons de nous, comment si d'autruy.*
6. *Comment s'il est égal ou inferieur à nous,*
7. *Comment s'il est reconnu plus suffisant que nous.*
8. *Quelques flatteries excusables.*
9. 10. *Autres inexcusables & communes.*
11. *Le mensonge consideré selon l'intention du menteur.*
12. *Fuir la vanité qui consiste en vanterie.*
13. *Comment nous nous deuons vanter, & la moderation qu'on y doit apporter*
14. *De la presomption, de l'opiniastreté & contradiction, comment il se faut comporter quand on nous contredit.*

15. 16. *Considerations sur la contradiction, afin qu'elle soit bien prise.*
17. 18. *Precaution sur icelle.*

1. LA façon & l'ordre de proceder reconnû, reste à regler nostre parler & nostre silence, gardant la modestie, & nous estudiant à la briefueté sans obscurité, auec la bienseance, ou decence que requiert non seulement nostre qualité, mais aussi celle des personnes ausquelles nous auons à faire, & des autres circonstances qui se rencontreront, fuyans principallement l'importunité, le mensonge, & la vanité.

2. L'importunité, en ne disant rien de fascheux ou mal à propos, ne repetant souuent vne mesme chose, & ne parlant quand vn autre parle.

3. Quant au mensonge, il est diuersement consideré : ou selon la creance de celuy qui parle ; & si celuy qui le dit le croit ainsi, il ne peut estre dit menteur ; neantmoins il fait faute d'asseurer vne chose qu'il ne sçaist pas bien, & l'homme accort, quelque creance qu'il ayt, fera plus sagement de se taire en tel sujet. Que si celuy qui le dit le croit autrement qu'il ne le dit, il est vray menteur, & telles gens sont ordinaire-

tement peu estimez en la conuersation comme ils le meritent. Car en effet c'est trahir le commerce des hommes, qui ne subsiste que par la creance que l'on doit auoir les vns aux autres, & n'y a plus grande lacheté que de se dédire de sa propre science.

4. Ou nous considerons le mensonge selon le suiet des choses desquelles on parle, comme si nous parlons de nous ou d'autruy. Parlans de nous à nostre aduantage, l'on nous estimera vains & menteurs tout ensemble, & le mensonge nous rendra odieux & la vanité ridicules.

5. Parlant d'autruy il se faut garder d'en parler auec desauantage. Car si la verité est odieuse en tels discours, le mensonge le seroit encore dauantage, comme estant accompagné de malice : & neantmoins les compagnies des hommes sont remplies de mesdisans & de gens qui pour paroistre plus entendus que leurs compagnons, les reprennent volontiers & les blasment, ou au contraire il faut estre plus enclin à loüer qu'à blasmer.

6. Car si celuy auquel nous parlons est nostre inferieur, ou esgal en ce dont nous loüons, nous le faisons non seulement priser par les autres, mais aussi nous apprenons à ceux qui

nous connoissent superieurs, ou esgaux à celuy-là, à nous priser & faire cas de nous. 1

7. Que s'il est reconnu plus suffisant que nous ne sommes, le blasmant nous nous rendons ridicules & ineptes, & nous raualons nous-mesmes d'autant, pource qu'estant moindres que celuy-là que nous mesprisons, nous sommes encore moins à priser.

8. Il vaut donc mieux parler à l'auantage d'autruy qu'au desauantage, Car encore que l'on impute à flatterie de dire beaucoup de bien d'autruy: neantmoins i'estime que c'est estendre la flatterie bien loin: ou si l'on veut appeller telles loüanges flateries, ie crois qu'il y a quelque flatteries excusable, & quelqu'vne non excusable.

9. I'appelle non excusable, si nous loüons quelqu'vn d'vne meschanceté qu'il aura faite, ou si nous le loüons en intention de le tromper, ou quand par nos loüanges nous luy donnons courage de faire mal, ou que nous le loüons de ce qu'il n'a pas fait.

10. Mais quand nous loüons quelqu'vn seulement pour plaire, sans autre mauuaise intention, ou pour détourner quelque mal, ou pour quel-

1 *Plin. 6. lib. ep. 17. Siue plus, siue minus, siue idem præstas, lauda vel inferiorem vel superiorem, vel parem: superiorẽ, quia nisi laudandus ille, non potes ipse laudari, inferiorem aut parẽ, quia pertinet ad tuam gloriam, quã maximum videri quẽ præcedis vel æquas.*

que bien que nous esperons sans le dommage d'autruy, cette flatterie est excusable en la conuersation des hommes.

11. C'est pourquoy nous considerons aussi le mensonge selon l'intention de celuy qui ment. Car ou il ment de gayeté de cœur, ou pour baye seulement, & cela appartient plus à vn bouffon, qu'à vn homme d'honneur: ou bien il ment pour nuire à quelqu'vn, & en ce cas ne faut entrer en consideration s'il peut profiter en ce faisant à vn autre. Car soit qu'il profite, ou qu'il ne profite point, le mensonge estant nuisible à quelqu'vn, doit estre fuy par celuy qui veut viure en compagnie, de laquelle les principaux entretiens sont les bons, & non les mauuais offices.

Que si le mensonge ne nuit à personne & profite à quelqu'vn, on s'en peut dispenser pourueu que le suiet le vaille.

12. La vanité, qui est l'autre vice que nous deuons fuir en nos discours, a deux principalles branches, la vanterie & la presomption.

Nous auons dit quelque chose cydeuant de la vanterie, laquelle est ridicule quand on se vante de chose que l'on n'a pas faite. Celuy qui faconte & loüe ce qu'il a fait, est vn peu plus excusable, mais en cela se montre-il peu accort, car au lieu de se faire priser, il se fait mespriser; la loüange qui vient de sa bouche ne pouuant estre receuë.

13. C'est pourquoy s'il aduient que nous parlions de nous, ce doit estre auec beaucoup de retenuë & de modestie, n'estant moindre faute à vn homme de se vanter, que de se blasmer soy-mesme.

14. Quant à la presomption, elle s'estend plus loin que le discours. C'est pourquoy laissant ce qui regarde les actions, ie diray qu'elle paroist en deux sortes en nos discours: ou ne voulant ceder à l'aduis de personne, d'où vient l'opiniastreté: ou voulant que l'on cede au nostre, d'où vient vne odieuse & iniurieuse contradiction, afin d'estre veus plus sçauoir & entendre que les autres, & auoir le dessus par tout. Il se faut esloigner de l'vne & l'autre façon de proceder, & sur tout s'il y a lieu de contradiction, il ne s'y faudra ietter auec hardiesse, aigreur ny opiniastreté, mais il la faudra adoucir par mots & termes humbles, faisant plustost semblant 1 de vouloir estre instruit par autruy, que de vouloir enseigner: & la pro-

1 Ebanus in Stobæum, Serm. 80.

posant par forme de doute & de difficulté, & non par resolution affirmatiue, ou negatiue.

15. Et afin qu'elle soit bien prise, il faut qu'elle naisse tout à l'heure mesme du propos qui se traitte, & non d'ailleurs, ny d'autre chose precedente : qu'elle ne touche point la personne, mais la chose seulement. Au contraire, il faudra loüer la personne à laquelle l'on contredit, & quelques fois nous confesserons nostre doute, nostre faute, & nostre ignorance, & mesme cederons quand il sera de besoin.

16. Mais sur tout nous nous garderons d'entrer en contradiction contre deux sortes de personnes : à sçauoir ceux ausquels nous deuons le respect, de peur de les offencer, & ceux qui sont bien au dessous de nous, de peur de nous rauales trop ; nous rendans par la contestation esgaux à eux, & y ayant d'ailleurs plus de honte d'estre surmonté par eux, que d'honneur à les surmonter.

17. L'homme accort aussi en ces contestations ne s'estonnera, ou s'offencera des opinions d'autruy, encore qu'elles luy semblent extrauagantes, non plus que des sottises, indiscretions, & legeretez qui se feront en

ſa preſence : mais conſiderant en quoy elles luy puiſſent eſtre vtiles, ſoit pour s'entretenir en la conuerſation, de telles ſortes de gens, ſoit pour s'en donner garde, ſoit pour acheminer le deſſein qu'il peut auoir il en prendra auantage.

CHAPITRE XXXV.

1. *De la retenuë ou diſſimulation, derniere partie de l'accortiſe neceſſaire parmy les affaires pour nous, pour nos amis.*

2. *Auec qui on doit ſur tout vſer de diſſimulation.*

3 *Neceſſaire au Courtiſan.*

4. *Comment il s'en faut ſeruir.*

5. *En combien de façons elle ſe pratique*

6. 7. *Rencontres au ſilence, & le remede.*

8. *Diſſimuler de parole, & comment cela ſe fait.*

9. *De la preſence en tels rencontres, & obſeruations ſur icelles.*

10. *Diſſimuler par apparances exterieures, & comment*

11. 12. 13. *C'eſt accortiſe de ſçauoir descouurir quand quelqu'vn diſſimule, choſe neceſſaire en Cour, & les moyens de cette deſcouuerte.*

14. *Concluſion de l'accortiſe, & les*

moyens pour descouurir la contenance d'vn qui sera accort.

1. A Cela, & en plusieurs autres rencontres est necessaire la dissimulation, derniere, mais principale partie de l'accortise, sans laquelle il est du tout impossible de se pouuoir seurement conduire parmy les actions & malices des hommes. Car ne sçauoir pas couurir son ieu, donne beaucoup d'auantage à ceux qui veulent entreprendre, non seulement contre ceux qui ne s'en donnent de garde, mais aussi contre leurs amis. Pour ce que les affaires de leurs amis sõt liées aux leurs: & ne plus ne moins que les ioüeurs qui monstrent leurs cartes ne sont pas seulement cause de leur perte, mais aussi de celle de leur compagnon; ainsi les amis de ceux-cy participent à leur dommage.

Outre cela; l'on ne peut auoir grande confiance à celuy qui se descouure si aisément: d'où vient que telles gens le plus souuent demeurent sans conseil au milieu de la necessité de leurs affaires.

2. Mais ceux auec lesquels on doit principalement vser de retenuë & dissimulation, sont ceux, lesquels pour tirer quelque secret de nous, ont de

de couſtume d'eſpier les occaſions, eſquelles ils peuuent gagner quelque creance enuers nous : ou qui par la communication de quelque affaire, lequel le plus ſouuent n'importera de rien ou de peu, s'efforcent de nous faire prendre confiance d'eux, pour tirer quelque choſe plus importante, feignant tantoſt de haïr l'vn & aymer l'autre, nonobſtant qu'ils ayent l'eſprit tout diſpoſé au contraire.

3. Et bien que la diſſimulation ſoit neceſſaire à toutes ſortes de perſonnes, ſi l'eſt-elle dauantage à vn homme de Cour, pour conduire ſon ambition 1.

4. Si faut-il prendre garde toutesfois d'vſer de la diſſimulation, comme l'on fait des antidotes en la compoſition des medecines, qui meſlées à propos profitent, & hors de ſaiſon nuïſent.

La diſſimulation, non plus que la ſubtilité, eſtant découuerte, non ſeulement ne ſert plus de rien à ſon maiſtre, mais iette ceux qui le hantent en deffiance de luy.

5. Or elle ſe pratique en trois façons, ou par le ſilence, ou de paroles, ou par actions & apparences exterieures.

6. Par le ſilence, en taiſant ce qui nous

1. *Saluſt. in Catil. Ambitio multos mortales falſos fieri ſubegit, aliud clauſum in pectore, aliud in lingua promptum habere* & ailleurs: *Amicitias inmicitiaſque non ex re ; ſed ex commodo eſtimare, magiſque vultum quam ingenium bonum habere.*

pourroit nuire, ou à nos amis : nos desseins, nos pensées, nostre secret & le leur. Et sur tout nos offences, non seulement pour nous donner plus de moyen de les venger, si elles meritent que nous en venions là, mais aussi pour ne point conuier celuy qui nous a offensé, de nous en faire de plus grãdes pour preuenir nostre vengeance. Cette dissimulation qui se fait auec le silence, est approuuée en toutes occasions. Et ainsi les Senateurs se comportoient enuers Tybere, faisant le plus souuent contenance de n'entendre pas ses desseins.

7. Toutesfois il y a des rencontres où le silence seroit suspect, & est à propos de les reueler, & faire connoistre que l'on n'en est pas content, en sorte neantmoins qu'apres vne legere plainte nous faisions croire que nous ne nous en voulons ressouuenir, ny ressentir. Valens ne pouuant punir ses soldats qui s'estoient mutinez, en accusa quelques-vns, de peur qu'en voulant dissimuler cette faute, ils n'entrassent en opinion qui les voulut chastier plus rudement.

8. Mais il aduient souuent qu'il est besoin de dissimuler de parole, ce qui requiert plus d'artifice, il y en a qui en ce cas rompent le propos & sautent

en vn autre, mais cela ne reussit pas bien tousiours.

9. C'est pourquoy la responce en telles rencontres doit estre semblable à la retraicte que l'on fait sans combattre : obseruant trois points. Le premier, de n'entrer en denegation de la verité tout à fait. Le second, de ne dire ce que l'on ne doit point, & qui peut nuire. Le troisiesme est de laisser l'esprit de celuy auquel nous parlons, en doute par termes douteux, & à double entente, & plus la responce sera retenuë & reseruée, plus sera-elle loüable.

10. Il est permis encore de dissimuler auec des exterieures apparences cachant nostre ioye, tristesse, esperance, desir, crainte, colere, ou autre passion, & ne faisant semblant ny de voir ny d'ouir ce qui se fait : & ce qui se dit, si l'on ne le peut reueler auec fruit ou aduantage.

11. Mais comme la dissimulation fait part de l'accortise, la sçauoir découurir en autruy, & au trauers d'icelle reconnoistre le fonds des pensées de ceux ausquels nous auons à faire, est chose tres-necessaire en la Cour. Les moyens qui seruent à consilier l'amitié, seruent aussi à faire ouurir celuy qui se fie en nous. Aucunes na-

tions addonnées à boire, y ont employé le vin, 1 qui découure ordinairement les secrets de son maistre. Quelquesfois dans le vin la chaleur du discours nous emporte à dire beaucoup de choses desquels nous nous repentons.

12. La façon de laquelle nous nous comportons en nostre colere, fait aussi iuger du surplus de nos humeurs, 2 comme aussi la prosperité & l'aduersité.

13. 3. Il y en a eu qui y ont employé le ieu, auquel se presentant occasion d'exercer tous les mouuemens de nostre volonté, nous le manifestons plus volontiers en la priuauté & familiarité qui se pratique parmy les ioüeurs. 4 Mais auec tout cela il y faut du temps.

14. Bref pour recueillir en peu de mots la contenance d'vn homme accort; faut qu'il ait l'esprit tendu pour examiner les actions d'autruy, & les siennes, qu'il se tienne tousiours sur ses gardes & à soy, qu'il voye, entende, & iuge tout, mais qu'il parle peu, couurant ses pensées, ses volontez & ses desseins, auec neantmoins vn visage ouuert & agreable à tous.

1 *Horatius in arte Poëtica. Reges dicuntur multis vrgere cucullis Et torquere mero, quem perspexisse laborant. An sit Amicitia dignus.*

2. *Stob.*

3. *Euenus apud Stobaeum.*

4. *Horat. Ingenium res aduersa nudare solent, celare secunda. Ouid. Ludimus incauti, studioque aperimur ab ipso, Nudaque per lusus pectora nostra patent. Prou. 19.*

CHAPITRE XXXVI.

1. *De la dexterité, partie de l'accortise.*
2. *Definition de la dexterité.*
3. *Aucunes inepties en la dexterité.*
4.5. *Procedure adretes des iudicieux & entendus en l'accortise.*
6 7.8.9. *Aucuns preceptes pour la dexterité.*
10. 11. 12. 13 14. 15. *Autres preceptes & traits pour le mesme d'exterité.*

1. LA dexterité est tellement iointe à l'acortise, que l'vne ne peut estre sans l'autre Nous appellons ordinairement adrettes, ceux lesquelles sont legers, propres & habiles à toutes sortes de mouuemens, & qui sçauent, auec disposition surmonter le mauuais & fascheux passages.

2. C'est selon cette similitude que l'õ appelle d'exterité aux affaires cette puissance & vertu; par le moyen de laquelle l'on les traite heureusement, ren dant ce qui est difficile : facile & plaisant, & les receuant & representant sans fiel & sans amertume.

3. Il y a au contraire des hommes

ſi ineptes, que de petites choſes ils en font de grandes, les faciles ils les font difficiles, & les aigres ils les aigriſſent dauantage, ne peuuent traiter vne affaire que d'vne mauuaiſe façon, la rendant manque, imparfaite, & quelquesfois impoſſible, faiſans comme les mauuais Chirurgiens, leſquels au lieu de guerir, rendent la playe incurrable, & au lieu de la coudre la deſchirent.

4. Au contraire, les iudicieux & entendus adouciſſent le mal auec des vnguents lenitifs, ou s'il faut coupper, ils endorment tellement le patient, qu'il n'en ſent aucun mal. A l'exemple deſquels les hommes adroits repreſentent le choſes faſcheuſes, en s'inſinuant doucement en l'eſprit de ceux auſquels ils parlent, ſans violence, & ſans les ennuyer, les diſpoſans peu à peu à entrer en conſideration de leurs raiſons, & ſe ſeruent de ce moyen, rincip allement enuers ceux, leſquels ou pour auoir vn naturel aſpre & difficile, ou pour quelque paſſion ou intereſt, ſe monſtrent inſupportables, vſans de paroles pleines d'arrogance, & telles qu'ils ſemblent nous vouloir pluſtoſt defier au combat que de traiter auec nous amiablement, pource que de l'impetueux aſſaut de ceux-cy, leſquels quaſi com-

me taureaux eschaufez viennent la teste baissée pour nous renuerser, les personnes adretes se sauuent auec agilité d'escrime, c'est à dire dexterité en tournant le discours d'vn autre costé: & d'vn leger saut passant à quelque suiet plus agreable, ne s'alterent des paroles extrauagances qu'vn autre par passion, ou par fougue aura dites.

5. Ce n'est pas comme quelques vns pensent, vn acte seruile ou d'homme peu sensé, de respondre quelquesfois plaisamment, & sans se fascher contre ceux qui sont en colere, ou qui parlent auec passion. Mais c'est vne chose digne d'vn esprit temperé & plein de prudence, & plus conuenable encore aux grands qu'à aucun d'autre condition, ne se deuans moins efforcer de se rendre maistres de leurs propres affections.

6. En cette d'exterité donc nous nous comporterons de la mesme façon que les ioüeurs de paulme font, lesquels pour ne point commettre de faute au ieu, ne regardent pas seulement à pousser la balle dextrement, mais aussi font ce qu'ils peuuent pour la bien receuoir, & pour la reietter ou il leur semble plus aduantageux pour le ieu.

7. Ainsi en traitant ou conuersant, nous deuons auoir la mesme consideration, regardant de ne point faire de faute au suiet que nous traitons, y apportant les paroles qui y sont les plus propres, & receuant celles de celuy qui nous parle au mieux que le suiet le pourra porter.

8. Auec cét artifice nous pourrons quelquefois dissimuler honnestement & faire semblant de ne point entendre; ou de ne point sçauoir quelque chose qui importe au discours que l'on fait, afin de pouuoir auoir temps pour resoudre, & de n'estre point pris au dépourueu.

9. Et les resolutions, de l'euenement desquelles on nous pourroit prendre à garand, doiuent estre tellement conceuës, que de quelque costé qu'elles tournent nous puissions demurer sur nos pieds, & trouuer (comme l'on dit) vne porte de derriere, à l'exemple de la response 1 de Mucianus à Antonius Primus, qui luy demandoit son aduis, s'il deuoit en attendant Vespasian attaquer Rome.

10. Ce sera aussi vn trait de dexterité de ceder mesme en choses ausquelles nous pouuons auoir le dessus si nous pouuons en cedant, gagner

1 *Tacit. au 3 liure de ses Histoires : Namque Mucianus tam celeri victoria anxius, & in præsens vrbe potiretur expertem se belli gloriæque ratus, ad Primum & verum media scriptitabat instãdum cœptis aut rursus contandi vtilitates edisserem: atque ira ita compositus*

d'vn autre costé dauantage. Non plus ne faudra t'il craindre de changer de party, d'expedient, d'opinion, ou de façon de proceder.

ex euentis in aduersa abnueret, vel prospera agnosceret.

11. Cette suffisance d'estre souple & maniable aux affaires, & vice d'étre trop partial & ialoux de ses opinions, il faut tantost se monter & bander, tost se raualer & relascher.

12. Mais sur tout faudra éuiter l'occasion de rompre auec qui que ce soit, mais s'excuser auec les longs & importuns sur la presse d'autres affaires, les remettans à vne autrefois, ou leur remonstrant la qualité de l'affaire non traictable en ce temps, en ce lieu, ou l'impossibilité d'icelle.

C'est bien vn des points des plus difficiles & fascheux en la conuersation, que de refuser chacun se persuadant que sa demande est iuste.

13. C'est pourquoy aucuns accordent & promettent tout, voire ne pouuans, qui pis est, ne voulans tenir, esperans qu'auant le temps de l'execution, plusieurs choses arriueront qui pourront empescher ou troubler l'effet de la promesse, & les déliurer de ce à quoy ils se sont obligez, ou bien qu'ils trouueront des excuses & des deffaites, ayant cependant donné contentement au demandeur, & plusieurs se payent mieux

de cette monnoye, que de simples esperances à ce que dit Aulus Sempronius.

14. Mais telles façons de faire ne sont bonnes que pour vn coup, pource qu'estant reconnues elles descrient celuy qui s'en sert souuent, comme pareillement ceux se descrient qui se seruent de ces esperances, pour contenter leur vanité, & se faire suiure & courtiser.

Le plus seur est de n'accorder ny promettre que ce que l'on peut, ce que l'on doit, & ce que l'on veut tenir.

15. Que si ce que l'on nous demande n'est de cette qualité, nous differerons la responce le plus que nous pourrons sous diuers pretextes : ou bien ferons changer de dessein à ceux qui nous pressent, en leur proposant au lieu de leurs demandes, quelque autre chose en laquelle nous les puissions ayder, & faire connoistre nostre bonne volonté enuers eux: encore qu'elle ne soit pas pour reussir : ou bien nous composerons nostre promesse en termes si generaux, qu'ils ne nous puissent obliger precisément.

16. Cette derniere forme de proceder est vn peu esloignée de la franchise : mais l'iniustice des demandes la peut

rendre, excusable, mesme si le refus procede plustost d'impuissance que de faute de bonne volonté; des effets de laquelle nous donnerons toute asseurance en autre suiet, & autre occasion, qui dependra de nous, à ceux que nous refuserons. Ainsi leur reueillant le courage par l'esperance qu'ils prendront, que la porte ne leur est pas du tout fermée pour venir à bout de quel que autre affaire non seulement nous adoucirons le refus, mais aussi ce refus sera 1 pris par les plus moderez pour grande & faueur.

1 *Publ. Mimus Minus decipitur qui negatur celeriter.*

CHAPITRE XXXVII.

1. *Des autres parties necessaires au Courtisan, comme la patience à supporter les iniures.*
2. *En quoy gist la patience de la Cour.*
3. *Le Courtisã ne doit iamais mesdire.*
4.5.6. *L'autre patience de Cour est de se rendre assidu.*
7. *Autre, opiniastrer vne affaire raisonnable.*
8. *Autre, ne rien precipiter.*

1. IL reste à paler de quatre autres parties nécessaires en vn homme qui veut viure à la Cour, qui sont patience, humilité, hardiesse, suffisance ou capacité. Pour le regard de la premiere, vn vieil Courtisan auquel fut demandé comment il estoit vieilly & auoit peu durer si long-temps en la Cour, respondit que c'estoit en supportant les iniures patiemment, en remerciant Auguste, à ce qu'on escrit aymoit Agrippa pour sa patience, & Mecœnas pour estre secret.

2. Mais la patience de Cour ne gist pas seulement à suporter & dissimuler les iniures : ains aussi (comme nous auons cy-deuant dit) les defaux & impertinences d'autruy, n'y ayant rien si

odieux, que de vouloir reprendre & faire le censeur : encore que la vanité de plusieurs les pousse là, de penser qu'ils ne peuuent estre estimez s'ils ne controolent les actions d'autruy.

Toutefois telles gens ne sont ordinairement admirez que des ignorans, & leur conuersation ne peut estre supportée que par gens qui leur sont de beaucoup inferieurs : & s'ils n'ont grande suffisance ils se rendent le plus souuent ridicules à ceux mesmes qui font semblant de les admirer.

3. Le Courtisan donc se gardera de mesdire ou se mocquer mesme des choses qui sont veritables, lesquelles piquent le plus, & desquelles les grands se ressouuiennent mieux & plus long-temps.

4. Vne autre sorte de patience de Cour est de s'y rendre assidu, & ne l'a-

garet quomodo rarissimam rem in Aula consecutus fuisset senectutem, iniurias, inquit, ferendo & gratias agendo, sæpe adeo vindicare iniuriam non expedit, ut ne fateri quidem expediat. C'est dans son 2. liure *de Ira*, conforme à ce que dit Suet. de Domitian en sa vie, *pertraxero ad Domitianum, qui paratus simulatione, in arrogantiam compositus & audiit preces excusantis, & cum annuisset, agi sibi gratias passus est : nec erubuit beneficii inuidia*, & Seneque ailleurs, *si sapiens iniurias fortunæ moderete fert, quanto magis hominum potentium quos scis fortunæ manum esse*, & Iustin rapporte que, *Lysimachus æquo animo Regis veluti parentis contumeliam tulit.*

bandonner quelque rebut ou disgrace qui aduiennent sans y tenir tousiours vn pied, ny ayant rien si suiet au changement que la volonté des Princes & des Grands, qui est en perpetuel flux & reflux.

5. Mais sur tout il se faut tenir le plus prés de son Maistre, & auec le plus d'assiduité que faire se peut, non seulement pour euiter les calomnies que l'on preste ordinairement aux absens: mais aussi pource qu'il se peut rencōtrer telle occasiō, bien que legere, que vous serez le seul de tous ceux qui lors serōt prés de luy, qu'il aura marqué le plus assidu: & par cette assiduité reconnoissant vostre affection à son seruice, il croira vous pouuoir fier le commandement qu'il voudra faire, duquel auenant que vous vous en acquitiez dignement, le Prince vous prendra en grace, & continuera de vous en faire d'autres & se seruir de vous.

6. Il y a en la Cour (aussi bien comme l'on dit en l'amour) l'heure du charretier, & vn Prince a besoin de tant de sortes de gens, que celuy qui quelquefois est estimé le plus inutile, se trouue, quand l'occasion se rencontre, & que la fortune luy en veut dire, estre vtile & agreable au Prince.

7. Vne autre effet de patience necessaire en la Cour; est si l'on entreprend vne affaire auec apparence & raison, de l'opiniastrer iusques au bout & ne la demordre point, comme aussi de ne rien precipiter, mais attendre l'occasion.

8. Plusieurs qui auec le temps pouuoient esperer de se voir haut esleuez, voulans preuenir leurs esperances, se sont non seulement reculez, mais 1 par leurs precipitation ont perdu leur fortune.

1 *Tacit. Nonnunquam parua res prabuit materiam adipiscendi fauoris.* Mais l'exemple qu'il baille sur le propos de Brutidius dans le troisiesme des Annales est excellent, *Brutidium artibus honestis copiosum, & si rectum iter pergeret, ad clarissima quæque iturum, festinatio extimulabat, dum æquales, dein superiores, postremo suasmet ipse spes anteire parat, spretisque quæ tarda cum securitate præmatura vel cum exitio properant.*

CHAPITRE XXXVIII.

1. *Humilité seconde partie necessaire en Cour.*

2.3.4.5. *En quoy elle consiste.*

6. *La volontaire consiste en deux parties.*

7. *L'exterieure se remarque.*

8. *En la contenance.*

9. *En paroles.*

10. *Et actions esquelles y a trois degrez d'humileté.*

11. *Laquelle des trois suffit au Courtisan*

12.13. *Facon de faire des Courtisans venus de bas lieu, fort mal-seantes.*

1. L'Humilité, n'est pas moins necessaire en Cour, laquelle estant cõposée pour la plus part de gens vains & ambitieux, & qui le plus souuent n'ont rien de recommandable en eux, ils ne recherchent ces apparences & soubmissions exterieures qui leur sont faites par autruy, pour se faire valoir: & d'autant y prennent ils garde de plus prés, qu'ils reconnoissent en eux y auoir moins de suiet & de merite.

2 L'humilité toutesfois ne consiste pas seulement en ce point. Car elle paroist en nous, ou par l'opiniõ que nous

faisons connoistre auoir de nous mesmes, ou par la volõté & desir que nous auons d'entreprendre selon nostre portée, ou audessous d'icelle, ou bien par nos déportemens exterieurs,

3. L'opinion qu'vn esprit humble a de soy consiste à s'estimer peu se croire inutile, reconnoistre sa foiblesse afin de ne rien entreprendre pardessus ses forces.

4. Or bien qu'en l'interieur nous deuions auoir cette opiniõ de nous, toutesfois il suffira à l'homme de Cour de ne se vanter point de chose qu'il ne puisse faire, & ne sçachant iusques où peut aller son pouuoir il fera sansdire.

5. Ainsi il se tiendra sans se priser & se promettre trop de soy, & sans aussi se mespriser, & se rendre vil & inutile, que cela puisse induire les autres à ne tenir compte de luy.

6. L'humilité qui consiste en la volonté, a deux parties, l'obeissance aux cõmandemens de ceux desquels nous dependons, & la moderation de nos desirs, de laquelle nous auons parlé cy-deuant.

7. Quant à l'humilité qui paroist en l'interieur, elle se remarque en contenance, ou gestes, aux paroles & aux actions.

8. En la contenance par vn regard

modeste, non éleué ny trop hardy, par vn ris moderé, & non vne risée, ou mocquerie, & par façons respectueuses, comme salutations, reuerences, & autres semblables ceremonies.

9. En paroles, comme par offres de seruice & semblables complimens, comme aussi parlant sobrement, à propos auec respect, nous taisans iusques à ce que l'on nous interroge, & nous rendans attentifs à ce que l'on nous dit.

10. Aux actions on fait trois degrez d'humilité, se soumettre aux grands, & ne se priser plus que ses esgaux, se soubmettre à ses egaux, & ne se priser plus que le plus petit: & le troisiesme se soumettre au plus petit.

11. Plusieurs estiment qu'il suffit au Courtisan de se tenir au premier degré, de peur qu'vne humilité trop basse le fasse mespriser. Mais la Cour estant tellement composée, que souuent le grand a besoin du petit, & y ayans des offices qu'autres que les petits ne peuuent faire, l'on est aussi contraint de les rechercher par caresses & autres contenances humbles. Cesar qui viuoit en vne Republique en laquelle cette humilité n'estoit pas moins necessaire à vn homme ambitieux qu'en la Cour d'vn Prince: ca-

ressoit & flatoit iusques aux moindres du peuple, à ce que dit Dion.

Il faut toutesfois garder mediocrité en cecy, & se comportant selon la qualité des personnes & du besoin, ne se laisser trop aller à la depression: mais tenir l'humilité au dedans d'vne courtoisie & bienseante affabilité.

12. Quelques-vns venans de bas lieu, & se voyant eleuez en credit en peu de temps, ont pris opinion qu'ils ne pouuoient surmonter le mespris de leur premiere condition, s'ils ne le portoient haut, & ne se faisoiét craindre, remettans à se moderer & reprendre les façons douces & courtoises, quand par la continuation de leur bon-heur le mespris auec la souuenance de leur premiere condition seroit effacée.

13. Mais il est à craindre que ce changement n'aduienne que difficilement ou trop tard, vn homme qui s'est accoustumé à l'orgueil ne s'en pouuant aisement desfaire.

CHAPITRE XXXIX.

1. *De la hardiesse, partie necessaire à celuy qui hante la Cour, hardiesse pour s'auancer, & ne se rebuter d'aucun refus.*
2. *Comment doit estre temperée.*
3. *De la suffisance du Courtisan.*
4. *Dequoy principalement se doit rendre capable le Courtisan, & de la diuersité des Cours.*
5. *Les affaires d'Estat plus ordinaires en Cour que toutes autres.*
6. *La Cour suiette aux changemens.*
7. *Conclusion de la premiere partie de ce Traité.*

1. LA hardiesse est aussi vne partie tres necessaire à celuy qui hante la Cour (1 où les honteux le perdent,) soit pour donner entrée en plusieurs lieux, ausques il se faut produire de soy-mesme : soit pour ne se point rebuter pour vn refus ny deux, mais se presenter tousiours auec mesme asseurance.

Car encore que l'importunité soit fascheuse à plusieurs, neantmoins il y a des naturels qui veulent estre pressez.

1. *Senec. Symm. Quorumdam puerum idonea est verecundia rebus ciuilibus* & Symmaque ; *Tardires habet processus verecundia, quæ facit vt inter materiam sui honoris hæreant.*

2. Cette hardiesse toutesfois doit estre accompagnée d'vne grande discretion & modestie, de peur qu'elle ne soit interpretee à imprudence & effrôterie, laquelle est suiette à beaucoup d'affronts & de mauuaises rencontres

3. Pour le regard de la suffisance du Courtisan, comme la Cour est composée de toutes sortes de gens, & que toutes sortes d'affaires s'y traitent, aussi faut-il que celuy qui hante soit meslé & versé en toutes sortes d'affaires, tant afin de pouuoir estre employé en toutes sortes d'occasions, que pour se rendre plus necessaire à plus de gens, & acquerir plus d'amis & de credit.

4. Si toutefois il ne peut, il se doit principallement rendre capable de ce qui est plus prisé en la Cour en laquelle il veut viure. Car en aucunes Cours nous voyons les gens d'vne profession auoir plus d'authorité que les autres : comme en la Cour d'vn Prince Belliqueux, les gens de guerre ; en la Cour d'vn Prince Religieux, les Ecclesiastiques : en la Cour d'vn Prince vieil & maladif, les Medecins : en la Cour d'vn Prince Pacifique & iusticier les gés de robe longue : en la Cour d'vn Prince auaritieux, prodigue ou necessiteux, les

gens de finances, qui sçauent ménager ou inuenter nouueaux moyens de trouuer argent, & en la Cour d'vn Prince sçauant & adonné aux sciences, les gens de lettres y seront les bien venus.

Dont nous pourrons iuger quelle sorte de suffisance sera necessaire à vn homme de Cour par l'inclination du Prince, & par la qualité des affaires qui s'y traiteront.

5. Mais comme les affaires d'Estat sont les plus ordinaires, nous nous en informerons plus diligemment que de toutes les autres, mesmement des humeurs, interests & dependãces de ceux qui les manient, & qui y doiuent interuenir: comme aussi de la suite: qui est ce que les Courtisans ignorent le plus

6. Pource que la Cour estant suiette à changemẽt, & ceux qui manient auiourd'huy n'estans pour demeurer long-temps en authorité, soit pour estre distrait par autres occasions, soit par manquement de faueur, ceux qui entrent en leur place sont suiets à faire de grandes fautes, ne sçachans cõme les affaires se sont passées, & ignorans les principaux motifs de ceux qui les ont maniées auant eux, d'où aduient que changeans de route, leur maniment est souuent descrié, & trouué

mauuais par le Prince mesme, & ainsi leur faueur ne dure gueres.

7. Cecy suffise touchant les parties qui sont necessaires à vn Courtisan. Voyons comme il les doit employer en sa conduite.

SECONDE

SECONDE PARTIE.

En cette ſeconde partie eſt traité, comment le Courtiſan doit employer toutes les parties deſcrites en la premiere, pour ſe bien conduire à la Cour.

CHAPITRE I.

1. *En toutes nos actions faut conſiderer la principale, à laquelle nous tendons.*

2. 3 *La fin de ceux qui ſe iettent à la Cour fort diuerſe.*

4. *Le but commun de tous les Courtiſans eſt la faueur des Princes, premier chef de cette ſeconde partie.*

5. *La faueur preſuppoſe la connoiſſance de la perſonne fauoriſée, & l'agréement de ſes actions.*

6. *Moyens de ſe faire connoiſtre.*

7. *Continuation de ce ſuiet.*

8. *Les grands ne ſont ordinairement ſi attachez au Prince que ceux de moindre condition.*

9. *A quels Princes ſe referent les choſes propoſées cy deſſus.*

EN la conduite de toutes nos actions nous deuons conſiderer

quelle est la fin principalle à laquelle elles doiuent tendre.

2. La fin de ceux qui se iettent à la Cour, est fort diuerse. Car les vns y sont conuiez par le profit, les autres par l'ambition & vanité des honneurs.

3. Aucuns y sont poussez par vne enuie de commander, & quelques-vns (à ce que dit Senecque) de gourmander, nuire, & trauailler les autres: fort peu pour le seruice, bien, & auancement des affaires du Maistre.

4. Mais pour en venir là, le but commun auquel tous les Courtisans visent, est de gagner la faueur du Prince. En ce point gist toute leur science, & & s'employe tout leur trauail.

5. Or toute faueur de Prince presupose deux choses, la connoissance de la personne qui recherche d'estre fauorisée, & vn agreement de ses actions, & deportemens, ou autres parties recommandables.

6. Ceux qui par le rang de leur maison, ou par l'authorité & deuoir necessaire de quelque charge hereditaire ou venale, petite ou grande, ont quelque entrée prés du Prince; sont deliurés du pensement de la premiere, & ont presque fait la moitié du chemin.

7. Les autres qui ſont priuez de ces aduantages, ont bien plus de peine au commencement ; mais eſtans paruenus à la connoiſſance d'vn Prince qui les iuge propres pour le ſuruir, ſouuent ils pouſſent leur fortune plus haut : pource qu'eſtans éleuez de bas lieu ou pauure (quoy qu'aucunes fois noble) ils ſe rendent plus ſuiets, plus obeiſſans, & plus attachez aux volontez du Prince, lequel ils reconnoiſſent comme pour Pere de leur fortune, & s'il eſt permis d'vſer de ce terme de Cour, pour leur Createur.

8. Ce que ne ſont pas les grands, qui eſtans nez tels, ſont obligez par la dignité de leurs charges ou de leurs maiſons, à certains reſpects qui regardent leur honneur particulier, preferans en pluſieurs choſes leur propre ſens au deſir du Prince : lequel d'ailleurs eſt plus retenu à les aduancer quelques fois à cauſe de la ialouſie & de la crainte qu'il peut auoir que leur donnant trop d'authorité, ils ne le mépriſent & maiſtriſent, ne pouuant les deffaire, ſans mettre en hazard ſa perſonne & ſon Eſtat. Ce qu'il peut plus aiſément faire d'vn homme de moindre condition, auquel il n'a pour cét effect qu'à tourner le dos, & l'aban-

donner à l'enuie des Grands

I'entends parler icy des Princes aussez, lesquels sçauent éleuer ceux qu'ils desirent fauoriser : en moyens, honneurs & authorité iusques à vn certain point, sans commettre à vn seul toutes les forces de leur Estat, & luy sousmettre les Grands, comme ont fait quelques-vns qui s'en sont mal trouuez.

CHPITRE II.

1. *Deux chemins pour l'aduancer.*
2. *La recherche des charges & dignitez.*
3. *La suite de la Cour & maniement des affaires du Prince.*
4. *Ce dernier plus court.*
5. *Exemples & consideration sur iceluy.*

1. OR entre les diuers chemins qui ont esté tenus par ceux lesquels ont recherché de s'aduancer en credit & authorité, il y en a deux qui ont esté plus battus que les autres.

2. L'vn est de rechercher les charges, offices, dignitez, & passer de degré en degré iusques à celles qui approchent plus prés du Souuerain.

3. L'autre est de suiure la Cour, & rechercher d'estre employé aux Com-

missions extraordinaires, & affaires particulieres du Prince.

4. Ce dernier sans doute est plus court, & a esté suiuy par ceux qui sont paruenus au plus haut point de faueur prés de leurs maistres, comme Mecenas prés d'Auguste. 1 Et Crispe Saluste prés du mesme Empereur, & depuis pour quelque temps, prés de Tybere son successeur.

5. 2 Tacite dit que Mella frere de Seneque, pour s'égaler aux Consulaires & acquerir plus promptement & puissance & moyens, mesprisa la recherche des offices & dignitez pour s'employer aux commissions & affaires particulieres de l'Empereur.

1. Tacit in 3. Annal. Salustius quã prompto ad honores capessendos aditu, Mœcenatem amulatus, sine dignitate Senatoria multos triomphalium, consulariumque potentia anteit, diuersus à veterum instituto per cultum & munditias, copiaque & affluentia, luxu propior. Suberat tamen vigor animi ingentibus negotiis par, eo acrior, quo summam inscitiam magis ostentabat 2. Mella quibus Gallus & Seneca parentibus natus, petitione honorum abstinuerat per ambitionem præposteram vt Eques Romanus consularibus potentia, æquaretur, simul acquirenda pecunia breuius iter crudebat, per procurationem administrandis Principis negotiis.

CHAPITRE III.

1. *Les moyens de se faire connoistre au Prince sont de plusieurs sortes. Par quelque signalés action ou seruice. Par l'aide & entremise d'autruy.*
2. *Quel est le Prince par dessus les Grands & le commun.*
3. *Exemple d'vn qui se voulut faire connoistre à Alexandre.*
4. *Consideration sur cét exemple.*

1. QVant aux moyens de se, faire connoistre, ensemble de se rendre agreable au Prince, il y en a aussi de plusieurs sortes, selon la diuersité des suiets & occasions qui se rencontrent : soit que nous nous faisions connoistre de nous mesmes par quelque signalé seruice ou action, ou par quelgue suffisance & vertu non commune, qui soit en nous : soit que nous soyons prōduits à la connoissance du Prince par autruy, qui est la forme d'auancement la plus ordinaire.

2. Le Prince est éleué tellement au dessus du commun, & entouré d'vne telle presse des grands & des vieux Courtisans, qu'il est bien difficile qu'vn nouueau venu se puisse faire voir à trauers de cette foule, si quel-

qu'vn des premiers ne le prend par la main, & ne luy fait faire place, pour l'approcher, ou que luy-mesme ne se fasse voir par quelque action extraordinaire.

3. L'on fait vn conte d'vn Architecte nommé Dinocrates, autres l'appellent Stasicrates, lequel se voulant faire connoistre d'Alexandre le Grand: & n'ayant peu seulement en approcher, quelque recherche qu'il eust faite enuers les Grands de le vouloir presenter, s'auisa de se presenter de soy-mesme tout nud, ayant le corps oint d'huille, vn chappeau, ou couronne de branches de Peuplier, l'espaule gauche couuerte d'vne peau de Lyon, & en la main droitte vne massuë, & alla en cét équipage trouuer Alexandre seant en son lict de Iustice: La nouueauté de ce spectacle ayant fait tourner la veuë de tous les assistans sur luy, fut cause qu'Alexandre commanda que l'on le fit approcher & l'ayant entendu, encore qu'il n'approuuast sa proposition, ne laissa de le retenir à sa suitte.

4. Cét exemple n'est pas rapporté icy pour induire à vn semblable bastelage celuy qui se voudroit faire connoistre à la Cour, mais bien pour faire

voir que ceux qui ſont reculez, s'ils ne ſont aſſiſtez de quelque perſonnage de credit, ne peuuent fendre cette preſſe ſans quelque action, ou rencontre non commune, laquelle fait ietter l'œil ſur eux.

CHAPITRE IV.

1. *Second chef de cette partie Le Courtiſā doit cōſiderer les qualitez du Prince, de ſes domeſtiques, & quand & quand les autres Courtiſans.*
2. *Quelles ſont les inclinations des Princes & reduction d'icelles, ou à ce qui ſert à leur grādeur, ou à leurs plaiſirs.*
3. *De la grandeur du Prince, & en quoy elle conſiſte.*
4. *Des plaiſirs & inclinations vitieuſes du Prince.*
5. *Les Princes aymēt volontiers ceux qui les ſeruent en leurs plaiſirs.*
6. 7. 8. 9. 10. *Exemples ſur ce ſuiet.*

1. C'Eſt pourquoy le Courtiſan tant pour ſe faire connoiſtre, que pour ſe rendre agreable, a beſoin d'entrer en conſideration non ſeulement des qualitez du Prince: mais auſſi de ſes domeſtiques auſquels il a plus de confiance; & pareillement les Grands,

& de tous ceux qui le peuuent ayder: ou qui par ialousie, crainte, enuie, haine ou interest particulier d'eux, ou de leurs amis le peuuent trauerser.

Au Prince le Courtisan considerera son inclination & sa façon de proceder qui est ordinairement conforme à son humeur : laquelle bien que souuent la pluspart des plus auisez Princes taschent de déguiser : neantmoins il est difficile qu'ils le puissent si bien faire, qu'ils ne soient découuers, pource que toutes leurs actions sont tellement en veuë de tout le monde, que de la suite il est aisé de iuger où ils tendent : & l'importance des affaires les picque aucunes-fois de telle façon, qu'il faut necessairement qu'ils fassent paroistre par les mouuemens de leur esprit quel est leur naturel : & Tibere le plus rusé & couuert de tous, n'a peu si bien ioüer ce rolle, que chacun de son temps ne l'ait découuert..

2. Les inclinations des Princes sont diuerses & indefinies en cette diuersité comme celles des autres hommes: mais elles se peuuent reduire à ce qui sert ou à leur grandeur, ou à leurs plaisirs.

3. La grandeur consiste ou en reputation, ou en richesse, ou en l'obeis-

ſance de leurs ſujets, ou en la valeur & fidelité des gens de guerre, ſelon que le Prince panche plus d'vn coſté que d'autre; ſelon cela ceux qui ſeront plus propres pour le ſeruir (n'ayans d'autres parties qui luy ſoient ſuſpectes ou deſagreables) ſeront les mieux venus prés de luy.

4. De meſme eſt-il pour les plaiſirs & les inclinations vicieuſes. Vn Prince deffiant & craintif, comme Tibere, aymera vn 1 Calomniateur hardy, lequel ne craindra point l'enuie des Grands, & ſera prompt à executer ſes commandemens, comme Tacite dépeint Sejan auoir eſté.

1 *Id. 4. Annal. Corpus illi laborum tolerans animus audax, ſui obtegens, in alios criminator; iuxta adulatio & ſuperbia, palam compoſitus pudor, intus ſumma adipiſcendi libido.* 2. *Sueton. Poſtea Princeps in ipſa publicorum morum correptione cum Pomponio Flacco & Piſone noctem, continuumque biduum epulando potandoque conſumpſit: quorum alteri præfecturam vrbis confeſtim detulit codicillis quoque iucundiſſimos, & omnium horarum amicos profeſſus.*

5. Et en ſes débauches s'il eſt yurongne il aprochera prés de luy des gens de ſemblable humeur, comme le meſme, Tibere fit, Pomponius Flaccus & Lucius Piſo, auec leſquels il paſſoit quelquefois à boire deux iours entiers & vne nuit de ſuitte, les appel-

laiit ses amis à tout faire, & à toutes heures, & ayant pour recompense donné à l'vn le gouuernement de la Syrie, & à l'autre la Prefecture de la ville de Rome.

6. 1 Ce mesme Empereur prefera vn homme de bas lieu, & peu connu à plusieurs gens d'honneur qui poursuiuoient la Questure, pource que (à ce qu'on dit) il luy auoit fait raison (pour vser des termes de ce bel art) d'vne certaine mesure de vin qui contenoit 96. verres.

7. L'impudicité de Neron 2 luy fit choisir Tigillinus parmy ceux qui le seruoient en ses voluptez, & le mesme approcha prés de luy. 3 Petronius pour estre l'arbitre de l'elegance de son luxe. Commodus & Heliogabale remplirent toutes les charges de l'Empire de gens aussi sales qu'eux.

8. Mucianus ne fut pas tant prisé & aimé pour sa fidelité & sa conduite, que pource qu'il estoit propre pour contenter l'auarice de Vespasian son Maistre.

1 Sueton. ibid Ignotissimum quæsturæ candidatis nobilissimis anteposuit, ob epotam in conuiuio, propinante vini amphoram.

2. Tacit. l 14. Ann. Validior Tigillin. in animo Principis ex intim. libidin. assumpt. *3 Tacit l. 16. Petr. Arbiter elegantiæ inter paucos familiar. Neroni assumptus est, dum nihil amænum & molle affluent. Putat, nisi quod ei Petronius approbauisset.*

9. L'auarice d'Isaacius Angelus Empereur de Constantinople) apres que Theodore Castamonita son oncle fut mort) luy fit éleuer en credit vn ieune Clerc de Finances, lequel à grand' peine sçauoit escrire. En consideration seulement de ce qu'il luy faisoit part des dons & des presens qu'il pouuoit tirer de ceux qui auoient à faire à luy.

10. Manuel Comnene aussi Empereur pour satis-faire à sa prodigalité, ayant besoin de quelque aspre exacteur & subtil inuenteur de maletotes, choisit, à ce que dit Nicetas, vn certain Iean Putzé homme rude, fascheux, de difficil[illegible]ez, insupportable, & 1 tel que [illegible] met ordinairement en semblables charges, auquel il donna tant d'authorité qu'il entreprenoit sur les fonctions de tous les autres ministres iusques à casser les Edits mesmes du Prince, & 2 les ordonnances du Conseil, retranchant sous pretexte de mesnage, les plus necessaires charges, comme estoit l'entretenement des galeres, principales force de l'Empire.

1. Homo rudis & asper procuratorem uultu qui praeferat ipso.

2. Nicetas.

CHAPITRE V.

1. *Qui veut estre bien venu prés d'vn Prince faut seconder ses inclinations.*
2. *Comment bannir vn homme de bien de la Cour.*

3. *Definition proprement de la Cour.*
4.5.6 *Exẽples sur la corruption de la Cour*
7. *Faut quelquefois en Cour qu'vn hõme de bien laisse faire les méchans, & viure à leur accoustumée*
8. *Est difficile à vn homme de bien de se maintenir tel a la Cour.*
9 *Vn homme de bien peut viure & patienter pour quelque temps à la Cour*
10. *De quelles causes s'entend cela.*
11.12 13. *Comment il faut detourner ailleurs les mauuaises volontez du Prince & exẽples sur cela de Seneque & autres.*

1. MAis il n'est pas besoin dauantage d'exemples, pour establir cette maxime laquelle n'est pas seulement connuë : mais aussi n'est que trop pratiquée par ceux qui hantent les Princes, que quiconque veut estre bien venu prés d'eux, il doit 1 seconder leurs inclinations & leurs passions.

2. Icy l'homme de bien croira que c'est le bannir de la Cour, que de l'attacher à suiure toutes les inclinations des Princes, lesquelles le plus souuent se trouuent hors des termes de raison & de preud'hommie.

1 Mart. Nemo suos hæc est Aulæ natura potentis Sed domini mores habet. Malus est (dit Seneque) *minister regii imperii pudor. Haud est facile mandatũ scelus audere, verum iusta qui reges timet, deponat aut pellat ex animo decus.* Et Iuuenal dans sa premiere Satyre conseille ce qui s'ensuit.

3. 1 A la verité, celuy qui veut mener vne vie du tout innocente, & eloi-

1. Aude aliquid bre-

gnée du train ordinaire de viure des hommes, lesquels sont fautiers & sujets à leurs passions il fera beaucoup mieux de ne se point ietter à la Cour, qui est (s'il nous faut ainsi parler) vne grande putain, laquelle corrompt aucunesfois les plus entiers & les plus chastes.

4. Considerons seulement vn ou deux exemples de la corruption de la Cour. Festinus compagnon de Maximin sous l'Empereur Valentinian, auoit gouuerné l'Asie auec beaucoup de douceur & de reputation, blasmant les cruautez & calomnies dont Maximin vsoit enuers plusieurs, pour s'auancer.

5. Mais quand il vit que par ce moyen son compagnon auoit esté fait general des trouppes Pretorienes, qui estoit la plus haute dignité apres celle de l'Empereur, il se resolut de changer de façon de proceder, 2 & commettre plusieurs cruautez & iniustices.

6. L'on peut à cét exemple y adiouter celuy de Iean de Putzé (duquel nous auons desia parlé) lequel mania quelque temps les affaires & les finances, sous l'Empereur Manuel, auec beaucoup d'integrité : ce qui faisoit

...tibus Gyaris & carcere dignum, Si vis esse aliquid.
2. *Ammiã Marcell. lib 23. Sed cum impie peremptus exequiis suffrag ad præfecturam venisse hominem comperisset immerit. Exarsit ad agenda sperandaque similia, & histrionis ritu mutata repente persona studio nocendi concepto, incedebat oculis infestis & rigidis præfecturam autumans adfore propediem, si ipse quoque se contaminasset insontium pœnis.*

que l'on supportoit son orgueil & brutale façon de proceder, plus doucement. Mais enfin il se resolut, à ce que dit Nicetas, de s'enrichir & faire comme les autres, conuiant ses amis d'en faire de mesme: ce que ceux-cy ont fait par corruption, d'autres plus gens de bien qu'eux, ont esté contrains de le laisser faire aux autres de peur de se perdre en s'efforçant de l'empescher.

7. Aristides iuste & d'effet & de surnom estant commis à la surintendance des finances d'Athenes, s'y voulut porter au commencement en homme de bien, & empescher de dérober ceux qui estoient sous luy: incontinent il fut accusé d'estre le plus grand voleur & le plus grand latron qui fust iamais entré en cette charge, & à grande peine peût-il éuiter d'estre condamné. Ayant toutesfois enfin esté absous & continué en sa charge pour quelque temps, il resolut de s'y comporter comme les autres auoient fait deuant luy, laissant dérober ceux qui auoient coustume de ce faire, & lors il se trouua fort homme de bien au dire de tous

8. Il en est de mesme en la plus part des Cours de Princes, ou par la malice de ceux qui gouuernent, lesquels n'y veulent voir de plus gens de bie͂ qu'eux,

ou pour la nonchalance & ſtupidité du Prince meſme, il eſt difficile à vn homme de bien, de ſe maintenir longuement tel.

9. Toutesfois celuy qui eſt pouſſé à cette ſorte de vie, ou par la neceſſité de ſa condition, ou par la grandeur de ſa maiſon, ou par la dignité de ſa charge ou appellé par le Prince, ou par le deſir de ſeruir ſon pays, ou ſes amis, peut à mon aduis, encore qu'il ſoit homme de bien, y viure, ou au moins patienter pour quelque temps, & ſelon les rencontres y profiter nonſeulement pour ſoy, mais auſſi pour autruy.

10. Ie dis en la Cour des Princes les plus faſcheux, y ayant beaucoup moins de difficulté de viure en la Cour d'vn Prince ſage, qui fait eſtat de la preud'hommie.

11. Et comme pluſieurs ont autresfois conſeillé aux gens de bien de pourſuiure le maniement des charges publiques, non ſeulement pour procurer le bien de leurs pays, mais auſſi pour empeſcher que les meſchans ne les occuppent : auſſi crois-ie que pour les meſmes conſiderations ils doiuent deſirer approcher prés d'vn Tyran, ou d'vn Prince voluptueux, & rabatre tant qu'en eux ſera, les mauuais & per-

nicieux desseins du Prince, si non directement & ouuertement, au moins indirectement & sous main, soit en les different, ou y opposant des difficultez soit en faisant ouuerture de quelques autres expediens plus doux & plausibles.

13. [1] Burrus & Senecque, deux sages Courtisans, & qui selon le temps estoient estimez des plus gens de bien, ayant esté ordonnez pour éleuer la ieunesse de Neron, reconnoissans que ce naturel ne pouuoit estre rangé au bien; mais estoit du tout enclin à lubricité, en danger de causer és familles de Rome plusieurs adulteres, & scandales, se resolurent de luy bailler, pour assouuir cette lubricité vne affranchie qui retint vn temps sa fureur, couurant ses amours sous la poursuite qu'ils faisoient faire par vn des amis de Senecque nommé Annæus Serenus, sous le nom duquel Neron faisoit des presens à cette femme.

1. *Tac. l.* 13 *Afran. Burrus, & Ann. Sen. Rect. imperat, iuuenta, iuuantes inuicem, quo facilius lubricam Principis ætatem, si virtutem aspernaretur voluptat, concessis retinerent.* Et plus bas *de lapso Ner. in amore liberta, metuebatur ne in stupra fam. illustrium prorumperet etsi illa libidine prohiberetur.* Et tost apres. *Atque ex Seneca familiaribus Annæus Serenus simulatione amoris aduersus eandem libertatem primas adolescentis cupidines velauerat, præbueratque nomen, vt quam* Princeps *furtim mulierculæ tribuebat, ille palam largiretur*

Ainsi l'homme de bien ne pouuant empescher les débauches, desordres, ou mauuais desseins de son maistre, il les diuertira doucement en endroit où ils fassent moins de mal pour autruy & pour sa reputation.

CHAPITRE VI.

1. *Ne s'opiniastrer inutilement contre la volonté du Prince, & ne se laisser aller à vne vile seruitude.*
2. *Et des exẽples sur cette consideration.*
3. *L'homme de biẽ plus propre pour seruir vn Prince, quelque méchant qu'il soit, plutost que le méchant.*
4. *Conseil aux Princes de se seruir plutot de gens de bien que de meschans La Cour meslée plus de mal que de bien.*
5. *Les meschans plus en credit vers les Princes.*
6. *Exemples sur cela.*
7. *Paroistre plus homme de bien en comparaison d'vn plus méchant, exemple d'Auguste & de Tibere.*
8. *Conseil de ne parler trop librement au Prince.*
9. *Exemples sur cela.*

1. MAis quelqu'vn dira qu'il aduient peu souuent qu'vn Tyran ou Prince desbauché appelle pres-

de soy vn homme de bien. Il est rare certes qu'il fasse ce choix: mais si diray-ie qu'il se trouue peu de Cours de Princes si abandonnées, qu'il ne s'y en rencontre quelqu'vn: & s'il ny est appellé par le Prince, il y aura peut-estre esté conuié du desir de seruir les gens de bien, & de balancer le pouuoir des meschans, s'aidant des moins mauuais, ou attaché d'affection, de familiarité, de conuersation auec quelque grand, s'y sera entretenu en ne s'opiniastrant contre la violente inclination du Prince, & ne se laissant aussi aller tellement à vne vile & abiecte seruitude, qu'il participe à ces meschancetez & tyrannies, imitant en cela Lepidus sous Tybere 1, que Tacite represente pour vn homme de bien, & vn sage Gourtisan.

2. Le mesme Tacite fait cas de deux autres Labeo & Capito, desquels le premier mainteint discretement sa liberté en la Cour, & en estoit prisé de tous, & le dernier 2 se rendit agreable au Prince par son obeissance.

3. I'aduouë que l'homme de bien aura beaucoup plus de peine qu'vn meschant homme, mais aussi aura il plus d'honneur & de contentement en son ame, & s'il se gouuerne sagement en

1. *In 4. Annal. Hunc ego Lep. temporibus illis grauem & sapientē virum comperio. Nam pleraque ab sæuis adulationibus aliorum, in melius deflexit: neque tamen temperamenti egebat, cum equabili auctor & gra. apud Tib. viguerit.*

2. *Tac. in fin 3. An. Sall. & in Dion Caſ. Namque illa ætas*

Quo pacis decora simul tulit. Sed Labeo incorrupta libertate & ob id fama celebratior

ne se butant contre le Prince en chose qu'il voit ne pouuoir changer : ie peus dire qu'en fin, quelque meschant que soit le Prince, il le cherira & fauorisera plus que les meschans : entre lesquels rarement se trouue autant de fidelité qu'il en faut pour seruir vn Maistre, & que l'on en peut esperer d'vn homme de bien.

Capitoni obsequium dominantibus magis probatur. Adioustez à ce propos ce que dit Saluste. *Possimus quisque aspertime rectorem patitur.* Et ce que Dion Cassius en son 52. liure allegue de celuy qui disoit en sentence, *facile est imperium in bonos.*

4. Aussi est-ce le conseil de Saluste à Iules Cesar, & de Mecœnas à Auguste de se seruir principallement des gens de bien, qui sont plus retenus par l'honneur & par la conscience d'entreprendre chose qui soit contre le deuoir que des méchans, lesquels n'ont autre bride que la crainte du chastiement & leur impuissance.

5. La Cour toutesfois estant meslée plus de mal que de bien, le nombre de ces derniers est tousiours plus grand que des autres, & seruent aux mauuais Prince, à deux choses : l'vne pour les flatter, & executer leurs méchancetez, à quoy ils se rendent d'autant plus

obeissans qu'il y a plus de prise sur eux. L'autre pour les faire paroistre plus gés de bien entre plus meschãs qu'eux ; & y a d'autres Princes, qui pour la conformité de mœurs 1, croyent estre plus asseurez parmy telle sorte de gens.

6. Denys Tyran de Syracuse estant requis de chasser vn meschant homme qui estoit prés de luy, & estoit hay de tous, respondit qu'il le retenoit afin de n'estre le plus hay de sa Cour.

7. C'est la coustume de ceux qui reconnoissent en eux quelques defaux : de se faire valoir par 2 la comparaison d'autres qui valent encores moins : d'où vient cette autre ruse de Cour : de subsistituer en sa place vn moindre que soy pour releuer ses deportemens par ceux de son successeur, & dit-on qu'Auguste eut ce dessein en élisant Tibere pour son successeur, & Tibere pareillement en laissant l'Empire à Caligula.

1. Salust. plerique rer. potiũtes peruerse cõsutio- lunt & eo se munires putant quo illi quibus imperitant, nequiore fuerunt.

2 Mamertin in paneg. Iul. Habuerũt nonnulli alii principes deuotam & amantes ui cohortem.

...d alio quodam modo. Primi quod imperiti ac rudes ...tissimum quemque in consilium diligebant, scili- ...t vt ipsius prudentia in vulgus aliquatenus emine- ...a cum vtilissimus quisque honorum & diuit. ...foret, sua commoda, & vitia princip dilige- ...nt. Ab his optimus quisque abigebatur procul, cum ...specta esset probitas & inuisa & quanto quisque ...estior, tanto importunior turpium arbiter, vitare-

tul.3. Tac. in. Ann. Ne Tyber. quidem caritate, aut Reipub curra successorem adscitum sed quoniam arrogantiam seuitiamque eius introspexerit, comparatione deterrima sibi gloriam quasiuisse.

8. Mais il faut sur tout qu'en parlant, l'homme de bien se gouuerne accortement : Car les mauuais Princes peu souuent trouuent bon qu'vn de cette qualité leur parle librement ; & Platon se trouua mal d'en auoir ainsi voulu vser enuers le mesme Denis Prince de Syracuse, ayant esté par luy remis entre les mains d'vn maistre de nauire, pour le vendre en Candie à cause de sa liberté de parler, d'où apres il fut rachepté par quelques Philosophes qui luy donnerent pour leçon vne autre fois, ou de ne point hanter les Princes, ou d'apprendre à parler à leur gré.

9. 1. Vn semblable conseil fut donné par Aristote à Callisthene son parent lequel suiuoit la Cour d'Alexandre, & de parler rarement & au gré de celuy qui auoit pouuoir sur sa vie.

1 *Ammiam in lib.* 18. *Notum Aristotelis sapiens dictum, qui Calistenē sectatorem & propinquium suū ad Regem Alexandrum mittens, ei sæpe mandabat vt quam rarissime ei iucundo apud hominem loqueretur, vita potestatem & necis in facili lingua merantem.*

CHAPITRE VII.

1. *De la flatterie, qu'elle est agreable au Prince, & principalement celle qui a quelque chose de libre.*

2. Du trop flatter, conseil de Plutarque & d'Eschines là dessus.
3. Exemples sur ce suiet.
4. Le premier qui vsa de flatterie libre.
5. Autre exemple de la mesme flatterie.
6. Auis sur icelle, & en quelles choses il s'en faut seruir.

1. IL n'y a remede, il faut quelquesfois se laisser aller à la flatterie pour gagner aduantage sur ces esprits là, mais non pas à toute sorte de flatterie. Car 1 cette basse & humble façon de flatter a despleu mesmes à Tybere: qui sortant du Senat souuent s'est plaint de voir les Senateurs si lasches & si disposez à la seruitude.

2. Et quelquesfois le trop flatter nuit autant que si l'on n'en vsoit point du tout. 2 Car celuy que l'on flatte ainsi, entre le plus souuent en opinion, que l'on le veut tromper. Il faut (ce disent Eschines & Plutaque) qu'il ait quelque pointe & quelque chose de libre en apparence meslé, parmy la flatterie: non seulement pour persuader au Prince, que nous croyons ce que nous disons: mais aussi pour le faire croire aux autres, & maintenir dauantage nostre reputation.

1. Tac. in 3. Annal. Cæterum tempora illa adeo infecta & adulatione sordida fuere, vt non modo consuleret, magna pars eorũ qui prætura functi, multique etiam pedarii senatores certatim exurgerẽt, fœdaque & nimia censerent. Memoriæ proditur Tyberium, quotiescuriæ egrederetur, Græcis verbis in hunc modum loqui solitum, O homines ad seruitutem paratos scilicet etiam illum, qui libertatem publicam nollet tam proiecta patientia sedebat 2. *Tac. & Xiphilin. Ardaus rerum modo ne contumax silentium, ne suspecta libertas, ne diffidere dubiis, parum gaudere prosperis videantur.* Et ailleurs, *adulatio perinde anceps si nimia occasio nulla est*, & dans Xiphilin. parlant de Didius Iulianus, 3 *Eschin in Epist.* 6.

3. Cresus ayant esté Roy, monstra qu'il connoissoit en cela les appetits des Roys, & ce qui leur pouuoit plus agreer, ou déplaire. Car vn iour que Cambyse Roy de Perse demandoit à ceux qui estoient autour de luy, quel ils l'estimoient en comparaison de son pere Cyrus; tous luy dirent qu'il étoit beaucoup plus grand Roy, ayant adiousté l'Egypte, & le commandement de la mer à ce que son Pere luy auoit laissé. Mais quand ce vint à Cræsus à dire son aduis, il dit qu'il le trouuoit beaucoup inferieur à son Pere Cyrus, pource qu'il n'auoit encores point fait de fils qui luy ressemblast: & cette responce (dit Herodote) satisfit dauantage la vanité de ce Prince que la premiere, pour ce qu'elle sembloit plus libre.

4. Valerius Messala commença le premier d'vser de cette façon de flatter enuers Tybere, quand il fut d'auis de luy

luy renouueller le serment de fidelité tous les ans : & que Tibere s'enquit sur le champ, si c'estoit de son commandement qu'il disoit cela: Lors il répondit asseurement, que non, & qu'aux affaires qui concernoient l'Estat, il ne se seruiroit de l'aduis d'autruy; mais diroit franchement tousiours ce qui luy en sembleroit, mesme quand l'on s'en deuroit offencer. Et de toutes les flatteries, à ce que dit Tacite, il ne restoit plus que celle-cy à pratiquer.

5. Depuis Ateius Capito en vsa d'vne semblable, lors que Tibere deffendit de faire le procez à Annius Cheualier Romain, accusé d'vser indifferemment de l'image du Prince en sa vaisselle d'argent. Car lors 1 Ateius s'opposa ouuertement à cette deffence, comme contraire à sa liberté & à l'authorité du Senat, duquel il disoit que Tibere ne deuoit retrancher le pouuoir, ains le laisser deliberer sur cela, pour punir vne telle meschanceté : Qu'il luy estoit bien permis de pardonner ses iniures ; mais non celles qui estoient faites à l'Estat.

1. Tac. *Palam aspernante Ateio Capitone quasi libertatem, non debere eripi patribus vim statuendi.*

L'on pouroit recueillir d'autres exemples ; mais ceux-cy suffiront, aduertissans ceux qui seront contraints de se seruir de telles flatteries, de ne les employer au dommage, ny du public ny du particulier, mais se contenter de les pratiquer pour satisfaire à la vanité du Prince.

Chapitre VIII.

1. *Troisiesme chef de cette partie Ne faut se mesler de donner conseil à vn Prince altier; comment les Princes demandent conseil pour faire approuuer leur aduis. Aucunes fois pour sonder les volontez & opinions de leurs Conseillers, exemple sur ce suiet.*
2. *Plusieurs propositions se font par les Princes plustost pour les faire approuuer que pour en deliberer ensemble, exemples à ce propos.*
4. *Auant que de donner conseil faut reconnoistre l'intention du Prince fascheux qui demande conseil.*
5. *Auantages du Conseiller, quand à son Prince reussira tout autrement qu'il ne l'auoit conseillé.*
6. *Aux choses illicites le meilleur est de differer pour donner conseil.*
7. *Exemples sur cela.*
8. *Comment se doit faire la pratique de l'exemple proposé.*

1. NOn plus faut il se mesler de donner conseil à vn Prince altier, encores qu'il le demande, si l'on s'en peut excuser. Car tels Princes demandent ordinairement conseil en la mesme façon que Xerxes, voulant passer en Grece pour luy faire la guerre, le demãda aux Princes de l'Asie qu'il auoit assemblez sous pretexte d'en deliberer. Pour n'estre veu, leur dit-il, faire cette entreprise de ma teste seule, ie vous ay conuoquez icy, souuenez vous toutesfois que vous deuez plustost obeir, que la mettre en deliberation. Cambyses, qui regna auparauant luy sur les Perses, ayant resolu de se marier à sa sœur, demanda à son conseil s'il y auoit quelque loy en Perse qui deffendist à vn Roy d'espouser sa sœur. Le conseil reconnoissant que ce Prince ne leur faisoit cette demande, pour estre resolu de ce qu'il deuoit faire : mais pour découurir s'ils approuuoient ce mariage, luy fit responce, qu'il n'y auoit point de loy qui le permist ; mais bien y en auoit-il vne qui permettoit au Roy de faire ce qu'il trouuoit bon.

Ainsi faut-il iuger & de l'humeur du Prince, & de la qualité de l'affaire, si l'on doit mettre en deliberation la chose de laquelle il fait semblant de demander conseil.

2. Du temps de nos Peres vn bien inferieur à cette qualité de Roy, mais qui auoit pouuoir de Vice-Roy en Espagne, fit connoistre aux plus grands du païs que tout ce que l'on proposoit aux conseils & aux Assemblées ne deuoit estre mis en deliberation. Apres la mort du Roy Ferdinand, Charles d'Austriche estant en Flandres, fut conseillé par le Pape & l'Empereur Maximilian, de prendre le titre de Roy d'Espagne, encores que Ieanne sa mere fille de Ferdinand fust en vie, pource qu'elle estoit peu capable de commander, à cause de son indisposition. Pour faire aprouuer cette qualité, l'on assembla les principaux du Royaume, deuant lesquels le Cardinal Ximenes fit deduire les raisons par lesquelles cette nouueauté se pouuoit soustenir : mais ces Seigneurs plus ialoux des formes ordinaires, & de l'honneur de celle qui estoit leur Reyne, que de bons Courtisans à l'endroit de celuy auquel apres elle le Royaume deuoit paruenir, y contredirent ouuertement. Ce qui fit leuer le Cardinal Ximenes du lieu où il estoit assis, & leur dire en colere, qu'il s'agissoit d'vne chose laquelle il

ne falloit reuoquer en doute, & n'auoir besoin de leur aduis, n'estant necessaire le consentement des Suiets pour authoriser vn Roy en son Estat, Mais qu'il les auoit conuoquez pour leur bien & leur aduantage, duquel il auoit esté tousiours soigneux, afin qu'en approuuant cette qualité, ils gagnassent par cét office les bonnes graces de leur Prince : Mais puis qu'ils s'attribuoient par droit ce que par courtoisie l'on auoit requis d'eux, il estoit resolu promptement de le faire proclamer Roy à Madrid, afin que les autres villes suiuissent cét exemple.

3. Ce n'est pas seulement en semblables occasions que les Princes en vsent ainsi, mais presque en toutes : & peu souuent demandent-ils conseil que pour faire approuuer leur resolution, ou pour sonder la volonté de ceux ausquels ils font semblant de se vouloir conseiller, & ainsi en vsoit ordinairement Tibere enuers le Senat de Rome.

1. Tac in 1. Annal. Postea cognitum est ad introspiciendas etiã Principum volontates, inductum dubitationem.

4. Le Courtisan donc taschera de reconnoistre l'intention du Prince, fuyant de s'engager à vn conseil qui puisse estre mal receu,

5. C'est pourquoy doutant de la volonté de son Maistre, il fera semblant d'examiner l'affaire qui luy sera pru-

posée, luy representant les raisons de part & d'autre, desquelles (s'il peut) il luy laissera faire le choix, sans rien conclure. Car si le Prince n'est du tout resolu, voyant les raisons contraires à son dessein estre plus fortes, il changera aisement d'opinion.

2. *Eurip. in Andromach.*

6. Et cette mauuaise honte (2 qui retient souuent les Grands de changer leurs resolutions, craignans de se montrer par là inferieurs à ceux qui les conseillent) ne le retiendra, pour ce que l'on n'aura en cela rien dit par resolution. Et le Courtisan par mesme moyē se garantira d'vn reproche qui luy seroit fait, si son aduis ayant esté suiui, il auenoit quelque chose contre la volonté de son Maistre.

7. Que si le Prince suiuant ce qu'il a premierement resolu ne rencontre selon son desir, le Courtisan aura cét aduantage d'auoir preueu & remontré à son Prince le mal qu'il pouuoit éuiter, pesant bien les raisons qu'il luy auoit mises en auant.

8. Mais ou l'on seroit pressé du Prince de luy donner quelque resolution en choses illicites, il faut ou trouuer moyen de la differer, ou bien le prier d'appeller vn tiers pour mettre cette affaire en deliberation, afin qu'estant meurement pesé, il s'y prenne vne re-

ſolution conuenable à ſa dignité & ſeureté.

9. Du premier moyen ſe ſeruit Burrhus la premiere fois que Neron ſe reſolut de faire mourir ſa mere, s'offrant luy meſme pour l'execution de ce parricide, s'il ſe trouuoit qu'elle euſt attenté ce dont on l'accuſoit, remonſtrant qu'auant que s'en eſtre bien éclaircy, il ne deuoit condamner ſa mere, & ſe rendre plus prompt à la faire punir qu'il ne feroit vn particulier, auquel il promettoit touſiours de ſe deffendre contre telles accuſations. Le temps que l'on employa à s'informer & éclaircir de ce fait, ralentit la colere de Neron, & raſſeura ſes deffiances, & ainſi par ce delay Burrhus pour ce coup détourna l'effet de cette impie reſolution.

1. Tac. in 13 Ann. Nero trepidus & interficiẽdæ matris auidus, nõ prius differre potuit, quam Burrhus necem eius promitteret, si facinoris coargueretur.

10. Mais cecy ne ſe doit pas pratiquer en toutes ſortes d'affaire, ains rarement, & en celles ſeulement qui ſont les plus douteuſes. Et dauantage il faut conſiderer enuers quels Princes l'on ſe veut ſeruir de ces delais.

Car aucuns ſont tellement prompts & ennemis des longueurs & difficultez, que ceux qui ſe ſeruent de ces moyens trop ſouuent, en ſont ordinairement diſgraciez.

CHAPITRE IX.

1. *Remedes à la promptitude du Prince sur le delay de donner conseil, à sçauoir d'estre abondant en expediens.*
2. *Les Princes demandent plustost conseil des moyens de venir à bout de leurs intentions, que de ce qui est expedient de faire.*
3. *Considderation sur les moyens qui sont pris de la longueur du temps.*
4. *Sur la brieueté du temps.*
5. *Quels expediens le Prince choisit plus souuent, considerations sur la largeur & brieueté, sur la difficulté. Ensemble aduis de l'Autheur sur iceux, les plus salutaire au Prince.*
6. *Faut reietter l'execution d'vne méchanceté plustost sur quelque méchant homme, que s'en charger.*
7. *Exemples de Burrhus, & d'Anicetus sur ce propos.*
8. *Iugement de l'Autheur sur ses exemples*
9. *Aduis pour destourner les mauuaises volontez du Prince.*
10. *Il faut employer les douces & respectueuses remonstrances, & les considerations sur icelles.*
11. *Comme faire quelque conte qui serue.*
12. *Considerations sur cét aduis, auec les*

exemples de Tybere & de Domitian à ce suiet.

13. *Autres moyens & aduis, de ne choquer le Prince en ses mauuaises volontez d'où ils se prendront.*

14. *Remede pour combatre les passions du Prince sur sa mauuaise volonté & ce qui luy faut opposer.*

1. C'Est pourquoy auec tels Princes, il faut estre riche, & abondant en expediens, & ne demeurer point court, si faire se peut.

2. Or comme le plus souuent ils ne demandent pas aduis de ce qu'il faut faire: mais par quels moyens ils peuuent venir à bout de leur intention: aux choses que nous iugeons estre contre la raison & le deuoir, nous deuons rechercher & proposer les moyens les plus longs, ou comme les plus faciles ou comme les plus iustes, ou comme les plus seurs: les plus courts estans ordinairement accompagnez de beaucoup de difficultez & d'inconueniens, par lesquels l'on les peut combattre.

3. Il est certain que le Prince, lequel n'a autre but que de venir à bout de son dessein, choisira tousiours les plus faciles, plus specieux, & plus asseurés, encore qu'ils soient plus longs; s'il n'est emporté d'vne gran-

de impatience. Et quand bien cela seroit, encores n'aura il suiet de blâmer celuy qui luy proposera les moyens plus longs, qui peuuent estre excusez, ou sur la circonspection de celuy qui les met en auant, ou sur le desir qu'il a de satisfaire à la volonté de son maistre, auec plus de seureté & facilité.

5. Que si d'auanture il se rencontre quelque difficulté aux moyens plus courts que le Prince aura choisis, la prudence de celuy qui en aura proposé d'autres paroistra plus grande : & s'il choisit le plus long chemin pour paruenir à ses desseins, plusieurs choses pourront auenir ou qui refroidiront le Prince de les poursuiure, ou qui luy en feront iuger l'impossibilité, ou l'inconuenient.

6. Ou toutesfois l'on verroit le Prince resolu à suiure telles sortes des moyens qui en leur commencement porteroient leur difficulté, ou impossibilité, comme il ne faut les luy conseiller ; aussi auec vn silence plein de respect, il le faut laisser faire, de peur que le voulant dissuader, il n'en cherche d'autres plus faciles pour effectuer sa mauuaise volonté, laquelle il pourra perdre, y reconnoissant de l'empeschement dés le

commencement.

6. Mais il aduient quelquefois que l'impatience du Prince, le porte à commander l'execution de ses mauuaises volontez à vn homme de bien : en quoy il n'y a personne pour habile qu'elle soit, laquelle ne se trouue bien empeschée ; mesmement si par l'estat & condition de l'affaire, l'on ne trouue moyen de s'en excuser, ou reietter cette charge pour en estrenner vne autre : comme Burrhus fit lors que Neron estoit en peine comment il feroit mourir sa mere, apres qu'il eust entendu qu'elle estoit eschappée du simulé naufrage, sous pretexte duquel il pensoit s'en deffaire, iugeant bien que cette femme vindicatiue & cruelle ne luy pardonneroit iamais cét attentat.

7. 1 Burrhus & Senecque (à ce que dit Tacite) furent long-temps à s'entreregarder sans dire mot. Enfin Senecque voyant l'inquietude de ce Prince, demanda tout haut à Burrhus s'il n'estimoit pas que les soldats de la garde peussent faire cét office ? Burrhus ne voulant soüiller ny ses mains, ny celles de ses soldats, respondit, qu'il n'estimoit pas qu'ils le voulussent faire, aymans trop la maison & le sang des Cesars, duquel estoit des-

1 *In 14. Annal Igitur Burrhi & Seneca longum silentium ne irriti diffunderent &c.*

cenduë Agrippine, & qu'Anicetus qui auoit entrepris cét affaire, la deuoit paracheuer, & ainsi s'excusa de commettre ce parricide.

8. I'auouë que ce n'est pas vne œuure de charité de reietter sur autruy telles commissions; mais si vaut-il mieux en telles occurrences qu'vn homme de bien les laisse à gens de la condition d'Anicetus, que de s'en soüiller.

9. Le plus seur est si l'on peut preuoir ces mauuaises volontez auant qu'elles soient nées, ou qu'elles ayent pris racine en l'esprit du Prince, de les détourner.

10. Plusieurs à cela ont employé les douces remonstrances & des paroles (comme Parysatis disoit) de soye; mais faut que ceux qui l'entreprennent ayent grand credit, & qu'ils trouuent vn Prince plus capable de raison que de suiure ses inclinations: chose rare, & si quelques-vns se sont trouuez en cette veine, ç'a esté pour vne action ou deux, & non pas toûjours.

11. I'approuue vn moyen que quelques-vns ont tenu, lesquels ayans & viuacité d'esprit & grace pour bien faire vn conte, & s'estans donnez cette priuauté enuers le Prince, sans diminuer en rien le respect qu'ils luy

doiuent, ont ſçeu ſi à propos mettre en auant quelque conte, approchant de ce à quoy le Prince ſe pouuoit porter, qu'ils luy en ont fait connoiſtre le danger, le mal, & la conſequence ſous d'autres noms, & d'autres pretextes.

12. Mais en cette façon de proceder outre la viuacité d'eſprit & grace neceſſaire en celuy qui s'en ſert, il faut prendre garde que le Prince n'entre en opinion que le conte ſoit fait pour luy & à deſſein, comme Tibere s'imagina que la Tragedie composée par Scaurus, intitulée Atreus, auoit eſté faite pour luy reprocher ſes fratricides, & Domitian celle de Paris & Oenone, composee par Heluidius, pour blaſmer ſon diuorſe. Mais faudra couler le conte parmy pluſieurs autres choſes éloignées de l'inclination du Prince, & le faire tomber à propos, l'inculquant non ſerieuſement, mais pluſtoſt par vne forme de repetition nonchalante. Car outre que la grace peut reueiller le Prince à entrer en conſideration de ce qui dit; eſtant dit en apparence ſans deſſein, il le prend mieux : & en fait mieux ſon profit.

13. L'on peut s'auiſer d'autres moyens pour ne point choquer inutilement les mauuaiſes volontez des Princes, & ne

les point ayder malicieusement: lesquels peuuent estre pris des suiets qui se presentent, ou de la rencontre d'autres affaires, ou du temps, ou des personnes qui sont autour du Prince.

14. Mais si nous sommes contraints de combatre quelqu'vne de ses passions, il y faut opposer celle, à laquelle il se trouue autant porté, qu'à celle que nous voulons combatre : à faire apparoistre que tout ce que nous disons, procede & fait part du respect & de l'obeïssance que nous luy deuons, comme faisoit Mucianus à l'endroit de Domitian pour le contenir en deuoir, & empescher 1 qu'il ne se ioignist auec Cerialis.

1 *Tac. in 4. Hist. Intelligebãtur artes Muciani quem tentaret Domitianus, sed pars obsequii ne in Muciano deprehenderetur.*

CHAPITRE X.

1. *Considerations sur l'humeur du Prince rapportées à quatre.*
2. *Mœurs & conditions du Prince colere.*
3. *Moyens de se gouuerner auec telle humeur: les princes sont lions appriuoisez.*
4. *Mœurs & facons de faire du Prince sanguien.*
5. *Moyens de se gouuerner auec luy de cette humeur.*
6. *Ceux proprement qui s'accommodent auec les Princes sanguins.*

7. *Mœurs du Prince melancholique.*
8. *Comment se gouuerner auec cette humeur.*
9. *Humeur fascheuse, chagrine, & de ses autres imperfections.*
10. *Mœurs du Prince flegmatique.*
11. *Moyens de se gouuerner auec cette humeur.*

1. OR pour cela il sert grandement de considerer l'humeur du Prince, laquelle ne differe pas beaucoup de celle du commun des hommes, si non que comme les Princes sont plus puissans en toute chose, ils sont aussi plus impuissans à moderer leurs passions, & leurs humeurs estans plus violentes & moins retenuës par la raison.

2. Ainsi donc le colere sera prompt en toutes ses actions, superbe & orgueilleux, desirant que tout flechisse sous ses commandemens, ennemy de la moindre desobeissance, impatient en l'execution de ses entreprises, precipité en ses conseils, & peu soucieux de prendre aduis d'autruy, si ce n'est pour trouuer quelqu'vn qui se ioigne au sien, & prenne en main l'execution de ses volontez, iniurieux, offençant legerement, mais prompt à reuenir à soy pourueu que l'on ne fasse con-

tenance de se souuenir de l'offence qu'il a faite, autrement il se rend vindicatif & hayt perpetuellement celuy qu'il a offencé.

3. Pres d'vne telle humeur il faut que le Courtisan ait tousiours l'œil & l'oreille ouuerte, & vn pied, comme l'on dit, en l'air, pour voir, entendre dire & faire ce que le Prince desirera sans replique, remise, ny difficulté, de peur de faire croire à son maistre, qu'il s'estime plus sage que luy: se rendant humble & obeissant à toutes sortes de commandemens, bien qu'au dessous de sa dignité, patient à supporter les iniures, & prompt à les oublier, redoublant ses seruices, & son obeissance, apres auoir esté offencé, ne ramenteuant iamais ses seruices de peur d'estre veu les reprocher; mais en les continuant reueiller la gratitude & reconnoissance en l'esprit du Prince, aux grandes & extremes coleres duquel il doit fuyr de se rencontrer. Car lors toutes choses déplaisent, & ceux mesmes que l'on aime le plus ne peuuent faire ny dire chose qui soit agreable 1 à celuy qui est en colere. Les Princes de cette humeur interpretent toute familiarité à mespris, de façon qu'encores qu'eux mesmes nous y attirent, nous ne de-

1. *Publ. Mimus. Fulmen est vbi cum potestate habitat iracundia.* & ce que dit Seneque le Tragique dans sa Medée. *Grauis ira Regum est semper.*

uons, nous y engager, ains traiter auec eux en grand respect & humilité. Ce sont Lyons appriuoisez pour vn temps, lesquels enfin deuorent celuy qui pense les bien connoistre & les gouuerner.

4. Le sanguin est ordinairement de naturel ioyeux, aymant les plaisirs, les passe-temps, & les gausseries, ennemy de tristesse & de melancholie, fuyant les affaires fascheuses & épineuses, & les querelles, desireux de paix, laissant volontiers la disposition des affaires à ceux qui sont sous luy, & s'en raportant à eux, aymant ceux qu'il en décharge, sans donner suiet de plaintes, qu'il entend mal volontiers. Est courtois gracieux, & difficilement se met à faire iniure à quelqu'vn, ou s'il a fait, ce sera plustost de parole qu'autrement, & oublie aussi volontiers celles que l'on luy fait que celles qu'il fait, se plaist à faire plaisir, & est ordinairement liberal.

5. Auec telle sorte de Princes il ne se faut mettre sur le serieux que le moins que faire se pourra, gardant neantmoins le respect que l'on leur doit: & ceux qui auront les plus graues & importantes affaires de leur Estat à manier, ne se doiuent presenter à eux

qu'ils ne soient appellez, ou qu'ils ne soient au moins asseurez de ne les trouuer ioüans, ou prenans leur passe-temps. Car outre qu'ils interrompent le Prince en ce qu'il luy plaist le plus, il a honte que telles gens le surprennent en ses resioüissances; estimant qu'en leur cœur ils ne les approuuent pas.

1 *Athenée liu.* 10.

1 Vn iour que Philippe Roy de Macedoine ioüoit aux dez, l'on luy vint dire qu'Antipater estoit à la porte de sa chambre, qui vouloit parler à luy; incontinent tout troublé & fasché il ietta le tablier sur vn lit, ayant honte qu'Antipater le trouuast ioüant.

Comme donc ceux-cy ont vn grand aduantage au maniment des affaires, le Prince s'en rapportant du tout à eux: aussi ont-ils vn grand desaduantage pour approcher & se familiariser auec luy qui fuit ces humeurs serieuses, comme du tout contraires à son naturel.

6. Mais ceux qui se rencontrent d'humeur iouiale, & capables de faire affaires tout ensemble, reüssissent ordinairement 'pres de tels Princes: pourueu qu'estans hors d'aupres du Prince, ils gardent la grauité bien seante à leur dignité; car cela n'estant pas, ils se font mespriser, du mespris naist la

hardiesse de se plaindre sous d'autres pretextes emprunrez : & ces plaintes venues à l'oreille du Prince : font qu'il se resout pour les appaiser de reculer celuy qui en a donné suiet.

7. Le Prince melancolique est lent & tardif en ses resolutions, songeard, deffiant, supçonneux, ingenieux, & le plus souuent malicieux, de peu de paroles, lesquelles il met en auant le plus souuent à dessein pour sonder ceux qui l'approchent, les rendant ambiguës & à double entente, mesme és affaires plus épineuses (comme nous auons dit que faisoit Tibere) secret & dissimulé, opiniastre, ennemy de gausserie & de priuauté, retiré & aymant la solitude peu accostable & communicatif, n'affectionnant que peu de gens & encores froidement, haysant aisement auec peu de suiet à cause de la defiance qui l'accompagne tousiours, auaricieux, & qui craint que terre ne luy faille, autant ennemy de ceux qu'il a offensez, comme de ceux qui l'ont offensé, vindicatif & irreconciliable, & en la reconciliation duquel il ne se faut pas beaucoup fier.

8. Auec cette humeur il faut marcher la bride en la main, estre fort retenu, peser tout ce que l'on dit, ne-

dire rien qui ne serue, & que l'on ne iuge deuoir estre bien receu, & le plus seur est de ne faire gueres de feste, ne point parler, si l'on n'est enquis, en tous ses deportemens apporter vn grand respect & circonspection, euiter la contradiction, ne presser trop cette humeur en ses resolutions, de peur que la melancholie s'enflammant, passe en colère, & la colere en haine, se garder de l'importuner en demandes, desquelles l'on puisse estre refusé. Car outre qu'il est tousiours dangereux d'accoustumer le Prince à nous refuser, le melancolique estant speculatif, tient le refus pour offence qu'il vous a faite, & croyant que vous vous en tenez offensé, & estes deuenu son ennemy, il faut faire apres des miracles pour luy oster cette opinion. Car comme il n'oublie point les iniures, il croit aussi que vous n'auez pas oublié le refus qu'il vous a fait.

9. Bref cette humeur est la plus chagrine, fascheuse & inegale de toutes, pour la diuersité & estrangeté des obiets qu'elle produit en l'imagination, pource y a il plus de peine à se bien gouuerner auec telles personnes.

10. Le flegmatique à la pesanteur &

tardiueté du melancholique ; mais il n'a ny l'esprit, ny la malice, ny la deffiance du mal. La froideur qui luy glace le cœur, luy donne vne deffiance plustost de soy-mesme que d'autruy, vne crainte d'entreprendre & de ne venir pas à bout, & le plus souuent pour en ignorer les moyens, vne irresolution en ses conseils, vne timidité en l'execution, & vne stupidité en ses conceptions, haïssant sans beaucoup d'aigreur, & aymant sans beaucoup d'ardeur & de vehemence.

11. Aupres de telles gens les esprits actifs, courageux, & inuentifs sont propres pout rechauffer cette humeur froide. Car le Prince reconnoissant le deffaut qui est en luy par les difficultez qui se presentent en son esprit, lesquelles il peut resoudre de soy-mesme, s'il trouue quelqu'vn qui luy donne des moyens de venir à bout de ce qu'il a pensé impossible, il l'aime & l'admire, & entre en opinion que cette personne luy est necessaire : de façon que souuent cette faueur, comme estant fondée sur le besoin, dure plus long-temps qu'aucun autre. Ce que le Courtisan reconnoissant, il se doit euertuer de faire reussir les affaires que son Maistre iuge les plus impossibles, & empescher s'il peut qu'vn

plus subtil que luy ne s'en entremette, & ne laisser pour cét effet la Cour de loing. Car quand vn autre est reconnu plus propre que nous en vne charge, l'on nous tient moins necessaires: & quand l'on a accoustumé de se passer d'vn homme pour vn temps quelquesfois l'on s'en passe pour tousiours.

Cecy n'a pas besoin de grande leçon, estant vne des ruses plus communes en la Cour, pratiquée par ceux qui sont dans les affaires, de ny appeller que ceux qui leur sont inferieurs de beaucoup & de qualité, & de suffisance afin de se donner le lustre, & éuiter le danger d'estre dasarçonnez, si le Prince en trouuoit quelqu'vn plus à son goust. Ioint aussi que telles gens sont plus capables de faire vn mauuais coup, ou couurir quelque corrupion à l'appetit de ceux qui les auancent, que ne seroit vn homme d'autre condition.

De ces quatres humeurs sont composez les Princes (comme nous auons dit) aussi bien que les autres hommes, & sont encleins en l'vne ou l'autre de ces façons de faire, selon le degré de l'humeur qui domine le plus en eux.

CHAPITRE XI.

1. IL n'en faut pas toutesfois faire vn iugement perpetuel. Car comme l'humeur change selon l'âge, les affaires, la conuersation : ainsi les façons de proceder changeront, & pareillement les inclinations des Princes.

2. En temps de guerre nous verrons

1 *Tacit. in fin. 6. Annal. Morũ quoque tempora illis diuersa : egregium, vita famaque quoad priuatus, vel in imperiis sub Augusto fuit occultum ac subdolum fingendis virtutibus donec Germanicus ac Drusus superfuere; idem*

vn Prince affectionner & caresser les Capitaines & gens de guerre, desquels en temps de paix le besoin estant passé, il ne tiendra pas beaucoup de compte. Et changeant son inclination pour la porter aux plaisirs ou quelque autre passion, il portera son affection à fauoriser les ministres qui le seconderont en cela.

3. Autre 1 fut Tibere sous Auguste, autre durant la vie de Germanicus & Drusus, autre pendant la vie de Liuia sa Mere, autre du temps qu'il aimoit ou craignoit Sejan, & autre apres qu'il s'en défait. 2 Selon le dire de Passienus l'on ne vit iamais vn meilleur seruiteur que Caligula du temps de Tibere, ny vn pire Maistre lors qu'il fut venu à l'Estat.

4. Plutarque parlant 3 des changemens de mœurs de Marius & de Sylla, fait doute si c'estoit la fortune qui changeast ainsi leur naturel, ou qui découurist seulement celuy qui estoit

inter bona malaque mixtus, incolumi matre intestabilis sæuitia, sed obtectis libidinibus, dum Seianium dilexit & timuit. Postremo in scelera simul ac dedecora prorupit postquam remoto pudore & metu suo tantum ingenio vtebantur. 2. *Tacit. Vnde mox Paßieni dictum percrebrius, neque meliorem vnquam seruum, neque deteriorem dominum fuisse.* 3. *Plut. en sa vie.* 4. *Suid.*

auparauant

auparauant caché pour certains respects.

5. Ce n'est pas, pour vray dire, en la plusspart de telles gens que le naturel change; mais celuy qui estoit retenu par la crainte, se découure tel qu'il est quand il ne craint plus rien, comme Leontius disoit de Zenon. C'est le serpent du païsan, qui transi de froid ne peut nuire, mais rechauffé commence à vomir son venin.

9. Tryphon, à ce que dit Iosephe, porta long-temps le masque d'homme de bien, tant qu'il vescut comme particulier, afin de se concilier la volonté du peuple : mais ayant esté fait Roy, il leua entierement le masque, & monstra à découuert ce qu'il auoit tousiours esté.

7. Euripide fait faire vn reproche à Agamemnon peu dissemblable, qui d'humble qu'il estoit & accostable auant que d'estre eleu chef General des Grecs, se rendit apres ennemy de ses amis, de difficile accez, & se renferma dans sa maison. Et adiouste ce Poëte, qu'vn homme de bien maniant vne grande charge, ne doit point changer de façons de faire. Enseignement peu, ou pour mieux dire, point du tout pratiqué, si ce n'a esté par Pollion, 1 comme l'escrit Seneque.

1 *Postea promotus amplissimas pro-*

8. Mais les plus grands & plus ordinaires defaux des Princes viennent de la presomption, qui le plus souuent accompagne la puissance, 2 laquelle les rend difficiles à receuoir conseil : leur faisant croire que comme ils sont superieurs en pouuoir à leurs sujets, ils le sont aussi en suffisance. Et aucuns croyent iusques-là, qu'ils ne se peuuent assuiettir aux loix & à la raison, 3 sans diminution de leur authorité. Que s'ils ne peuuent tout ce qu'ils veulent, ils ne sont plus Souuerains, que ce seroit se raualer, & n'estre pas plus que le commun, de se regler à faire seulement 4 ce qui est permis au commun : pour lequel ils pensent que les regles de pieté, honneur & iustice ont esté dressées, 5 & non pour eux.

9. Si ces opinions Tyranniques n'entroient qu'en des esprits communs, ce seroit moins de merueille : mais il semble que la puissance en-

motiones nulla occasione corruptus ab insito abstinentia amore deflexit, nunquam secundis rebus intumuit, nunquam officiorum varietate continuã laudem infregit.

2. *Sen in Hippol. Nec me fugit quã durus ac vere insolens ad recta flecti Regius tumor.* 3. *Senec. Vbicumque omnia honesta dominanti licent, quod non potest, vult posse qui nimium potest.* 4. *Senec. Ignota tibi sunt iura regnorum haud noua, maligni iudices, id esse regni maximum pignus putant, si quid quod aliis non licet, nobis solis licet.* 5. *Sanctitas, pietas, fides, priuata bona sunt; qua iuuat reges eant.*

forcelle les meileurs cerueaux aucunes fois.

10. Il n'y a point eu en toute l'ancienneté de gens, qui ayent laissé de plus beaux enseignemens de moderation, que ceux que l'on a appellé les sept Sages de Grece, & n'y a point eu de leur temps de plus grands & plus iniustes Tyrans que ceux d'entre eux qui ont commandé.

11. Appian parlant du Philosophe Ariston, & des autres Philosophes qui ont tyrannisé Athenes, adiouste les Pythagoriciens qui ont eu quelque commandement en Italie, lesquels il dit auoir aussi esté les plus iniques Tyrans de leurs temps. Cela fait douter, si les Philosophes, qui mesprisent les honneurs & le maniement des affaires, le font à bon escient, ou s'ils cherchent quelque abry, pour couurir leur pauureté & leur oysiueté, par telles façons de faire

12. Si nous en croyons Aristophane, les Pythagoriciens se sont seruis de la frugalité & parsimonie, plutost pour s'accommoder à leur pauureté & necessité, que pour aucun desir de vertu, estans bien aises à ce qu'il dit, de faire bonne chere aux despens d'autruy.

CHAPITRE XII.

1. *Les sugestions & applaudissemens des mauuais garnemens qui sont prés des Princes, aydent grandement à changer leur humeur & par consequent à les perdre.*
2. 3. *Exemples des Princes qui se sont laissez aller à telle sortes de gens, ensemble l'aueuglement des Princes sur l'intention de tels garnemens.*
4. *Comment le Prince est trahi par telle sortes de flateurs.*
5. *Exemples de Claudion le Cheuelu à ce propos.*
6. *De Seian.*
7. *De Perennis.*
8. *De Bardas.*
9. *Aduis au Prince de ne prester l'oreille à tels flatteurs & applaudisseurs.*

1. LEs suggestions, flatteries & applaudissemens des mauuais garnemens qui approchent le plus souuent les Princes, aydent aussi beaucoup à les changer.

2. L'orgueil & cruauté de Vitellius sont imputez à telles sortes de gens par Tacite.

3. Et Vespasian estimé d'assez bon naturel apprit à surcharger de tailles, & à opprimer 1 ses suiets en l'eschole des semblables maistres. Bref la plus

1. Tacit. l. II. Hist. Tributa grauia atque intoleranda: sed necessitate armorum excusata, etiam in pace mãsere. Ipso Vespasiano, inter initia imperii, ad obtinẽdas iniquitates haud perinde obstinato: donec indulgentia fortunæ, & prauis magistris didicit, aususque est.

part des Princes se changent ordinairement par la conuersation de tels ministres, qui pour gagner credit leur mettent tousiours leur grandeur, leur puissance & leur profit deuant les yeux : ce qu'ils embrassent d'autant plus volontiers, que plus, ils sont ignorans du deuoir de leur charge. Mais aueuglez qu'ils sont, ils ne voyent pas que ceux qui leur applaudissent, & qui font semblant d'approuuer leurs deportemens, le font le plus souuent à dessein de les trahir, & les engager au mespris & en la hayne de leurs suiets.

4. C'est la plus seure façon de trahir son maistre que de seconder son auarice, sa cruauté & sa lubricité, elle est sans hazard : le Prince ne pouuant condamner le traistre, qu'il ne se condamne soy-mesme.

5. Celuy qui voulut remettre en son estat Clodion le Cheuelu chassé par les François, assisté d'vn Ægidius qui commandoit lors aux Gaules pour les Romains, se fit amy de cét Ægidius homme cruel & auaricieux, & dit nostre Histoire qu'il alluma si bien l'auarice & la cruauté en ce Romain, ausquelles cét esprit estoit desia disposé, que les François les ayant bien viuement senties, les

resolurent incontinent de r'appeller leur Roy. N'ayant ce François troué plus seur moyen pour trahir l'ennemy de son maistre, que de le seconder en ses passions.

6. Seian pour se tracer le chemin à l'Empire apres la prison d'Agrippine & de ses enfans qu'il auoit procuré, reconnoissant que Tibere son Maistre ennuyé de la ville, auoit quelque enuie de se retirer à Caprées, le fortifia à prendre cette resolution, afin que pendant que son Maistre seroit en ce seiour, il prist toute authorité sur les affaires, & que le gouuernement de l'Estat dépendist de luy ressemblant Tibere pour vn temps, à ce que l'on escrit, vn Prince d'vne petite Isle, pendant que Seian faisoit l'Empereur à Rome.

7. Perennis s'estant deffait de ceux qui se pouuoient opposer à ces desseins, sous pretexte de poursuiure les complices de Lucilla, laquelle auoit coniuré contre l'Empereur Commodus, plongea cét Empereur le plus auant qu'il peust aux delices, afin de prendre l'authorité & le gouuernement des affaires, & apres vsurper l'Estat.

8. Bardas oncle de Michel Empereur de Constantinople en fait au-

tant, apres qu'il eut fait tuer Teotiste contuteur, & fait chasser Theodore mere de l'Empereur; persuadant à ce ieune Prince qu'il deuoit luy-mesme gouuerner. A quoy estant fort mal propre, Bardas le ietta aux plaisirs, & aux voluptez, n'ayant plus honnorable exercice que de conduire vn coche, ny plus grande vertu que d'estre bon Cocher. Et cependant Bardas gagnant le credit du peuple en appellant prés de soy tous les plus doctes Philosophes, & restablissant les estudes & les escoles de toutes sortes de sciences à Constantinople, se traçoit le chemin pour se rendre maistre de l'Estat, s'il n'eust esté preuenu par vn autre.

9. Ie n'entends pas donner icy des preceptes à personne de trahir son Prince; mais ie desirerois donner cét aduis aux Princes de prendre bien garde à eux, & ne croire pas que ceux qui applaudissent à leurs débauches, ou mauuaises & ineptes actions, les affectionnent dauantage que ceux qui plus librement les reprennent.

CHAPITRE XIII.

1. Considerations sur les domestiques du Prince, & commment on s'en peut aider vtilement. Les Princes ont autre visage en public, & autre en priué. Les Princes s'ouurent plus volontiers à leurs domestiques.

2. 3. 4 *Exemples sur ce suiet.*

5. *En ce particulier mal-aisement le Prince peut il tellement dissimuler & se cacher, que les domestiques ne reconnoissent ses intentions & mouuemens*

6. *On recherche en Cour toutes sortes de gens pour faire ses affaires.*

7. *En la Cour n'y a point de grands amis, ny de petits ennemis.*

8. *En Cour se faut faire ami des domestiques du Prince.*

1 QVant aux domestiques du Prince, lesquels lors qu'il est retire en priué, par la necessité de leurs charges, sont ordinairement pres de sa personne, l'on s'en peut aider vtilement, soit pour auoir libre entrée prés du Prince à heure extraordinaire, soit pour estre fauorisez de quelque mot, que le Prince parle de nous, soit pour estre aduertis des charitez que l'on nous pourroit prester. Car la pluspart des Princes portent vn autre visage en public, & vn autre en particulier : & quand ils ont pris confiance en cette sorte de gens,

ils s'ouurent plus volontiers, s'asseurans que pour leur basse condition & l'obligation qu'ils leur ont, 1 ils n'en oseroient faire leur profit.

2. Chacun sçait le pouuoir que les 2 affranchis de Claudius auoient sur luy, l'vn desquels (qui estoit Pallas) il enrichit de telle façon, sur la plainte que cét Empereur faisoit de la necessité de l'Estat l'on luy conseilla pour estre riche de se faire adopter par Pallas. Aussi fut-ce luy auquel Agrippine s'addressa pour induire l'Empereur à l'espouser : & auparauant Narcissus, qui estoit vn autre des affranchis de ce Prince, l'auoit induit à faire mourir Messaline.

3. L'on sçait aussi le pouuoir des Eunuques sous les Empereurs Grecs, sous lesquels ils ont pour vn temps gouuerné l'Empire, & sans le secours de gens de cette condition, & des valets de chambre de Constantius, Arbetio surintendant des affaires de l'Empire, estant accusé par le Comte Verissimus, 1. couroit fortune de perdre la vie.

1. *Pli. sect.*

2. *Pleriq; Principes cum essent Ciuium domini libertorum serui erāt, per hos audiebant, & Pretura & Sacerdotia, imo Consulatus ab his petebantur.*

2. *Tac. in l.* 11. 12. 13. *Annal.*

1. *Ammiā Hist l* 10. *Incomitatu Augusti circum latrabat Arbetionem inuidia, velut summa mox adopturum, decora cultus imperatorii præstruxisse: instabatque ei strepēs in manica comes. Verissimus nomine sed cubiculariis suffragantibus, vt loquebatur pertinax rumor, vinculis sunt exutæ personæ quæ stringeban-*

tur vt conscia, & dolus euanuit & verissimus illico tacuit.

4. Sous Botoniates Empereur de Constantinople, deux simples valets de chambre, l'vn nommé Borilus & l'autre Germanus, ausquels il se laissoit gouuerner, défauoriserent Isaac & Alexius Comenus.

5. Mais quand bien le Prince se communiqueroit à telles gens, il est bien difficile qu'il puisse tousiours porter le masque sur le visage, & qu'en ses mouuemens priuez (lesquels échappent d'autant plus violemment en secret qu'à la veuë du monde & du peuple, ils sont retenus auec plus de contrainte & de peine) l'on ne reconnoisse quelque chose de ses intentions.

6. C'est vne des humeurs de la Cour non seulement de rechercher toutes sortes de gens pour faire ses affaires; mais aussi de se persuader, que comme vn homme croist de credit, ou de suitte, qu'il croist aussi de sens & de prudence. Ce qu'Artisan en son Epictete represente par l'exemple d'vn Epaphroditus, & deux de ses esclaues qui estoient deuenus l'vn valet de garderobe ayant charge de l'vrinal & chaire percée de l'Empereur, & l'autre cordõnier, lesquels Epaphro-

ditus courtisoit, loüant & prisant leur conseil & leur prudence, encores qu'il les eust peu auparauant vendus pour n'en sçauoir que faire.

7. Quoy que ce soit en la Cour, l'on se doit persuader encore bien que l'on y peut trouuer de grands amis, qu'il n'y a point aussi de petits ennemis, & que chacun peut nuire ou profiter selon sa qualité.

En la Cour de Tibere l'on reputoit à faueur 1 d'estre connu de ceux qui gardoient la porte de Seian, pendant qu'il estoit en credit.

8. Ce sera donc prudence de se faire amy des domestiques du Prince, leur rendre toutes sortes d'offices, autant que la bien-seance le pourra permettre.

1 *Tac. in l. 6 Ann. Etiam Satirium atq; Pompon. venerabantur: libertis quoque & ianitoribus eius notescere pro magnifico accipiebatur.*

Chapitre XIV.

1. *Des grands de la Cour, sixiéme chef de cette partie, & sont de plusieurs sortes.*

2. *De ceux qui sont de qualité & de maison, sans credit, & comment se comporter auec eux.*

3. *Considerations sur iceux, & quel est leur pouuoir.*

4. *Exemple d'Archelaus sur ces considerations.*

5. *Autres considerations sur le mesme.*

6. De quelle maniere se doit comporter celuy qui est eleué par le Prince, pour s'opposer aux Grands

7. 8. Les auantages qui luy en reuiennent.

9 Conseil salutaire pour tel fauory esleué.

10. Comment se doit entendre quand on dit, se butter contre vn Grand.

11. Qu'est ce que s'opposer aux entreprises des Grãds par le fauory du Prince.

12. 13. Exemple du Cardinal Ximenes fauory de la Reyne Isabelle de Castille sur ce suiet, & sa vie en abregé.

14. 15. Autre exemple de la deplorable fin de Simonera fauory de Francois Sforca Duc de Milan.

1. POur le regard des Grands de la Cour, ils sont en diuerse consideration. Car les vns n'ont autre chose qui les maintienne que leur maison & certaine qualité hereditaire de grandeur, ou de noblesse, sans autre credit & priuauté auec le Prince; mais sans maniment & authorité sur les affaires: les autres ont moins de credit, mais plus d'authorité & maniment: & les autres ont priuauté auec le Prince & authorité sur les affaires.

2. Les premiers sont de peu de consideration pour nostre auancement:

neantmoins il se faut entretenir d'eux & auec respect, tant pour nostre deuoir que de peur qu'ils ne nuisent, telle affaire se pouuant rencontrer en laquelle, quoy que d'eux mesmes ils ne peuuent pas beaucoup, toutesfois ils peuuent par le moyen de leurs amis & de leurs seruiteurs.

3. Ces grandes maisons ne sont iamais sans dependances d'autres personnes qui sont bien-aises de leur complaire, ou pour quelque obligation precedente qu'elles leur ont, ou pour crainte de leur grandeur, & vicissitude ordinaire des faueurs des Princes & de la fortune.

4. 1 Archelaus Roy de Cappadoce n'ayant tenu conte de courtiser Tibere, lors qu'il estoit retiré à Rhodes, s'en trouua mal. Car Tibere estant depuis venu à l'Estat, luy reprocha ce mespris, & pour s'en vanger sous main, le fit accuser d'autre chose, dequoy ce vieillard mourut de regret, n'ayant toutes-fois obmis ce deuoir par orgueil : mais seulement afin d'euiter la ialousie qu'Auguste en eust pû prendre, pource qu'il n'estoit pas seur de se monstrer amy de Tibere, pendant la vie de Caius Cesar.

5. Il faut aussi considerer que cette

1. Tal in l. 2. Annal. Rex Archelaus quinquagesimum annum Cappadocia potiebatur inuisus Tiberio quod eū Rhodi agentem, nullo officio coluisset, nec id Archelaus per superbiam omiserat, sed ab intimis Augusti monitus, quia florente C. Cæsare, missoque ad res Orientis, intuta Tiberii amicitia credebatur.

forte de Grands n'est iamais si decheuë qu'ils ne puissent mal faire, quoy que les moyens de bien faire leurs soient retranchez : toutesfois s'ils sont en ombrage au Prince, nous rechercherons quelques pretextes, qui nous puissent seruir d'excuses ; sinon nous nous contenterons de ne les auoir pour ennemis.

6. Mais où nous reconnoistrons que l'intention du Prince, en nous éleuant seroit pour nous contrebutter à eux (comme il est aduenu souuent que les Princes en ont ainsi vsé) il faut se resoudre à les heurter, si accortement toutesfois & auec tel choix des occasions, que le commun reconnoisse que c'est auec raison, & que le Prince en reçoiue contentement.

Et bien que ce mestier soit hazardeux, neantmoins celuy qui est éleué par le Prince pour cét effet, en peut receuoir ces auantages.

7. L'vn est qu'il s'authorise, & que ceux qui sont moindres que les Grands ausquels il fait teste, se resoluent de ployer : craignans en faisant autrement, d'offenser le Prince.

8. L'autre est qu'il s'attache au Prince plus étroirement, & s'il sçait choisir les occasions specieuses, &

qui regardent le ſeruice de ſon maiſtre, ou la protection du peuple ou la décharge du public ; il en ſera loüé d'vn chacun & ſa reputation en accroiſtra.

9. Mais il aduiſera de ne rien entreprendre dont il ne vienne à bout. Car outre ce que le commun iuge la pluſpart des choſes ſelon l'euennement, & donne le tort à celuy qui perd ſa cauſe, quelque iuſtice qu'il ait, il hazarderoit grandement la reputation de ſon Maiſtre, & par conſequent la faueur que le Prince luy porte : lequel ſeroit contraint de le deſauoüer, afin de ne point participer à la honte de n'eſtre peu venir à bout de ce qu'il auoit entrepris : ou s'il le vouloir auouër, ſans doute il tomberoit en vn meſpris de ſes Suiets, & éleueroit le cœur & les eſperances de celuy contre lequel il ſe ſeroit buté.

10. Quand ie dis de ſe butter contre les Grands, ce n'eſt pas de venir aux mains auec eux, cela ne ſe pouuant faire ſans troubler l'Eſtat : moins de leur faire des affronts ou meſdire d'eux : car cela ſent ſon homme de peu de iugement, & qui eſt enyuré de ſa bonne fortune : laquelle luy a oſté le ſens & l'entendement : & telles gens ordinairement font mauuaiſe fin.

1 *Tac l.2. Annal. Prefecerat Cn. Pisonem ingenio violẽtum, & obsequij ignarum: nec dubiũ habebat se dilectum, qui Siriæ imponeretur, ad spes Germanici coercendat.*

1 Tel fut Cneus Piso, qui fut enuoyé en Syrie par Tybere pour trauerser Germanicus & balancer son credit: En quoy il se comporta si insolemment qu'apres la mort de Germanicus, son maistre fut contraint de l'abandonner à la haine publique.

11. Mais i'entends de s'opposer aux entreprises des Grands qui peuuent estre interpretées à mauuais dessein, ou contre l'Estat, ou contre la police, ou bien l'ordre qui concerne la religion, la iustice, les armes, ou les finances, & encores de s'y opposer en façon que l'on ne reconnoisse en luy aucune passion particuliere, mais seulement vn desir du bien, iustifiant le plus qu'il pourra ses actions enuers les bons, & tous ceux qui auront interest de les sçauoir.

12. Si i'auois à proposer quelqu'vn à imiter en cette charge, ie proposerois entre les nouueaux le Cardinal Ximenes, qui fut éleué en credit par la Reyne Isabelle de Castille, pour l'opposer aux Grands d'Espagne, qui lors n'estoient pas si obeissans qu'ils sont à present, l'ayant de Cordelier fait son Confesseur, & depuis par l'auis du Cardinal de Mandosse fait Archeuesque de Tolede apres luy, & quelque temps apres Inquisiteur de la Foy: afin de luy donner plus d'au-

thorité. En laquelle il s'est tellement gouuerné que non seulement sous Isabelle, mais depuis sous Ferdinand d'Arragon : & apres sa mort iusques à l'arriuée de Charles qui depuis fut Empereur, il a esté comme seul arbitre & moderateur des affaires d'Espagne : ayant tousiours mis de son costé le Prince & le peuple aux querelles, & differens qu'il a eu à démesler auec les Grands.

13 Que si le bruit a couru qu'il auoit esté empoisonné, & que luy-mesme en eut quelque opinion ; toutesfois cela ne s'est point verifié, & n'y a pas grande apparence, estant si auancé en âge qu'il estoit, quand il est mort.

De façon que cette opinion ne peut rien diminuer de sa bonne fortune, laquelle en partie il a deuë à sa bonne conduite.

14. La fin est bien plus deplorable de Cicho Simonera qui auoit manié les affaires de l'Estat de Milan sous le Duc François Sforça, & depuis sous Galeace son fils. Et à cause de sa fidelité auoit esté choisi pour s'opposer aux freres de Galeace, & gouuerner l'Estat sous la Veufue, pendant le bas aage de son fils.

15. Car ayant esté contraint de chasser de Milan les freres de Galeace &

Robert de Saint Seuerin, afin de conferuer l'Estat à son pupile, sa mere peu apres, fit accord auec eux aux dépens de ce pauure homme : lequel elle liura à ses ennemis, qui le firent depuis cruellement mourir au Chasteau de Pauie, apres l'auoir gardé prisonnier quelque temps. Ce qui nous doit faire reconnoistre combien il est dangereux de faire ce mestier pour des Princes inconstans & legers, lesquels pour peu desauoüent & abandonnent leurs ministres à leurs ennemis.

CHAPITRE XV.

1. *Des Grands qui ont priuauté auec le Prince, sans authorité sur les affaires.*
2. *Leur pouuoir, & comment nous les deuons courtiser, & nous seruir d'eux vtilement.*
3. 4. *Des grands qui ont authorité sur les affaires, & peu d'accez prés du Prince, qualité des Princes sous lesquels ils se rencontrent.*
5. *Des Princes qui donnent toute l'authorité de leurs affaires à vn ou à deux, & de la bride que le Prince leur tient d'ordinaire, afin de les rendre du tout à luy, sans qu'ils osent rien d'ailleurs, & de les deposseder quand bon luy semble.*

6.7. Les moyẽs de se cõporter auec eux.

8.9. Des grands qui ont credit enuers le Prince & authorité sur les affaires & comment courtiser.

10.11. Faut examiner le degré de faueur des Grãds desquels on se peut ayder.

12 Quand on n'a le moyen de se faire cõnoistre aux Grands, faut rechercher ceux qui les gouuernent, & se faire connoistre à eux.

1. LEs Grands qui ont credit : & priuanté auec le Princes, sans toutesfois auoir aucune authorité sur les affaires peuuent seruir, si non pour nostre auancement, au moins pour nous donner entrée pres de luy.

2. Ces Grands aussi peuuent nous rendre agreables par la recommandation des seruices que nous auons faits, desquels ils le peuuent faire ressouuenir, nous excuser des fautes esquelles par inaduertance nous serions tombez, & nous deffendre contre les calomnies & charitez lesquelles l'on nous auroit prestées prés de luy. Et comme si nous les auons pour amis, nous en pouuons receuoir plusieurs bons & vtiles offices pour preparer la voye à nostre aduancement, encores qu'il ne depende pas tout d'eux : ils nous peuuent, s'ils sont contre nous

défauoriser beaucoup, & nous reculer bien loing de la grace du Prince : & partant nous les deuons courtiser & par toutes sortes de seruices bien-seants à nostre condition gagner leurs bonnes graces : considere mesmement qu'il est bien difficile que la fáueur demeure long-temps en ce point de simple priuauté. Car encores que la resolution du Prince ne soit pas de donner le maniement des affaires à telles gens, neantmoins peu souuent refusera-il d'auancer à leur recommandation, quelqu'vn aux affaires, lequel luy sera d'ailleurs agreable, & qu'il reconnoistra le pouuoir dignement seruir : & si bien ils ne peuuent pas faire l'office entier, celuy qu'ils feront, pourra valoir pour faire preferer celuy qu'ils recommanderont, à vn autre de semblable merite.

3. Quand à ceux qui ont toute authorité & commandement sur les affaires, & toutesfois peu d'accez enuers le Prince, il se rencontrent ordinairement sous les Princes qui viuent en paix, ou qui du tout addonnez à leurs plaisirs, estant d'ailleurs incapables de gouuerner leurs affaires, negligent de les entendre, & s'en rapportent à vn ou deux ausquels ils

se fient : la rencontre desquels le plus souuent ils éuitent, de peur d'estre importunez du discours de leurs affaires prenant à couruée d'y penser seulement.

4. Sous tels Princes il vaut mieux faire la Cour aux valets qu'aux Maistres. Car comme ils se rapportent de la disposition des affaires à ceux là, aussi se rapportent ils le plus souuent du choix des personnes qu'il y faut employer: pource que n'entendans les affaires, ils ne peuuent pas iuger qu'elle suffisance est requise pour les manier.

5. Il y a d'autres Princes, qui plus ialoux de leur Estat & de leur grandeur, donne toute l'authorité de leurs affaires à vn ou deux, les authorisans en toutes les fonctiõs de leurs charges; mais sans leur permettre aucune priuauté, ou familiarité, ne les voulant voir ny parler, que pour découurir & resoudre les affaires de leurs charges ne premettant qu'aucun soit employé par leur moyen de peur que par le pouuoir & authorité qu'ils leur donnent, ils ne prennent tel pied, & se fassent tant de seruiteurs, que venans à commettre quelque faute ils ne s'en peussent aisement deffaire, ayant trop de support, estans vn des poincts que telle sorte de Prince desire le plus que

de tenir ceux qui les seruent en crainte, & leur faire croire que d'vn seul clein d'œil, ils peuuent ruiner celuy qu'ils auront esleué en plusieurs années.

6 A l'endroit de ces Grands, il y a de la peine de se comporter : Car recherchant leur bien-veillance, elle ne vous peut grandement seruir, au contraire le Prince le plus souuent vous rebutra, quand il la reconnoist, & ne les recherchant pas, vous auez peine à vous introduire aux affaires, & estes suiets à beaucoup de mauuaises rencontres & de trauerses qu'ils vous procurent.

7. C'est pourquoy il faut y apporter vne grande accortise, vsant de grand respect enuers eux, & le leur témoigner, l'occasion se presentant par seruices & offices secrets & non commun à tout le monde : recherchant neantmoins d'ailleurs vn appuy plus agreable au Prince, qui vous puisse faire connoistre & donner entrée pres de luy.

8. Quant à ceux qui ont tout credit enuers le Prince, & toute authorité sur les affaires, il vaut autant leur faire la Cour, qu'au Prince mesme.

9. C'est pourquoy l'on s'efforcera de reconnoistre leurs inclinations &

leurs volontez, selon lesquelles l'on se conformera plus qu'à celles du Maistre.

10. Ainsi donc nous examinerons le plus particulierement qu'il nous sera possible le degré de faueur, auquel sont les Grands desquels nous pouuons estre assistez : & ne les requerrons, quelque bonne volonté qu'ils nous portent, de chose que nous croyons qu'ils ne puissent faire, ou au moins qu'eux-mesmes n'ayent opinion de pouuoir faire : Car il n'y a rien qui fasche tant que d'estre prié par vn que l'on ayme, de chose laquelle l'on est contraint de luy refuser.

11. C'est offenser la bien-veillance que l'on nous porte, que de le faire combattre auec l'impossibilité ou inciuilité d'vne demande : & comme vne fois vn Grand a esté importuné de quelque chose qu'il ne peut ou doit faire, il craint apres l'abord de celuy qui l'a importuné, ou de peur d'vne semblable recharge, ou de honte, que celuy-là reconnoisse la foiblesse de son credit.

12. Or qui n'a le moyen de se faire connoistre aux Grands, il faut qu'il y procede par degrez & qu'il tasche de se faire connoistre à ceux qui les gouuernent, soient estrangers

ou domestiques, & pource il faut rechercher ceux qui dependent d'eux, & selon le degré de la dépendance, obligation & affection qu'ils leur ont, iuger du pouuoir qu'ils ont de nous ayder.

CHAPITRE XVI.

Septiesme chef de cette partie.

1. *De ceux qui sont au dessous des Grands, & y en a de deux sortes. Les vns qui nous peuuent aider, & les autres non.*
2. *Considerations sur les vnes & sur les autres. Comment il faut gagner des amis en Cour.*
3. *De ceux qui nous peuuent trauerser, dont y en a de trois sortes.*
4. *De ceux qui nous haissent, & sont nos ennemis*
5. *Il est difficile de se maintenir neutre en la Cour, & des grandes partialitez aux Cours des Princes.*
6. *Comment aucuns ont obuié à telles particularitez, & se sont seruis de la neutralité fort vtilement.*
7. 8. *Exemple de cette prudence de neutralité.*
9. *De la defence de Solon contre la neutralité.*

10. *Les*

10. *Les amitiez se doiuent conseruer entre diuers partis, comment & pourquoy.*

1 QVant aux autres qui sont beaucoup au dessous des Grands, soient superieurs, égaux, ou inferieurs à nous, nous y deuons faire double consideration. Car les vns nous peuuent trauerser. Et des vns & des autres aussi bien que les Grands, nous deuons peser non seulement le credit & pouuoir qu'ils ont d'eux mesmes en ce que nous pourchassons; mais aussi le credit & pouuoir de ceux qui dépendent d'eux par parenté, bienveillance & obligation, y ayant plusieurs choses, lesquelles il est plus seant & à propos de faire mettre en auant enuers nos amis par ceux qui dépendent d'eux, que par nous mesmes, soit pour faire trouuer bonne nostre poursuite, soit pour détourner ceux qui auroient enuie de l'empescher.

2. Mais sur tout il ne faut pas attendre de gagner des amis sur le point que nous en auons affaire, ains les faut auoir pratiquez de longue main, & les auoir obligez par diuers offices, & d'autres témoignages de bonne volonté.

3. Ceux qui nous peuuent trauerser

ſont ordinairement des trois ſortes, à ſçauoir nos ennemis, nos enuieux, & nos concurrens ou competiteurs, qui pouſſez d'émulation pretendent & pourſuiuent la meſme choſe que nous.

4. Ceux qui nous haïſſent, nous haïſſent ou à cauſe de nous, ou à cauſe de nos amis, deſquels eux ſont ennemis. Et cette derniere haine eſt ordinairement moindre, & ſe peut appaiſer en rendant à ces ennemis-là, quelque office d'amitié pour teſmoignage que nous ne ſommes pas tant attachez à leurs ennemis, qu'il ne nous reſte de l'affection en leur endroit.

5. Toutesfois les partialitez ſont le plus ſouuent ſi grandes aux Cours des Princes, & les humeurs & amitiez des Grands qui ont credit, ſi tyranniques, qu'il eſt difficile de viure long-temps en cette neutralité, au moins ouuertement.

6. Ce que reconnoiſſans, quelques-vns ont conſerué ſecrettement l'amitié d'aucuns des principaux de party contraire, non pour trahir celuy qu'ouuertement ils ſuiuoient; mais pour ſe releuer en cas de cheute, eſtimants que comme le premier ſeroit indigne d'vn homme d'honneur, que ce dernier qui n'a pour but que

ſa conſeruation propre par moyens licites, ne deuoit eſtre reiettée.

7. C'a eſté vne prudence que l'on a rapportée, non ſeulement aux querelles de Cour, mais auſſi en celles de l'Eſtat. Syenneſes gouuerneur de Tarſe pour le Roy de Perſe voyant que Cyrus prenoit les armes contre Artaxerxes ſon frere, & ne pouuant ſans ſe perdre, ſe declarer contre Cyrus, reſolut de ſuiure ſon party, & enuoyer ſon fils à Artaxerxes pour le ſeruir, afin par ce moyen de ſe guarantir, en cas que Cyrus ſuccombaſt.

8. Bardas Durus eſtant ſorty des mains des Sarrazins qui le tenoient priſonnier, entendant que Bardas Phocas ſon ennemy eſtoit nommé Empereur contre Baſile, pour s'aſſeurer des deux coſtez, rechercha l'amitié de Phocas, & enuoya ſon fils à Baſile, faiſant ſemblant qu'il s'eſtoit derobé de luy à ſon inſceu, afin que ſi Phocas ſuccomboit, il peuſt eſtre reconcilié à l'Empereur, comme il aduint.

9. Solon en la diuiſion de l'Eſtat defendit bien la neutralité : mais il n'entendoit pas pour cela que les amis qui prenoient diuers partis, renonçaſſent à leurs amitiez particulieres : au con-

traire le principale fondement de cette Loy, estoit afin que ceux qui estoiét amis & neantmoins de diuers party, recherchassent des voyes douces & amiables, pour oster cette seule diuersité qui estoit entr'eux.

10. De mesme peut-on dire que l'on doit conseruer l'amitié de ses amis, qui sont de diuers partis, non seulement pour l'esperance du support que l'on en peut receuoir en ce cas de disgrace : mais aussi pour seruir à la reconciliation des parties, lors que l'on reconnoistra les esprits en estre capables, & que l'occasion s'en presentera; qui est le plus seur & plus honnorable moyen, en viuant parmy les querelles & haine des Grands, de gagner leurs graces, & se conseruer l'amitié des vns & des autres.

CHAPITRE XVII.

1. *Des ennemis qui nous haissent à cause de l'offence qu'ils nous ont faite.*
2. *Remede contre ces ennemis là, & la precaution.*
3.4 *Les menaces nuisent plus qu'elles ne profitent à celui qui les fait voire il y a de la honte & de la foiblesse, quand elles ne reüssissent pas.*
5. *Discours contre la vengeance.*

6. 7. 8 Comment il se faut comporter au ressentiment des iniures, & comment rechercher les moiens de reconciliation & d'amitié, soit que les iniures soient atroces, ou non.

9. de l'iniure faite de brauade & de la vengeance d'icelle.

1. CEux qui nous hayssent à cause de nous; c'est ou pour nous auoir offensez (haine ordinaire des Grands enuers leurs inferieurs, & d'eux entend parler le Prouerbe Italien qui dit, (que qui offence, ne pardonne iamais) ou bien pource que nous les auons offencez.

2. Enuers les premiers il 2 ne faut faire semblant de nous tenir offencez, ou s'il l'offence est telle qu'elle ne puisse estre dissimulée, il faut monstrer que le temps l'a addoucie & nous l'a fait oublier. Car la contenance que nous ferions de la porter impatiemment, feroit croire qu'il y auroit en nous vn desir de vengeance, lequel conneu par celuy qui nous auroit offencé, feroit qu'il nous nui-

1. *Tac.* & *Senec Odii causæ acriores, quia iniquæ*: & ailleurs: *proprium humani ingenii odisse quẽ læseris*, & Seneque ainsi. *Hoc habent pessimum animi magna fortuna insolentes, quos læserunt, oderunt.* 2. *Idem. Optimum remedium insidiarum, si nõ intelligãtur.* Et Seneque conseille ainsi, *Potentiorum iniuriæ hilari vultu non patienter tantum ferendæ, facient iterum iniuriam si se fecisse crediderint.*

roit 1 en toutes les occasions qu'il pourroit.

1. *Tac. in Archel.* l. 11 *Ann. Archelaus ignarus doli vel si intelligere crederetur vim metuens, in vrbem properat elapsusque immiti a Principe, & mox accusatus in senatu non ob crimina quæ fingebãtur sed angor, simul fessus senio, & quia regibus æqua nedũ infima insolita sunt finem vitæ sponte an fato impleuit.*

3. Mais sur tout il se faut garder d'entrer en menaces; c'est vne sottise de menacer si ce n'est lors que nous sommes sur le point de la vengeance.

4. Car outre que par nos menaces nostre ennemy est aduerty de se tenir sur ses gardes, nous le conuions, comme i'ay dit, de rechercher les occasions de pis faire, & nous nous engageons en vne honte faisant reconnoistre nostre foiblesse, si nous ne pouuons faire reüssir à effet nos menaces.

5. Ie sçay que cette douceur ne plaist pas à tous, moins encore à ceux qui sont vindicatifs, & qui tiennent qu'il ne faut iamais endurer vne iniure sans ressentiment, non seulement pour le plaisir qu'il y a en la vengeance; mais aussi pource qu'vne iniure passée sous silence en attire vn autre; & de là concluent qu'il se faut rendre irreconciliable enuers ceux qui nous offencent. Mais d'ailleurs ces irreconciliables se voulant faire craindre le plus souuent demeurent seuls, sans que personne les veuille hanter. Car chacun estant suiet à broncher & à faillir, ou par passion ou par mégarde, l'on craint de les aborder, de peur que venant à faillir en leur

endroit, ils s'entrent en hayne contre nous : & ceux qui les abordent, s'apperceuant d'auoir fait quelque chose mal prise par eux, s'en retirent pour tousiours, laissant ces irreconciliables en solitude comme bestes farouches, & sçachant que telles gens rencontrans occasion de leur nuire, ne leur manqueront, ils s'efforcent de les preuenir. C'est pourquoy afin de ne se point engager en tant d'inimitiez, ie tiens qu'il faut prendre le contrepied, & monstrer que l'on est reconciliable, mesme pour les grandes iniures : lesquelles l'on doit distinguer selon le motif de ceux qui les font, & quelquesfois selon leur qualité.

6. Car si transportez plustost de quelque soudaine passion, que de malice, ils font contre nous chose qu'ils ne deuroient faire, l'iniure n'estant trop atroce, nous deuons monstrer que tant s'en faut que nous nous en ressentions, que nous n'y auons pris aucun pied : & si elle est atroce, comme nous ne deuons nous monstrer insensibles à ce qui touche nostre honneur, aussi ne deuons nous nous monstrer irreconciliables : mais parmy le mécontentement que nous témoignerons en auoir, nous donnerons quel-

que esperance de reconciliation, & laisserons vne porte ouuerte pour receuoir vne douce satisfaction, nous plaignant mesme (s'il y échet) aux amis de ceux qui nous ont offencez, les faisans iuges du tort que nous auons receu.

7. Que si l'iniure est faite par brauade & de haute lutte, cette petulance doit estre vangée sur le champ, si faire se peut : non tant pour considération de la vengeance, que pour chastier celuy qui a fait l'injure, & le rendre plus sage à l'aduenir, tant enuers nous qu'enuers d'autres, ausquels il se pourroit addresser.

8. Mais pour cela il ne se faut pas monstrer irreconciliable : au contraire il faut tesmoigner que c'est auec beaucoup de regret, que par mal-heur de cette iniure receuë, nous sommes passez si auant, ou que nous sommes contraints de nous plaindre & en poursuiure reparation, laquelle nous estant faite selon la qualité du tort que nous auons receu, nous ferons connoistre que nous sommes prests de r'entrer en amitié.

9. Que si nous la pouuons auoir au bout du temps pour quelque occasion publique ou particuliere, & que d'auenture celuy qui a offencé, s'en re-

pente en soy, ou auec soubmissions nous requierre de quelque faueur, nous deuons reprendre la priuauté auec luy, prenant pour satisfaction la recherche qu'il fait, & le besoin que celuy là qui nous auoit mesprisé & offencé, reconnoist auoir de nous.

CHAPITRE XVIII.

1. Des iniures à nous faites des Grands, premier remede est traicter auec eux auec respect.

2. Second remede de dissimuler auec patience.

3. 4. Considerations sur ce suiet.

5 De ceux qui sont nos ennemis par offence que nous leur auons faite.

6. 7. Auis sur cela, auec consideration & moyens, comment il s'y faut gouuerner.

8. Le plus souuent la crainte repousse auec plus de violence nostre ennemy à s'opposer à nous que le desir de vengeance.

9. Moyen pour empescher cette violence & passion.

10. Autre moyen qui sera d'aimer nos ennemys en leurs affaires pour les nous rendre amis, exemple d'Agesilaus.

11. Ruse ordinaire des Courtisans sur ce sujet.

1. Martial. Si vitare velis acerba quedã, Et tristis animi cauere morsus, Nullis te facias nimis sodalem Gaudebis minus & minus dolebis.

1 MAis pource que telles iniures nous sont ordinairement faites par plus puissant que nous, le premier remede pour ne point entrer en ces inimitiez, est de traiter auec 1 eux, auec tout respect sans se familiariser, ny se rendre ennuyeux par la hantise : & s'ils sont trop hagards & fascheux : c'est de ne les point hanter du tout si faire se peut.

2. Le second est de dissimuler auec patience le ressentiment que l'on en a, & ce n'est fait ny seurement ny

ſagement de ſe preſenter auec deffi & menace en querelles ſi diſproportionnées : la puiſſance de ceux qui nous ont fait tort ſans ſuiet, excuſant en cela noſtre diſſimulation.

3. Ie ſçay que pluſieurs croyent que les intimidations ou craintes que nous donnons à ceux qui nous ont offenſez, les peuuent faire penſer à nous recercher pour venir à vne reconciliation ; & cela peut à la verité émouuoir quelques eſprits bas pour vne feinte reconciliation : mais non pas pour vne vraye, & ne laiſſeront ſous main de nous offencer s'ils peuuent : de façon qu'eſtant plus difficile de ſe garantir d'vn ennemy couuert que d'vn découuert, il ſemble plus auantageux pour nous, qu'il ne ſe renconcilie point auec nous, que de l'amener à cela par crainte. Ce que i'entends pour ceux qui ne ſont plus grands que nous, & de ceux de la compagnie deſquels nous nous pourrons paſſer.

4. Car ou l'opinion de l'inimitié que nous porteroit quelque Grand pourroit nuire à nos affaires, & apporteroit quelque diminution à noſtre credit, il vaudroit mieux vne reconciliation feinte qu'vne inimitié ouuerte.

5. Si nous sommes haïs pour offence que nous ayons faite, comme le mal vient de nous, c'est à nous aussi de rechercher le moyen de le reparer, ou par nous mesmes, ou par le moyen & entremise de nos amis.

6. Mais pour iuger lesquels de nos ennemis peuuent dauantage nous trauerser, apres auoir consideré leur pouuoir, nous deuons aussi prendre garde de quelle passion ils sont meus (outre la haine) pour nous empescher.

7. Car les vns sont meuz en suite de la haine qu'ils nous portent par desir de vengeance: les autres par crainte qu'ils ont, qu'obtenant ce que nous poursuiuons, nous ne leur nuisions.

8. Or encores que le desir de vengeance soit fort violent, neantmoins la crainte pousse nostre ennemy auec plus de passion pour nous trauerser: & est beaucoup plus difficile de destourner celuy qui sera poussé par ce dernier mouuement, que celuy qui ne sera poussé que du premier.

9. De l'vn nous pouuons venir à bout par offices, seruices, & satisfaction; mais qui craint & se deffie, ne se peut asseurer qu'auec beaucoup de peine. Le seul moyen est de se recon-

cilier & faire par l'amitié renaistre la confiance de nous en tels esprits : En quoy il faut mesnager les occasions, ne s'en pouuant rien prescrire de certain.

10. Agesilaus desirant se rendre amy de ceux qui luy estoient ennemis, recherchoit le moyen de les auancer en quelque charge honnorable, & leur faire donner de grands commandemens, en quoy en apparence il les obligeois. Mais pource qu'il estoit difficile qu'en ces grandes charges ils peussent tellement contenter tout le monde, que l'on ne trouuast à redire en leurs actions, ces gens estoient incontinent accusez, & contraints de rechercher sa faueur, pour se garentir de peine ou de blasme, dequoy Agesilaus les deliurant par son assistance, il se les rendoit amis.

11. C'est vne ruse qui n'est que trop ordinaire à la Cour, de tendre la iambe pour faire tomber quelqu'vn, afin d'auoir occasion de le releuer & de l'obliger par ce moyen.

12. Mais il y en a vne petite encore plus ordinaire entre les ennemis, de laquelle il se faut garder, c'est la finesse de l'Eutrapel d'Horace, qui prestoit à credit, faisoit braues & enfloit le courage à ceux qu'il vouloit ruiner.

13. Ainsi ceux qui secondent nos voluptés, nos plaisirs, nos coleres, nos despences, qui nous prisent plus que nous ne valons, & enflent, comme on dit, le ballon pour nous faire entreprendre au dessus de nos forces, & contre la raison, le font plus souuent pour nous perdre, que pour nous faire plaisir.

14. Mais pour reuenir aux moyens que l'on peut tenir pour se reconcilier auec ses ennemis, si l'on void que l'on ne puisse les empescher de venir à bout d'vne affaire, il les faudra aider & les obliger.

15. Ce moyen fut tenu par le Cardinal Ascanio Sforza, lequel preuoyant ne pouuoit empescher l'effet des menées du Cardinal Iulian, qui desiroit faire Cardinal Iean, petit fils du Pape Alexandre Sixiéme, s'employa tellement en faueur de Iean, que celuy-cy luy demeura obligé du Chapeau plus qu'à Iulian, & deuint son amy : Aussi est-ce sagesse de monstrer vouloir ce que l'on ne peut empescher & borner sa volonté à son pouuoir.

16. Que si nous ne pouuons en façon quelconque gagner nos ennemis, ou les asseurer & les adoucir en nostre endroit, considerans en quel de-

gré d'inimitié nous sommes auec eux, si nous connoissons quelqu'vn duquel ils soient plus ennemis, ou ayent plus de crainte que de nous, nous le ferons proposer, ou mettre en auant par quelque autre aux choses où il y aura concurrence, pour luy faire faire la mesme poursuitte, afin qu'en comparaison & haine de cét autre, ou il nous fauorise, ou fasse moins d'obstacle.

17. Peu differente fut la façon de proceder de Gerlac Archeuesque & Electeur de Mayence, pour faire élire Empereur Adolphe Comte de Nessau son cousin, auquel les Electeurs ne pensoient point. Car ayant reconnu la discorde qui estoit parmy les Princes lesquels pouuoient paruenir à cette dignité; il traita auec aucuns des Electeurs separement & en secret, donnant à entendre à Venceslaus lors Roy de Boheme, que les voix de la pluspart des Electeurs tendoient à faire Empereur Albert Duc d'Austriche son ennemy : mais que s'il luy vouloit donner procuration d'en nommer quelque autre il s'efforceroit de l'empescher. Ce que Vencestaüs fit enuers l'Eslecteur de Saxe. Il feignit que l'on vouloit élire le Duc de Brunsuic son ennemy, & en-

uers le Comte Palatin que l'on vouloit eslire Venceslaüs Roy de Boëme aussi ennemy du Comte; & de cette façon ayant extorqué les procurations de ces Electeurs en leur promettant de s'opposer à l'Election de leurs ennemis, il nomma son cousin, qui du commencement eust esté exclus, s'il eust esté proposé.

CHAPITRE XIX.

1. *Des enuieux huictiesme diuision de cette partie, & comme se faut gouuerner auec eux.*
2. 3. *Remedes contre l'enuie, de faire commun ce qui est enuié*
4. *Autre remede de fuir le fast, & ce qui l'accompagne*
5. *Considerations sur le fast.*
6. 7. *Se faire prier auant qu'accepter ce qui nous est enuié. Exemple du Cardinal Ximenes.*
8. *Considerations sur cét exemple, par vn autre de Constantin Mesopolitain.*

1. Voyons comme il se faut gouuerner auec les enuieux. Il faut beaucoup d'heur & 1 beaucoup de courage pour surmonter l'enuie, laquelle (à ce qu'on dit) s'adoucit en communiquant ce qui est est enuié: mais dautant que nous voulons pour nous

1. *Publian. Mimus Inuidiam ferre, aut felix aut fortis po-*

le bien que nous poursuiuons & non pour d'autres, il sembleroit que cela ne pourroit se pratiquer.

test. Et Properce : *Inuidiam qui habet, non solet esse diu.*

2. Ce que i'estime toutesfois se pouuoir faire, non pas en rendant du tout commun ce que nous poursuiuons : mais faisant reconnoistre à ceux qui nous peuuent enuier ce bien, qu'estant entre nos mains, il en peuuent receuoir auantage, commodité, support & accroissement de leurs esperances.

3. Le moyen de paruenir à cela, est de rechercher leur amitié & familiarité, & quelque enuie & malignité que nous reconnoissons en eux contre nous, nous monstrer fort affectionnez enuers eux en la condition que nous sommes, afin qu'ils puissent croire que nostre condition augmentant, ce sera vn accroissement de moyens pour les seruir & aider, leur souhaittant ce que nous desirons, si c'est chose qui leur soit agreable, & monstrans ne le desirer que pour faire plaisir à nos amis, & mesmement à eux.

4. C'est aussi vn remede contre l'enuie que de fuir le fast, les despences excessiues, la vanité, les resiouissances extraordinaires & hors de temps, & ne nous faire trop de feste.

5. Ceux principalement qui doiuent prendre garde de plus prés à toutes ces choses, lesquels viennent de bas lieu. Que si, ou la volonté de leur Prince, ou la dignité de leur charge les pousse d'en vser autrement, ce sera prudence à eux de monstrer qu'ils n'y sont volontairement portez ; mais forcez par l'authorité de leur Maistre.

6. En cela le Cardinal Ximenes au commencement de sa fortune se porta tres-bien. Cét homme estoit de bas lieu, encores que depuis plusieurs ayent escrit qu'il estoit Gentilhomme : mais quoy que c'en soit, estant pauure, il se rendit Cordelier, & ayant esté connu pour habile par le Cardinal de Mendosse Archeuesque de Tolede, il fut à sa recommandation fait Confesseur de la Reyne Isabelle de Castille, & depuis fut fait Archeuesque de Tolede pour l'opposer aux Grands du Royaume par le conseil du mesme Cardinal de Mandosse, apres la mort duquel la Reyne poursuiuit les Bulles à Rome de l'Archeuesché de Tolede pour Ximenes : lesquelles luy ayant voulu remettre entre les mains, il refusa, iugeant que s'il acceptoit cette dignité, elle luy attireroit l'enuie de tous les Grands du

Royaume, sous le faix de laquelle il succomberoit.

7. De façon que pour l'asseurer de ce costé là, la Reyne fut contrainte de le faire prier par tous les Grands de sa Cour d'accepter cette charge : ce qu'il fit en fin apres plusieurs refus. Mais il demeura quelque temps, sans vouloir croistre ny son train, ny sa despence, quelque remonstrance que l'on luy fist, que cette dignité requeroit qu'il changeast de façon de viure : de maniere qu'il fallut que l'authorité & commandement exprés du Pape interuinst, auquel il obeït en fin, & ainsi éuita l'enuie d'vne grande dignité desirée de tous les Grands d'Espagne, & du fast d'vne despence, qui égaloit, voir surmontoit celles des Princes.

8. Mais encore que cette forme de proceder pût seruir au commencement de la fortune d'vn homme, elle ne peut pas toutesfois mettre à couuert de l'enuie celuy qui auroit desia monstré par ses deportemens plus d'ambition que de simplicité, non plus qu'elle fit en vn certain Constantin Mesopolitain : lequel apres auoir esté chassé de la Cour d'Isaacius Angelus, & depuis de celle de Alexius, Empereurs de Constan-

tinople, y estant retourné auec l'Imperatrice Euphrosine, fit semblant de ne se vouloir plus mesler des affaires, & afin de le persuader plus aisément, se fit Diacre pour auoir suiet de s'excuser & s'en faire prier tant plus instamment, ioüant si bien son roole qu'il fallust que l'Empereur mesme poursuiuist vne dispence de Xiphilin Patriarche de Constantinople pour luy, par laquelle il luy fut permis de demeurer à la Cour, & manier les affaires comme deuant, nonobstant les Decrets & Canons qui luy defendoient: & lors il introduisit deux de ses freres qui estoient tousiours attachez à l'oreille de l'Empereur pendant que luy vacquoit aux affaires; mais ayant par le passé fait connoistre son naturel, cette feinte ne luy seruit pas long-temps: Car il fut encore chassé, & depuis mourut éloigné de la Cour.

CHAPITRE XX.

1. *Des concurrens ou emulateurs, moins malins que les enuieux*
2. *Se gagnent, ou par honneur, ou par vanité*
3. 4. *Moiens de se comporter auec eux.*
5. *Les poursuites faits à découuert,*

odieuses

6, 7. Conseil & moien plus seur sur ces poursuites.

8. Ne faut se rendre concurrent sur vn qui sera fauorisé plus que nous. Exẽple de Lepidus & de Seian à ce propos

9 Iustice plus foible en Cour que la faueur.

1. LE mesme chemin que l'on tient pour se garantir des effets de l'enuie, peut estre tenu pour se deffendre de l'emulation, ou concurrence, qui a moins de malignité que l'enuie; mais plus de pointe d'ambition, & qui ne cause pas moins de trauerses.

2. Ceux toutesfois qui en sont frappez, se gagnent aucunesfois par la vanité & l'honneur que l'on leur rend, & pour les détourner de courir en mesme carriere que nous, il ne sera mal à propos d'eleuer leurs esperances plus haut, les y seruir, & nous y employer à bon escient, deprimer ce que nous poursuiuons, comme chose indigne d'eux, mais par laquelle nous sommes contraints, de commencer, ne pouuans mieux faire, surhausser au contraire leur credit, pouuoir, suffisance, merite, comme ceux qui doiuent mieux faire, &

mieux esperer.

3. Que si nous craignons qu'il nous deuancent en quelque chose : nous les entretiendrons en doute & defiance de ce qu'ils veulent faire, alleguans raisons de part & d'autre, en façon toutesfois que les contraires à leurs desseins, soient plus forts.

4. Mais si nous pouuons cacher & dissimuler nostre poursuite, & l'asseurer auparauant que ceux qui peuuent concourir auec nous, ou nous trauerser, la sçachent, ce sera le plus court & le meilleur moyen.

5. Les ambitieuses poursuittes qui se font à decouuert, offencent quelques fois ceux mesmes qui seroient pour nous ayder, si nous procedions autrement : & ainsi elles nous sont renduës plus difficiles, l'euenement plus incertain & plus accompagné d'enuie, s'il reüssit selon nostre souhait, & si au contraire le refus en est plus honteux.

6. Il est beaucoup plus seur de faire comme les rameurs qui tournét le dos au lieu auquel ils desirent aborder & feindre tout autre pensement.

1. *Tac. in l. 3. Annal. Tiberius per litteras M. Lepidum, & Iunium Blæsum*

7. Ceux mesmes qui ont voulu commander ont pris ce chemin, se monstrans plus desireux du repos, que des honneurs, comme l'Agamemnon d'Eu-

ripide : & par ce moyen se sont asseurez contre les trauerses que l'on pouuoit donner à leur poursuitte, si elle eust esté découuerte : se sont garantis de la honte qui suit ordinairement ceux qui se trouuent décheus de leurs esperances : & l'euenement estant selon leur souhait a esté attribué plûtost à leur merite qu'à leurs menées.

8. Mais en vne chose faut-il prendre garde, de ne se rencontrer à faire mesme poursuitte auec vn plus grand que nous ; & qui ait beaucoup plus de support, quand mesmes nous reconnoistrions le deuoir emporter : imitans 1 en cela M. Lepidus que i'ay dit estre tenu par Tacite pour vn tres sage Courtisan, lequel ayant esté nommé par Tibere auec Iunius Blesus oncle de Sejan, pour estre l'vn ou l'autre éleu Proconsul d'Afrique par le Senat, s'excusa sur son indisposition, l'âge de ses enfans, & mesmement d'vne de ses filles qui estoit preste à marier, ne voulant en cette concurrence heurter le credit & la puissance de Seian, lequel il se fust rendu ennemy, s'il l'eust emporté par dessus Blesus son oncle, comme il pouuoit faire, s'il ne se fust excusé.

9. Moins deuons nous opiniastrer vne poursuite contre vn qui sera por-

nominat : ex quibus Proconsul Africa legeretur. Tum audita amborũ verba, intentius excusante se Lepido, cũ valetudinem corporis, ætatem liberã, nubilem filiam obtenderet, intelligeretur que etiã quod solebat Auunculum esse Seiani Blæsum, atque eo prævalidum.

2. Tac. *De Prætore in*

lorum Vipsanii Galli quem mors abstulerat, subrogando, certamen incessit. Germanicus atque Drusus Haterium Agrippam propinquum Germanici fouebant: contra plerique nitebantur, vt numeris librorum in candidatis præpolleret, quod lex iubebat. Lætabantur Tib cum inter filios eius & leges senatus disceptaret, victa est sine dubio lex, sed neque statim, & paucis suffragiis: quomodo, etiam cum valeret, leges vincebantur.

té par vn Prince, lequel ait credit, encores que la Loy & la Iustice soit de nostre costé, pource qu'en cette rencontre la Loy sera tousiours la plus foible, comme il aduint en la poursuite que Germanicus & Drusus firent pour faire Haterius Agrippa Preteur, 2 lesquels l'emporterent au Senat par dessus la Loy.

CHAPITRE XXI.

1. *Neufiéme diuision de cette seconde partie, comprenant les considerations sur les exemples de ceux qui sont tombez en defaueur en Cour.*
2. *Causes de la faueur, ou diminution de nostre credit en Cour.*
3. *De la defaueur qui prouient de la faute du Courtisan mesme.*
4. *Entreprises faites par les fauoris contre le Prince, premiere & plus iuste cause de leur ruine.*
5. *Precaution du fauory pour se maintenir.*

6. *Description*

6. 7. Description d'vn Courtisan en l'exemple de Seian

8. Suite de l'ambitton de Seian.

6. 10. Consideration sur son ambition & de la procedure de Tibere plus fin que luy.

11. Ordinairement l'ambition est precipitée & impudente.

12. Tibere sonde les volontez des Grãds, auant d'entreprendre contre Seian

13. 14. Ruse de Tibere pour enlacer Seiã.

15. Ceux qui demeurent entre la crainte & l'esperance, sont plus irresolus, & plus aisez à surprendre.

16. 17. 18. Artifices de Tibere pour ruiner Seian.

19. 20. Cheute & ruine de Seian.

21. Autre exemple de la ruine & cheute de Perennis fauori de Comodus.

22. Rarement les desseins d'vn suiet cõtre la personne de son Prince reussissẽt quelque finesse ou secret qu'õ y puisse apporter.

23. 24. 25. 26. Exemple de Boilas fauori des Empereurs de Constantinople. Ses desseins, &c.

27. L'orgueil du suiet est tousiours odieux au Prince.

1. CE sont les principales considerations, que doit auoir celuy lequel desire de s'auancer en la Cour, le surplus doit venir de son

accortise & dexterité. Et bien que ces mesmes considerations luy puissent aussi seruir, pour s'y maintenir; toutesfois il peut encores tirer quelque fruit des exemples de ceux qui sont tombez en défaueur : & en la reconnoissance de ce qui a nuy aux autres, se rendre plus accort à le fuir, preuenir ou empescher, & s'il ne peut, au moins à s'y preparer. Ce dernier n'estant moins necessaire que le premier, pource que le premier se resout le plus souuent en vn effort inutile, & le dernier sert pour adoucir vne cheute qui est ordinaire, & presque infaillible à tous ceux que la fortune a éleuez si haut.

1. Minus Publican. & Laberius, F[illegible]tunam [illegible]tius reperies quam retineas. Summum ad gradū cum claritatis veneris consistens aegre & potius quam ascendas decides, cecidi ego cadet qui sequitur, laus est publica.

2. La défaueur ou diminution de credit enuers le Prince prouient, ou de nostre faute, ou de la malice de nos ennemis, enuieux ou concurrens, ou du mauuais naturel du Prince, ou de sa mort.

3. Les deportemens des hommes sont pleins d'imperfections & de defaux, mais plus de ceux qui estiment estre au dessus de tous les autres, & qui ont acquis non seulement ce poinct que l'on ne leur oseroit contredire, mais aussi de forcer par leur authorité tous ceux qui approchent d'eux de trouuer bonnes, & approu-

uer les fautes qu'ils font.

4. Les entreprises contre la personne du Prince ou son Estat, sont les plus iustes causes de son indignation contre celuy qu'il a éleué en grandeur, procedans d'vne extresme infidelité & ingratitude : & par consequent c'est le plus iuste suiet que le Prince puisse auoir de le ruiner.

5. C'est pourquoy celuy que la fortune aura ainsi éleué, se doit bien garder de faire entrer son Maistre en cette opinion de luy : & pour cét effet s'éloigner de la poursuite des charges & honneurs qui luy peuuent donner ombrage.

1 Voyez la Sect. 7. cy-dessous.

6. 1 Seian est representé par Velleius Paterculus, pour vn des plus sages & plus auisez Courtisans qui ait esté en la Cour de Tibere; aussi étoit il besoin qu'il fut tel pour se maintenir pres d'vn Prince fin & défiant comme celuy-là.

7. Il estoit, dit-il, tousiours en action; mais en façon qu'il sembloit estre en repos, faisant tout sans peine, ny contrainte, ne se vantant de rien, mais venant à bout de tout, se prisant peu, & au dessous de l'opinion que l'on auoit de luy, se monstrant froid & posé en son visage, & en sa

Actu otiosis simillimum, nihil sibi vindicantem, eoque assequentē omnia, semper infra aliorū æstimationes se mouentem. vultu vitáque trāquillum, animo exsomnem.

contenance; mais ayant l'esprit éueillé, & ne dormant point. Si est-ce qu'enfin l'ambition l'emporta à poursuiure le mariage de Liuia, veufue de Drusus, afin qu'entrant par ce moyen en la maison des Cesars, ce mariage seruist d'eschelle aux desseins qu'il auoit sur l'Estat. Et encores que le voulant faire trouuer bon à son Maistre, il pust assez reconnoistre que cette recherche luy estoit suspecte par le delay qu'il luy demanda pour en deliberer, & la 1 remonstrance qu'il luy fit pour l'en dissuader: si ne perdit-il l'enuie de s'authoriser par autres moyens pour venir à son but.

1. *Tac. in 4. Annal. Tiberius laudata pietate Seiani, suisque in eum beneficiis modice percussis, tempus tanquam ad integram consultationem petiuit, &c.*

8. Mais voyant Tibere ennuyé du seiour de la ville, il ayda à le faire resoudre de se retirer à Caprées, esperant de diminuer par ce moyen, la ialousie que son Maistre pouuoit prendre de la Cour que les Grands luy faisoient à Rome, comme aussi l'enuie que l'on luy portoit, & d'accroistre sa puissance, toutes les affaires ayans à passer par ses mains, les lettres par celles des soldats de la garde ausquels il commandoit: 1 Et estant en son pouuoir de donner entrée, ou la denier à qui bon luy sembloit. De façon qu'en peu de temps, sous pretexte de soulager la vieillesse de l'Em-

1. *Tac. ibid Rursum Seianus, non tam*

pereur, prenant la charge de toutes les affaires de l'Estat, il s'acquit vne authorité ferme (ce sembloit) & puissante.

9. Mais ayant à faire à vn Prince auisé, l'éuenement montra que ce chemin estoit plus hazardeux qu'auantageux pour luy, duquel ie n'estime être du tout hors de propos d'aiouster icy la suitte, afin de rendre nos Courtisans plus aduisez en la conduitte de leur fortune, & les Princes plus accorts en la dispensation de leurs faueurs.

de matrimonio Liuia, sed altius metuens tacita suspicionum, vulgi rumorem ingruentem, inuidiam deprecatur, &c.

10. Tibere supporta les déportemens de Seian, iusqu'à ce que par son moyen & ses menées il se fût asseuré d'Agripine, de Neron, & de Drusus: à quoy Seian s'employa d'autant plus volontiers qu'il asseuroit par là Tibere contre les défiances qu'il en auoit, & par le seruice qu'il luy rendoit en ce suiet, & se mettant plus auant en ses bonnes graces, & que d'ailleurs sa puissance s'en rendoit plus redoutable, & ses esperances de paruenir à l'Estat plus certaines: ne restans de la maison des Cesars, que des ieunes enfans, lesquels tant s'en faut qu'ils peussent empescher tous ses desseins, qu'ils luy pouuoient plutost seruir de planche pour passer en l'Estat, & s'y

establir en se saississant d'eux, & continuant sous leur nom le maniement des affaires publiques, iusques à ce qu'il eust assuré les siennes.

11 Mais comme le plus souuent l'ambition est imprudente & precipitée, il ne consideroit pas que plus il estoit prés du but, plus d'ombrage donnoit-il à vn Prince defiant : & que pour se conseruer en ses bonnes graces, il deuoit plustost rechercher de diminuer que d'accroitre son pouuoir: ce qu'il ne fit pas; car ne luy restant plus que le tiltre d'Empereur, lequel aucuns des siens desia luy donnoient, & le pouuoir de Tribun que les Empereurs auoient vny à leur personne, (afin sous le tiltre de cette dignité de se rendre Souuerain) il rechercha de plus en plus d'accroistre sa puissance, qu'il rendit enfin redoutable à tous, & suspecte à son Maistre.

1. *Senec. Omnis ambitio praeceps.*

12. Voyant donc Tibere que Seian auoit gagné, non seulement ses gardes & troupes Pretorienes; mais aussi vn grand nombre de Senateurs & des meilleures maisons de Rome, les vns par bienfaits, les autres par esperances, & aucuns par crainte, & que mesmes ses seruiteurs, & propres domestiques rapportoient à Seian tout ce qu'il faisoit & disoit, sans qu'au-

cun osast luy rapporter ce que faisoit Seian : il resolut auant que de rien entreprendre, de reconoistre les volontez des vns & des autres, afin de sçauoir à qu'il se deuoit fier en ce qu'il desiroit faire, & de qui il se deuoit garder.

13. Et pour paruenir plus aisément à son dessein de peur que Seian n'entrast en défiance, il le fit Consul, l'appellant son compagnon, & son amy, en toutes les lettres qu'il escriuoit & au peuple & au Senat, ce qu'ayant continué quelque temps, il fit semblant d'estre malade & en danger, afin de reconnoistre ceux qui s'en resioüiroient, ou monstrercient en estre faschez; mais principallement pour remarquer la contenance & les esperances de Seian & des siens.

14. Quelques fois il escriuoit qu'il se portoit mieux, & que dans peu de temps il viendroit à Rome, loüant en aucunes de ses lettres Seian, & le rabaissant en d'autres, aduançant aucuns des siens à sa recommandation, & en reculant & défauorisant d'autres: afin de le tenir entre la crainte & l'esperance.

15. L'honneur & la faueur en laquelle Seian se voyoit, le retenant d'entreprendre, de peur de ruiner tout à coup ses affaires, & luy faisant

esperer de pouuoir effacer ces legers mécontentemens auec le temps. Ceux toutesfois qui consideroient cette diuersité & changement d'opinions en Tybere, & qui n'estoient pas tant attachez, à Seian, qu'à la fortune, peu à peu commencerent à se retirer d'aupres de luy, & aucuns à en faire moins de compte qu'auparauant.

16. Mais Tybere craignant que ce mépris ne fit resoudre cét esprit ambitieux à precipiter son entreprise ; fit courir le bruit qu'il luy vouloit donner le pouuoir de Tribun, afin de le surprendre plus aysément : & peu apres écriuit des lettres au Senat pour le retenir prisonnier, desquelles Macro Capitaine des Gardes fut porteur : qui si-tost qu'il fut arriué à Rome, communiqua cette affaire du commandement de l'Empereur à Memmius Regulus Consul (l'autre Consul estant des creatures de Seian) & à Craecinus Lacon Capitaine du Guet auant qu'il fust iour, & venant le matin au Palais pour presenter les lettres de Tibere, ayant rencontré Seian qui tout troublé luy demanda s'il n'auoit point de lettres de l'Empereur pour luy, afin de l'asseurer, il luy dit à l'oreille comme en grand secret, qu'il luy aportoit le pouuoir de Tribun,

Lors Seian content & ioyeux entra au Senat, & Macro fit entendre aux soldats Pretoriens qui auoient accompagné Seian, le commandement qu'il auoit de Tibere de les faire retirer en leur camp, leur en monstrant les lettres, par lesquelles il leur estoit promis quelque argent, & en leur place il met en garde les compagnies du Guet: puis il entra aussi au Senat, & presenta ses lettres, auant l'ouuerture desquelles il sortit: & apres auoir commandé à Lacon de faire bonne garde, pour empescher que Sejan ne s'éuadast & émeust quelque sedition, s'en alla au camp des Pretoriens pour les contenir en deuoir.

17. Les lettres que Tibere écriuoit au Senat estoient fort longues pour donner ordre à tout ce qu'il luy auoit ordonné; & estoient artificieusement dressées. Le commencement ne parloit point de Sejan; mais de plusieurs autres affaires: apres suiuoit vne legere & briefue plainte contre Seian, puis elles passoient à d'autres affaires res: & de rechef suiuoit vne autre plainte contre Seian. Toutesfois encore fort briefue; puis entre plusieurs autres diuerses choses, Tibere commandoit que l'on chastiast deux Senateurs qui estoient amis de Seian,

& que l'on se saisit de luy, sans parler de le faire mourir ; afin de luy laisser esperance de se pouuoir purger de toutes les plaintes qui estoient faites contre luy, lesquelles estoient legeres & de petite importance.

18. La lecture de ces lettres estant paracheuée, plusieurs de ceux qui estoient là, & l'auoient accompagné au Senat, voyans qu'il n'estoit point parlé du pouuoir de Tribun, commencerent à s'esleuer & l'enuironner de peur qu'il n'échapast. Ce que l'on tient que sans doute il eust fait, si les lettres eussent esté plus rudes : mais ne reconnoissant rien qui luy deust donner suiet de crainte, il demeura en sa place, d'où Memmius Regulus l'ayant appellé par deux ou trois fois, enfin il se leua, non (à ce qu'escrit Dion) qu'il refusast de ce faire la premiere fois par orgueil ; mais pource qu'il estoit desacoustumé d'obeïr, & se leuant fut suiuy de Lacon Capitaine du Guet.

19. Lors Regulus se leuant aussi accompagné des autres Magistrats, le mena hors de la Cour, & le conduisit en la prison, où il fut apres condamné par le Senat, d'estre precipité d'vn lieu que l'on appelloit les eschelles Gemoniennes.

20. 1 Voila la cheute d'vn des plus accorts & plus authorisés Courtisans qui se trouue en tout le temps passé, laquelle il ne faut pas tant attribuer à la prudence & conduite de son Maistre (qui toutesfois en ce fait apporta beaucoup de circonspection) qu'à la puissance, qui seule, sans tant de façons, le pouuoit ruiner. *1. Tacit. Dyon. Velleius Praterculus.*

21. Ce que Commodus beaucoup moins fin que Tybere monstra en la personne de Perennis, qui prenoit vn mesme chemin que Seian & qui ayant affaire à vn Prince feneant ce pouuoit promettre meilleure issuë de sa coniuration.

22. Ie sçay que chacun en telles entreprises s'estime estre plus fin que son compagnon, & auoir vne prudence particuliere pour faire reussir ses desseins, aucuns les ayans conduits iusques au point de l'execution, comme fit Boylas sous Constantin Monomaque Empereur de Constantinople, lequel auoit assez heureusement conduit le sien, si n'eust échappée la fortune que courent semblables entrepreneurs, s'il n'eust rencontré vn Prince plus doux & qui pardonnoit aisement ses iniures.

23. Cet exemple seruira pour faire connoistre qu'en telles choses ce qui est caché aux yeux des hommes, Dieu le reuele par moyens desquels l'on ne se doute point, & quelque finesse que le suiet apporte en semblables entreprises, il court fortune de s'y perdre.

24. Ce Boylas estoit homme duquel vray-semblablement ce Prince ne se pouuoit défier, non seulement pour l'auoir obigé par l'amitié qu'il luy portoit, mais pource qu'il auoit beaucoup de defauts qui le rendoient incapable de hautes entreprises. Car outre qu'il estoit de bas lieu, il ne pouuoit parler qu'en begayant, & si peu intelligiblement que l'on ne le pouuoit entendre qu'auec grande peine, & pource qu'il voyoit que son Maistre prenoit plaisir de l'oüir ainsi parler, il aidoit encores à cette imperfection & l'affectoit.

25. Par cette façon de bouffonner il prit telle familiarité auec luy, que ny le serail des femmes, ny le cabinet ne luy estoient fermez. En fin ayant esté enrichy par son Maistre, & fait Senateur, il dressa ses esperances plus haut, iusques à entreprendre de le tuer pour se mettre en sa place:

ce qu'il decouurit premierement à ceux qu'il reconnoissoit hayr l'Empereur, faisant des grandes promesses à ceux qui approuuoient son dessein, & luy prometroient de l'assister, & louant ceux qui ne le trouuoient bon & leur disoit que ce qu'il leur auoit proposé, n'estoit que pour sonder leur fidelité enuers l'Empereur, auquel il ne manquoit d'en rendre tesmoignage, les exhortant d'y persister.

26. Traitant de cette affaire de cette façon, il fut long-temps sans estre découuert, ny des vns ny des autres, & ceux de sa faction s'asseuroient qu'il viendroit à bout de son entreprise, comme sans vn de ses complices qui le decela, & qui fust cause que l'on l'espia pour le prendre sur le fait, ayant l'espée en la main pour frapper son Maistre, il l'executoit. Ainsi surpris l'Empereur se contenta de le chasser, apres auoir fait chastier quelques-vns de ses adherans.

Ie serois long si ie voulois r'apporter icy les exemples de tous les Grands qui ont fait naufrage en Cour, non seulement pour semblables entreprises: mais par la defiance que l'on a eu qu'ils seroient pour y penser. Ie me contenteray pour le present de ceux-cy.

27. Et diray qu'en quelque façon que le Courtisan fasse paroistre son Orgueil contre son Prince soit par Ambition, Venteries, & Reproches, Medisances, ou suitte & train extraordinaire, il court aussi fortune de se perdre.

CHAPITRE XXII.

1. *Dixieme diuision de cette partie contenant les causes de défaueur d'aupres le Prince.*
2. 3 *Premiere cause, les venteries & reproches des seruices rendus, exemples sur cela.*
4 *Seconde cause, reprendre les actions du Prince & s'en plaindre.*
5. *Troisiesme cause,, abuser de la priuauté, & vouloir estre veu Gouuerner le Prince. Exemple d'vn Thurinus vendeur de fumee sous Heliogabale.*
6. 7. *Quatriesme cause, heurter les Princes ou les Grands par orgueil ou vanité exemple de Plantianus.*
7. *D'Enguerrand de Marigni.*
8. *Cinquiesme cause, se rendre instru-*

ment de diuision entre les Princes, & vn exemple sur cela.

1. LEs Vanteries & Reproches des seruices perdirent Philotas & Clytus pres d'Alexandre, & Craterus n'en estoit pas si bien veu qu'il eust esté, s'il se fût contenu dans les termes d'vne genereuse modestie.

2. L'on escrit que Sylius se perdit pres de Tibere de cette façon, & Syllas General des troupes du Roy Agrippa, à ce qu'escrit Iosephe, perdit le fruit de tous ses seruices, en les reprochant à son Maistre.

1 Antonius Primus ruina sa reputation & sa fortune pres Vespasian par vne mesme vanité.

3. 2 Les Princes croyent que par là l'on veut diminuer quelque chose de leur bon-heur, qu'ils tiennent estre attaché à leur personne, & non à la valeur, suffisance, ou merite de leur Suiet.

4. La façon aussi de reprendre les actions du Prince, & mesme de se plaindre trop hardiment à son Maistre, est indiscrette, & part souuent d'arrogance. Eumenes se plaignant à Alexandre qu'Hephestion auec

1 Tac l 4. Hist. Inde paulatim leuior, viliorque haberi; manente in speciem amicitia.

2 Tac ib. Destruit Cæsar per hæc fortunam suã, imparemque tanto merito rebatur.

sa suitte de farceurs & autres gens de telle estoffe, occupoit les logis qui deuoient estre baillez aux gens de guerre, & ayant sur se suiet vsé de paroles trop libres, en pensa estre disgracié.

5. Pareillement abuser de la priuauté de son Maistre, & vouloir estre veu seul, ordonner & disposer de ses affaires, se peut rapporter à l'orgueil, encores qu'aucuns le fassent par vanité, & autres par auarice : comme Zoticus sous ce monstre d'Heliogabale, qui eut meilleure fortune qu'vn Thurinus sous Alexandre fils de Mammea, lequel cét Empereur 1 fit mourir de fumée, pour auoir vendu des fumées, ainsi que le publioit l'Huissier qui assistoit à l'execution: cét homme ayant fait croire à toute la Cour, qu'il gouuernoit son Maistre, attribuant à son conseil & auis tout ce que l'Empereur faisoit, & vendant les liberalitez, mesmes celles en la poursuite desquelles il n'auoit aucune part.

1 Lamprid. *Fumo puniatur qui fumum vendidit.*

6. Mais pour venir à l'Orgueil qui s'addresse contre les Princes ou Grands, lesquels sont au dessous du Souuerain, vn des plus notables exemples, & pour l'outrecuidence, & pour la vanité, & pour l'infidelité est

celuy de Plantianus, duquel l'outrecuidance le fit heurter contre Bassianus fils de l'Empereur son Maistre, qui l'auoit éleué en la grandeur en laquelle il estoit : & sa vanité fut telle, qu'en allant par la ville non seulement aucun ne l'osoit accoster, mais faisoit aussi marcher des gens deuant luy, pour faire retirer ceux qui se rencontroient au lieu où il deuoit passer, deffendans qu'aucun ne fust si hardy de le regarder.

Mais enfin cét aueuglement le conduisit à l'infidelité, qui le fit coniurer contre son Maistre & perdre la vie.

7. L'on sçait comme Enguerrand de Marigny se trouua de s'estre heurté pendant sa faueur, sous Philippe le Bel, contre Charles de Valois.

8. Non plus se faut il rendre instrument de diuision entre les Princes, lesquels s'accordent tousiours aux despens de ceux qui les ont mis mal ensemble. Entre plusieurs exemples il s'en lit vne en l'Histoire de Bauiere, d'vn certain Othon Crondorfer fauory de Raoul Palatin du Rhin, qui ayant mis son Maistre mal auec sa Mere, enfin ce Prince & cette Princesse s'estans accordez, luy firent coupper la langue & creuer les yeux.

CHAPITRE XXIII.

1. Ne faut heurter contre celuy qui est plus en faueur que nous.

2. Conseil de Germanicus à Agripine sur cela.

3. Le Courtisan doit reconnoistre en quel degré de faueur il est pres de son Prince.

4. Le Courtisan qui s'attache à la volõte de son Prince est mieux aimé, que celuy qui s'attache à l'interest de sa dignité, ou reputation : exemples de Craterus & d'Ephestion, leur querelle & la prudence d'Alexandre pour les accorder.

5. Consideration sur le degré de faueur que le Courtisã a aupres de son Prince.

6. La raison de cette consideration rapportée de Dion l'Historien.

1. MAis non seulement il ne se faut heurter contre les Princes, qu'il se faut bien garder de heurter ceux qui ont plus de faueur que nous, 1 ny de trouuer à redire à leur auancement.

2. Ce fut vn conseil que Germanicus mourant donna à Agripine, de n'irriter les plus puissans en credit & faueur, lequel n'ayant esté suiuy par elle, enfin se perdit elle & ses enfans,

1. Terent. in Tac l. 6. Ann. Non est nostrum astimare, quẽ supra cateros & quibus de causis extollas. Tibi summũ rerum iudicium dii dedere, nobis obsequii gloria relicta est.

I'ay dit qu'Eumenes pensa estre disgracié par Alexandre, pour s'estre irreueremment plaint d'Hepestion, estans également offencé, & de l'irreuerence des propos & de l'enuie que par là Eumenes monstroit porter à Hephestion.

3. C'est pourquoy il est tres necessaire à vn Courtisan de reconnoistre en quel degré de faueur, il est prés de son Prince, en comparaison d'vn autre & ne iuger pas tant par les esperances exterieures, que par les causes de la faueur.

4. Createrus & Hephestion sembloient vn temps estre également en credit prés d'Alexandre, lequel appelloit Createrus l'amy du Roy, & Hephestion l'amy d'Alexandre. Par où toutesfois Craterus deuoit reconnoistre, comme les Princes sont plus attachez à leurs volontez & inclinations, qu'ils ne sont le plus souuent à ce qui seroit requis pour la dignité de leur charge: Que celuy aussi lequel affectionne la dignité, s'il est aimé du Prince, l'est toutesfois moins que celuy qui s'est du tout attaché à la personne, laquelle touche plus prés le Prince que sa dignité. Et si en la querelle de Craterus & d'Hephestion, laquelle auoit diuisé toute la Cour,

Alexandre se porta comme neutre, (reprenant aigrement l'vn ou l'autre, & les menaçant également de les chastier si à l'aduenir ils se querelloient:) Ce fut plustost vn trait de prudence pour étouffer les partis, & le feu que cette diuision eût allumé si elle eût continué, qu'vn témoignage d'affection égale : ayant repris Hephestion publiquement pour diminuer l'enuie que l'on luy portoit, & Craterus à part pour éuiter que la plus part des Macedoniens qui estoient pour luy, ne s'en offençassent. Qui est la façon que les Princes doiuent suiure en semblables occurrences.

5. Mais pour reuenir à cette consideration que nous auons dite deuoir estre faite du degré de faueur, auquel nous sommes prés du Prince, en comparaison d'vn autre, l'on remarque que ce fut vne des fautes que fit Antonius Primus (duquel nous auons parlé) de se heurter sans y prendre garde contre Mucianus, qui estoit plus en credit que luy pres de Vespasian : & lequel (1 dit Tacite) il estoit plus dangereux de mépriser que Vespasian mesme.

1 *In Hist l. 3. Nihil aduentantem Mucianum veritas, quod exitiosus erat quam Vespasianum spreuisse.*

6. C'est chose qui se reconnoist en toutes les Cours, que le mépris que l'on a fait des fauoris des Princes est

mieux vangé, que celuy lequel se fait du Prince mesme, dequoy Dion rend la raison parlant de Seian.

7. Car comme ceux, dit-il, qui possedent quelque dignité à cause de leurs merites, ne recherchent pas curieusement ces vains respects & ceremonies desquelles l'on vse ordinairement en la Cour enuers les Grands; aussi ceux qui recherchent leurs honneurs pour rehausser leur bassesse, & l'indignité de leur condition, portent fort impatiemment, 1 & reputent à iniure, quand on ne leur rend le respect que le rang de faueur du Prince enuers eux merite. D'où vient qu'il y a plus de peine de s'entretenir de cette sorte de gens, & de se conseruer en leur amitié qu'en celle du Prince, lequel en pardonnant ses iniures, peut accroistre sa reputation, au lieu que ceux-cy croyent que faisans le semblable, l'on l'interpreteroit à crainte & à foiblesse : & que pour faire paroistre leur puissance & l'affermir, il n'y a meilleur moyen que de chastier & poursuiure ceux qui s'oublient en leur endroit

1 *Claud. l. 1. Asperius nihil est humili cũ surgis in altum. Cuncta ferit dum cuncta timet, desæuit in omnes; Vt se posse putent.*

CHAPITRE XXIV.

1. *L'Orgueil en l'exercice d'vne charge, est odieux au Prince, qui le punit en son Suiet. Exemple d'Aluaro de Luna.*

2. *Sixiéme cause de défaueur à vn Courtisan, la haine du peuple & des Grands contre luy*

3. 4. 5. *Exemples des Fauoris des Princes qui ont esté tuez.*

6. *L'infidelité ; septiesme cause de défaueur d'vn Courtisan*

7. *Le secret du Prince est de difficile garde.*

8. *Edict de Philippides sur ceux qui reueloient les secrets des Princes.*

1. NOn seulement l'orgueil enuers les Grands est insupportable, mais aussi souuent a il apporté la ruine à ceux qui s'y sont laissez aller à l'endroit de moindres. Aluaro de Luna Bastàrd d'Aragon, estoit tellement fauorisé du Roy Iean d'Aragon, que ce Roy luy mesme, & de son bon gré, se déroba d'entre les mains des principaux & plus Grands de son Royaume, pour luy remettre sa personne & ses affaires, au maniement desquels luy estant aduenu de se comporter auec insolence, ayant

fait ietter par la fenestre vn Gentil-homme qui de la part du Roy luy parloit de chose qu'il n'auoit à plaisir, le Roy luy fit trancher la teste, & ainsi chastia-il l'orgueil de ce Prince.

2. Vn autre suiet de defauoriser vn Courtisan est, quand par ses deportemens il attire la haine du peuple, ou des Grands, contre luy ou contre son Maistre. Car ou son Maistre se resout de se deffaire de luy, ou les autres Courtisans se resoluent de le perdre.

3. Commodus fut contraint de faire mourir Cleandre qui gouuernoit les affaires sous luy, pour appaiser l'émotion du peuple de Rome, contre lequel ce Cleandre auoit armé les gardes de l'Empereur.

4. Eutropius fauory d'Arcadius ayant esté cause de la reuolte de Trbigildus, fut abandonné par son Maistre à ses ennemis pour auoir paix.

5. 1 Commodus estant hay pour l'amour qu'il portoit à Anterus, les plus affectionnez seruiteurs de l'Empereur se resolurent vn soir que ce ieune-homme s'en retournoit en son logis de l'enleuer & le faire tuer, comme ils firent.

1. Lampr. Cum præfecti prætorio vidissent Commodū in tantum odium incidisse obtentu Anteri cuius potentiam præfecti prætorio ferre non poterant: vrbano Anterium eductum è palatio sacrorum causa & redeuntem in hortos suos per frumentarios occiderunt.

6. L'infidelité en la découuerte 1 du secret du Prince, & en l'intelligence auec ses ennemis, est aussi vne des plus ordinaires & des plus iustes causes de la ruine d'vn Courtisan, & neantmoins vne des fautes des plus communes, qui se commet aussi bien par legereté, indiscretion, & vanité que par infidelité.

1 *Has conditiones quamquã ipse in secreto voluerat cum amicis, vulgè tamen omnes fama ferebant: vanis ut ad cæterã fidem sic ad secreta regenda satellitum regiorum ingeniis.*

7. Pour la premiere: Ie diray que la plus grande Sagesse d'vn Courtisan est de ne s'informer des secrets du Prince, & ne s'engager à les entendre qu'auec d'autres, pource qu'aduenant que l'on soit tout seul, lors que le Prince les communique, si par discours tiré de la condition & estat des affaires, il court quelque bruit qui approche de cela, incontinent le Prince vous supçonnera de l'auoir dit. Et peut aussi aduenir que le Prince ayant dit à vn autre la mesme chose, ou qu'il ne se souuiendra, ou que tenant l'autre en reputation d'estre plus secret que vous, encores qu'il l'ait publié, il vous accusera plustost de l'auoir reuelé que celuy là.

8. Philippides Poëte Comique estant de toute la Cour du Roy Lysimachus, celuy qui estoit plus auant en ses bonnes graces, & Lysimachus luy

luy demandant de quoy il desiroit qu'il luy fist part : De tout ce qu'il vous plaira, luy répondit-il, hors-mis de vostre secret : monstrant par là qu'il ne faut point (qui pourra) se charger de chose de si fascheuse garde, ny se rendre curieux de le sçauoir, non plus de la bouche de ceux ausquels le Prince en fait part, que de celle du Prince mesme.

9. Hieron Prince de Syracuse disoit que ceux-là qui reueloient les secrets des Princes, faisoient tort & à eux, & à ceux ausquels ils le disoient. Car la connoissance de leur secret les offençant autant pour le regard des vns que des autres, ils les haissoient également.

CHAPITRE XXV.

1. *Huictiesme cause de defaueur du Courtisan, l'intelligence auec les ennemis de son Maistre.*
2. *Exemple du Cardinal Baluë sur ce suiet, son extraction, & son aduancement.*
3. *Autre exemple du Cardinal du Prat, & ruse d'iceluy.*
4. *Autre exemple d'vn Cardinal de l'Empereur Frederic.*

5. *Autre exemple de Stilicon.*

1. LA fortune n'a pas esté plus asseurée de ceux lesquels, ou par auarice, ou ambition, ou pour s'appuyer de tous costez, ont eu intelligence auec les ennemis de leur Maistre, soient domestiques ou estrangers.

Le Cardinal Baluë (qui de fils de cousturier auoit esté fait Thresorier par Louys XI. & de Thresorier Euesque, & depuis auoit obtenu le Chappeau de Cardinal de Paul second, lequel le luy auoit accordé, partie à la priere du Roy, partie pour le gagner & empescher qu'il ne luy fist de mauuais offices enuers son Maistre, comme auparauant il luy en auoit fait) fut découuert auoir intelligence auec les ennemis du Roy, lequel le fit à cause de cela mettre en prison, en la Tour de Loches, où il faut douze ans, d'où il ne sortit qu'à la priere du Pape Sixte IV.

2. Le Cardinal du Prat pour semblables menées du temps du Roy François I. decheut aussi de faueur, courut vne semblable fortune, n'ayant esté relasché de prison que sur la crainte que le Roy auoit que le Pape s'offençast, s'il y mouroit d'vne reten-

tion d'vrine, de laquelle il fit croire à tous ses Medecins qu'il estoit malade, beuuant son vrine, sans que personne en peust rien decouurir.

4. Pierre de Vignes principal Conseiller de Frederic II. Empereur, n'en échappa pas à si bon marché. Car estant soupçonné d'auoir intelligence auec Alexandre III. Pape ennemy de son Maistre, l'on luy fit perdre la veuë.

5. L'on attribuë la mort de *Stilico*, non seulement au dessein que l'on l'accusoit, d'auoir de se saisir de l'Empire d'Orient, l'execution duquel estoit encores éloignée : mais aussi à l'estroite intelligence qu'il auoit auec Alaric Roy des Gots, auec lequel il auoit fait faire vne honteuse paix pour l'Empereur, contre l'aduis de tout le Conseil, & mesme de Lampadius, qui dist lors que ce traité n'estoit pas vne paix, mais vne paction de seruitude, l'Empereur s'obligeant de payer tribut aux Gots, sous le nom de pension.

CHAPITRE XXVI.

1. *Neufiesme cause de la defaueur du Courtisan, quand il est autheur du mauuais conseil.*

2. *Exemple de Stilicon & d'Olympius.*
3. *Le fauory Courtisan doit plustost conseiller la paix que la guerre.*
4. *Exemples sur ce suiet & ruse de Iouius pour ietter son Maistre à la guerre, & se tirer d'enuie.*

1. LE Courtisan doit aussi se garder d'estre autheur de quelque conseil, dont l'issuë soit hazardeuse: Car arriuant que l'euenement soit tel que l'on le peut souhaitter, il sera imputé au Prince: & s'il est autre, celuy qui a donné le conseil, en sera accusé, non seulement par le commun qui iuge tous les conseils par les euenemens: mais aussi par le Prince qui sera bien aise de reietter l'enuie du mauuais conseil qu'il a pris, sur celuy qui le luy a donné.

2. Auant & apres la mort de Stilico, l'on blasmoit la paix faite de son aduis auec Alaric: ce qui fut cause qu'Olympius (lequel auoit esté l'instrument duquel Honorius s'estoit seruy pour se defaire de Stilico) se resolut de prendre le contrepied: & ayant toute authorité lors sur les affaires, fit rompre la paix, nonobstant plusieurs conditions raisonnables proposées par Alaric, engageant par ce moyen son Maistre en vne guerre

dont l'issuë n'estant telle qu'il s'estoit promis, il fut aisé aux Eunuques qui estoient pres de l'Empereur, de l'accuser, comme autheur de tous les maux desquels l'Estat estoit affligé, de façon qu'il fut contraint d'abandonner la Cour, & s'enfuir en Dalmatie.

3. C'est vn coup de Maistre que de resoudre la guerre, ou la rupture d'vn traité de paix. Ce que le Ministre y doit apporter, est de luy proposer les raisons de part & d'autre, sans faire le choix d'aucun party. Et si l'on le contraint à cela, celuy de la paix, sans vne grande necessité, ou vne éuidente vtilité au contraire, sera tousiours le plus seur, comme celuy duquel les inconueniens & hazards sont moindres.

4. C'est pourquoy Iouius qui succeda à la fàueur & à la puissance d'Olympius pres l'Empereur Honorius, encores qu'il desirast la continuation de la guerre contre Alaric, afin de se rendre plus necessaire à son Maistre (ruse ordinaire de la plusspart de ceux de ce mestier) fit semblant de desirer la paix, & s'estant abouché auec Alaric à Rimini, il enuoya à Honorius les articles qui auoient esté poposez de part & d'autre, & par

vne lettre separée luy conseilloit de declarer General de ses armées Alaric, afin qu'adoucy par cét offre, il retranchast quelque chose de ses autres demandes.

A quoy l'Empereur ayant répondu qu'il ne pouuoit trouuer bon de donner ce commandement à Alaric, ny à aucun des siens, laissant à Iouius de luy accorder la demande qu'il faisoit des pensions & des viures pour les Gots, ainsi qu'il auiseroit pour le mieux.

5. Iouius leut cette lettre deuant Alaric, lequel s'indigna tellement du peu de compte que l'Empereur faisoit de luy & de toute sa nation, qu'il rompit le traité : & Iouius s'en retourna vers l'Empereur, sans auoir rien fait : lequel picqué aussi de son costé, iura de ne point faire de paix auec Alaric, & fit faire semblable serment à tous les siens, entre lesquels Iouius se trouua le plus disposé, qui par cette façon de proceder se déchargea de l'enuie de cette rupture sur son Maistre & sur Alaric, obligea Alaric par la demande qu'il auoit faite pour luy, du commandement General des armées de l'Empire : & par ce mesme moyen engagea son Maistre à continuer la guerre, laquelle

le rendit plus necessaire, & affermit d'auantage son authorité & sa faueur.

Ie grosirois trop ce discours si ie voulois rapporter icy les exemples de tous ceux qui par leurs fautes particulieres sont decheus de la faueur que les Princes leur portoient : & quand ie les aurois apportées icy, encores l'on trouueroit plusieurs autres fautes qui peuuent causer le mesme effet, lesquelles pour estre indefinies, il faut laisser à l'accortise du Courtisan de s'en garder, & s'y gouuerner.

CHAPITRE XXVII.

1. *Huictieme diuision de cette partie, contenant la défaueur en Cour procurée par nos ennemis, enuieux, ou concurrens, par trois moyens.*
2. *Premier moyen par l'eloignement de celuy qu'on veut defauoriser; qui se fait en diuerses fins & moiens, & comment.*
3. *Pour euiter querelle, sous pretexte d'vne commission honorable. Exemple de ce pretexte.*
4. *Ou pour euiter enuie & ialousie, Exẽple de Tibere qui se retira à Rhodes.*
5. *Ou de nous mesmes par commandement du Prince.*

2. Ou quand on veut tirer quelqu'vn d'vne charge éloignée.
7. 8. Exemple sur ce moyen.
9. Eloignement procuré pour calomnier plus aysement l'absent.
10 Ou pour le perdre en quelque entreprise, exemple sur cela.
11. Autre exemple.

1. VEnons donc à la défaueur, ou diminution de credit qui nous est procurée par nos ennemis, enuieux, ou concurrens, lesquels ordinairement se seruent de l'vn de ces trois moyens, ou de nous élogner de la Cour, sous pretexte de nous employer ailleurs, ou de nous rendre suspects, ou odieux au Prince, ou bien de contraindre le Prince par viue force de nous chasser, ou se défaire de nous.

2. L'on nous éloigne par diuers moyens & pour diuerses fins. Car à quelques-vns l'on a fait trouuer bon cét eloignement par l'offre de quelque charge honnorable en lieu éloigné, ou par quelque occasion en laquelle celuy-là desire estre employé pour aissister les siens. Comme celle qui fut menagée par Styppiota sous l'Empereur Manuel Comnenus, pour eloigner Iean Hagiotheodorita son

compagnon du maniement des affaires, & qui auoit plus de credit que luy. Car estant suruenu different entre Michel Paleologue & Ioseph Balsamond, Styppiota persuada à l'Empereur d'enuoyer Hagiotheodorita beau-frere de Balsamon, auec pouuoir de gouuerner au Peloponese, pour appaiser cette querelle : à quoy Hagiotheodorita condescendit d'autant plus volontiers qu'il desiroit assister son beau frere, ne considerant pas que pendant son absence Styppiota prendroit toute authorité sur les affaires, & qu'il accoustumeroit l'Empereur à se passer de luy.

3. Il y en a eu qui pour les grandes querelles que l'on leur a suscitées en la Cour, ont pris party de s'esloigner sous pretexte de quelque commission, comme fit Agrippa, gendre d'Auguste, qui se retira en Asie, sous ombre de mettre ordre à quelques affaires de l'Empereur, afin de dissimuler 1 la querelle qu'il auoit auec Marcellus.

4. 2 Tibere du viuant de Caius Cesar qui haïssoit, se retira à Rhodes,

1 *Velleius Paterculus. Agrippa sub specie ministeriorum principalium profectus in Asiam, ut fama loquitur, ob tacitas cũ Marcello offensiones, præsenti se subduxerat tempori.*

2. Suetone en sa vie chap. 12. *Remansit ergo Rhodi contra voluntatem, vix per matrem consecutus, ad velandam ignominiam quasi legatus ab Augusto abesset.*

faisant semblant de prendre plaisir à l'estude des lettres, & pour couurir son exil, luy fut accordée à la poursuitte de sa mere, la qualité de Lieutetenant de l'Empereur.

5. Mais quand les pretextes manquent pour induire celuy que l'on veut éloigner de rechercher de luy-mesme les occasions de son éloignement, l'on luy fait commander par le Prince de s'employer en quelque charge, à laquelle l'on a desia persuadé le Prince, qu'il n'y a homme plus digne, ny qui le puisse mieux seruir que luy.

6. De mesme en vse t'on quand on veut tirer vn homme de quelque charge éloignée, où il est en authorité, pour le retirer parmy la presse, & le commun de la Cour, luy faisant croire qu'il est necessaire pres de la personne du Prince.

1. *Polib. liu.* 4. *Hist.*

7. 1 De cette ruze se seruit vn certain Apelles, pour oster le Gouuernement du Peloponese à Taurion, disant qu'il estoit necessaire qu'il assistast le Roy en ses armées.

2. *Herodot. liu.* 5.

8. 2 Darius sous ce pretexte, & par le conseil de Megabyzus fit venir Histieus pres de luy, non pour s'en seruir, mais pour le retirer d'entre les Ioniens, parmy lesquels il

auoit beaucoup de credit.

Si la fin de toutes ses ruses n'estoit que pour se faire place, cette façon de proceder entre plusieurs autres pires ne seroit que tolerable ; mais plusieurs ont passé plus outre.

9. Arbetio sous Canstantius Empereur (afin de calomnier plus aysément Syluanus General de l'Infanterie, qui estoit en credit prés de l'Empereur) fit tant qui luy fit donner la charge de commander aux Gaules, pour s'opposer aux Barbares qui pilloient & rauageoient ces Prouinces-là, où estant, Arbetio trouua moyen de ietter l'Empereur en ialousie du credit & authorité que Syluanus auoit acquis en ces quartiers là, & le faire resoudre de le perdre.

10. Vrsicinus General de la Caualerie sous le mesme Empereur fut enuoyé sur la frontiere de Perse pour l'éloigner de la Cour, ou apres l'auoir tenu dix ans, l'on luy enuoya pour successeur vn nommé Sabinianus, homme de peu de valeur, & de moindre experience. Et sur la nouuelle qui vint à Constantinople que les Perses se preparoient pour faire la guerre, Eusebius Eunuque, & Chambellan de Constantius fit commander à Vrsicinus de demeurer en ces

quartiers là, quoy qu'on ne luy donnast aucun pouuoir. 1 Mais le dessein d'Eusebius, & des autres Courtisans, qui auoient iuré sa ruine, estoit si les Perses à l'occasion de sa demeure se retiroient, d'en donner l'honneur à Sabinianus, & si d'auenture ils faisoient progrez, imputer le mal qui en arriueroit à Vrsicinus, comme il aduint à Vrsicinus ensuitte de cela, & à la poursuitte des Eunuques, ayant esté degradé de la milice, & renuoyé en sa maison.

1. Amm. l. XVIII. quod ideo per molestos formatores imperii struebatur, vt si Persæ frustra habiti redissent ad sua, ducis noui virtuti facinus assignaretur egregium, si fortuna sequior ingruisset, Vrsicinus reus proditor Reip. deferretur.

II. Auparauant sous le mesme Constantius, l'on enuoya Ruffinus oncle de Gallus, & Generale des troupes Pretoriennes, pour appaiser la sedition des soldats en esperance qu'il n'en reuiendroit point, & qu'il s'y perdroit. Clytus estant enuoyé en la Prouince de Sogdiane, se plaignoit qu'Alexandre l'enuoyoit là à semblable intention.

CHAPITRE XXVIII.

1. Second moyen que nos ennemis tiennent pour nous défauoriser, pour nous rendre odieux & suspects au Prince, & ce par deux moyens.

2. Et pour nous calomnier, & consideration sur la calomnie.

3. Les calomnies plus puissantes en l'esprit des Princes.

4. Comment les calomnies se rendent vray semblables.

5. Deportemens des calomnies.

6. Induction des calomniateurs pour prendre suiet de calomnier.

7. Exemples sur cette induction.

8. Artifices pour ietter vn qui aura esté calomnié en desespoir, & vn exemple sur ce suiet

9. Autre exemple.

10.11 Autre artifice pour ietter vn calomnié à desespoir & exemple sur cela.

12. Autre exemple d'artifice de calomnie par Seian pour ruiner Agrippine.

13. Ruse des calomniateurs en induisant les seruiteurs à calomnier leurs Maistres.

14. 15. Exemples de cela.

1 LE second moyen que nos ennemis tiennent pour nous défauoriser, est de nous rendre odieux & suspects au Prince : & pour cét effet se seruent de deux moyens qui semblent contraires : mais qui font mesme effet, à sçauoir des calomnies & des loüanges.

2. Es calomnies deux poincts sont à considerer. Le premier est si elles sont de choses qui soient assez puis-

ſantes pour faire changer la volonté du Prince enuers nous. Le ſecond ſi elles ſont vray-ſemblables.

Ce qui peut émouuoir, ou alterer rer la volonté du Prince enuers nous, ſe doit iuger par ſon inclination, ſon humeur & la qualité des affaires.

3. Mais les calomnies qui iuſques icy ont ruiné les plus grands, ont eſté celles qui ont ietté le Prince en defiance de quelque entrepriſe ſur ſa perſonne, ou ſur ſon Eſtat, ou celles qui luy ont fait croire le meſpris que celuy qu'il auoit éleué en credit & authorité faiſoit de ſa perſonne, ou par deſobeiſſance & peu de reſpect à ſes commandemens, ou par mediſances & mocqueries de ces paroles, ou deportemens.

4. Ces calomnies ſe rendent vray-ſemblables, ou par les paroles & action indiſcretes, tant de ceux qui ſont calomniez que de eux qui dependent d'eux, comme ſeruiteurs, amis & parens ou par ſuppoſition de lettres fauſſes, ou par la creance que l'on a en ceux qui font les rapports, ou par la defiance que le Prince à déja conceuë contre ceux que l'on calomnie.

5. Les deportemens & diſcours que

l'on interprete contre ceux que l'on calomnie, procedent d'eux, ou volontairement sans force, contrainte, ou induction d'autruy, comme ceux desquels nous auons cy-deuant parlé : on bien les calomniez y seront poussez par l'artifice de leurs ennemis, enuieux & concurrens qui vsent en cela d'autant de ruses que leur malice & les occasions leur en peuuent fournir.

6. Quelques vns ont conseillé, ou fait conseiller à celuy qu'ils ont voulu calomnier, vne chose, sous pretexte qu'elle luy pourroit estre vtile ou auantageuse, de laquelle ils se sont seruis apres pour le ruiner, en l'interpretant enuers le Prince à mauuais dessein.

7. Basilius Empereur de Constantinople cherissoit vn certain moyne Magicien appellé Santabarenus, lequel Leon son fils haïssoit : ce que ce moyne reconnoissant se mit à le courtiser pour luy faire croire qu'il l'aimoit : & fit tant qu'il luy persuada de porter vn poignard, quand il iroit à la chasse auec son Pere, afin de se pouuoir deffendre, si quelqu'vn l'attaquoit. A quoy ce Prince s'estant accordé, le moyne ne manqua point de le calomnier enuers l'Empereur.

son Pere, & luy dit qu'il le vouloit tuer, & qu'à cet effet il portoit vn poignard caché, duquel ce Prince ayant esté trouué saisi, il fut mis en prison, & sans la priere des principaux de la Cour, le Pere l'eust fait mourir.

1 Paul. Diac. in vita. Theodor. qui rapporte tout au long cette affaire.

8. 1 Aëtius sous Valentinian III. ayant enuie de ruiner Boniface Comte, ou Gouuerneur d'Afrique, qui estoit fort estimé par l'Empereur, l'accusa enuers Placidia mere de Valentinian, de vouloir se rendre maistre de l'Afrique, luy conseillant de le faire venir en Cour: & en mesme temps donna aduis à Boniface, comme s'il luy eut esté amy, que l'on l'auoit accusé, & que l'on luy deuoit mander de retourner à la Cour; mais qu'il s'en deuoit bien garder, s'il n'y vouloit perdre la teste. Ce qui fit resoudre Boniface, non seulement de ne point satisfaire au commandement que luy faisoit l'Imperatrice, mais aussi pour s'opposer à ceux que l'on enuoyoit contre luy, d'appeller Gontaire & Genseric fils de Gondarich Roy des Vandales, qui estoient en Espagne, lesquels par ce moyen se saisirent de la Mauritanie. Mais depuis cette fourbe ayant esté découuerte & pour plus grande preuue le duel ayant esté

permes par Placidia entre Aëtius & Boniface, Aëtius ayant esté vaincu, fut chassé de la Cour.

9. Semonas qui estoit en quelque credit sous Leon fils de Basile, à cause qu'il auoit découuert la coniuration d'vn certain autre Basile parent de l'Imperatrice Zoë, voulant ruiner Andronicus Ducas qui alloit contre les Agarenes ou Sarrasins, auec Hymerius Logothete, fit en sorte qu'vn des amys d'Andronicus l'aduertit qu'Humurius auoit charge de l'Empereur, de luy faire perdre la veuë (moyen ordinaire duquel l'on se seruoit en ce temps-là pour rendre inutils les Princes & autres personnes de commandement) & partant qu'il deuoit pouruoir à ses affaires. Ce qu'Andronicus croyant veritable (bien que ce fust vne inuention de Samonas pour le ruiner) se separa d'Hymerius: & se saisit d'vn chasteau. De quoy Samonas prit suiet de le calomnier enuers l'Empereur, & faire que l'on enuoyast contre luy vne armée laquelle le contraignit de se retirer auec les Sarrasins ennemis de l'Empereur.

10. 1. Arbetio ayant mis Constantius en ombrage de Syluanus, & craignant que celuy-cy venant à Rome au commandement que luy en faisoit

l'Empereur, il ne se iustifiast, fit bailler les lettres à vn Apodemius : qui estant arriué aux Gaules, au lieu de les presenter à Syluanus, commença à décrier ses affaires comme desesperés, afin de le faire reuolter, comme il fit, & par là verifier la calomnie, qui ne le pouuoit estre par les letres qui auoient esté falsifiées par Dynamius & certains autres que nomme Marcellin.

11. Seianus pour ruiner Agrippine 1 faisoit sous main que ses amis luy éleuoient ses esperances, afin de la rendre p[illegible]s suspecte à Tibere. Et pour la mettre encores dauantage aux champs, il fit accuser Claudia Pulchra sa cousine par Domitius Afer, afin de l'inciter de s'aller plaindre à Tibere, comme elle fit auec des paroles conformes à son humeur trop altiere, & qui offencerent l'Empereur.

12. 2 Vne autrefois il fit donner aduis à cette femme de ne manger de ce que son beau-pere luy presenteroit, pour ce qu'il auoit deliberé de l'empoisonner, ce qu'ayant legerement creu, & s'estant abstenuë de manger de ce que Tibere luy presenta, elle l'offença encores dauantage.

13. Depuis comme on luy eust donné des gardes & à ses enfans, le mesme Seian apposta des hommes pour luy

1. *Tac. in Annal. Agrippina quoque proximi inficiebantur prauis sermonibus tumidos spiritus perstimulare.*

2. *Tac in 4. Annal. Seianus marentem & improuidiam altius perculit, immissis qui per speciem amicitiæ monerent, paratum ei venenū vitandas soceri epu[illegible]*

persuader de s'euader & retirer aux armées d'Allemagne, ausquelles Germanicus son mary auoit commandé, ou de recourir à la statuë d'Auguste, & appeller le Senat & le peuple à son secours, & cela afin de haster la ruine de cette Princesse.

14. Auparauant pour ietter le mesme Tibere en deffiance, & luy faire croire que cette femme auoit dessein d'entreprendre contre sa personne, & son Estat, il s'auisa de faire entrer en discours de quelque chose de semblable, vn Cheualier Romain nommé Titus Sabinus. Quatre qui auoient esté Preteurs, & desiroient estre faits Consuls, par le moyen de Seian (la faueur duquel ne se pouuoit gagner que par quelque meschanceté) entreprirent cette affaire, & fut arresté entre eux que Latiaris qui auoit plus de familiarité auec Sabinus, la conduiroit, & que les autres trois seruiroient de tesmoins. Dont Latiaris le rencontrant, commence de mettre en auant quelques propos, puis louë sa constance de n'auoir comme les autres abandonné la maison de Germanicus en son affliction, duquel il dit beaucoup de bien, faisant semblant d'auoir grande compassion d'Agrippine : & apres que là dessus Sabinus

eut ietté quelques larmes. Latiaris y ioignant les plaintes accusa la cruauté, l'orgueil, & les desseins de Sejan, ne pardonnant pas mesme à Tibere, de façon que ces discours estans de choses deffenduës, commencerent dés lors à 1 les rendre plus familiers l'vn à l'autre. En suitte de cela Sabinus volontiers se rencontroit auec Latiaris, alloit en sa maison, & luy declaroit, librement ce qu'il auoit sur le cœur.

1 *Ibid. in serm. tanquam vetita miscuissent, speciem arcta amicitiæ facere.*

15. Le fondement de cette pratique ainsi iettée, ces quatre consulterent de quelle façon ces discours pourroient estre entendus par eux, pour former l'accusation. Car de se mettre derriere vne porte, il estoit à craindre, ou que l'on ne fut veu, ou que faisant par mégarde du bruit, ils fussent découuerts, ou mesme que Sabinus ne se défiast de quelque chose si l'on approchoit pres d'vne porte. Ce qui les fit resoudre de se mettre au dessus du plancher, tendant l'oreille par les fentes d'iceluy pour ouïr ce qui se diroit. Cela ainsi arresté, Latiaris rencontrant Sabinus, & faisant semblant de luy vouloir dire quelque chose qu'il auoit découuert depuis peu, le mene en sa maison, & en la chambre destinée pour cela, où

luy faisant repeter tout ce qui s'estoit passé entre eux, il fut recueilly par ceux qui les écoutoient en haut, lesquels en furent témoins, Latiaris l'accusateur, Sabinus condamné, & Agrippina auec ses enfans mise entre les mains des Gardes de l'Empereur.

CHAPITRE XXIX.

1. *Induire autruy à mal faire pour auoir suiet de le calomnier. Exemple de Firmius Catus contre Lybon, allié en la maison des Cesars.*
2. *Induire autruy à mal parler du Prince, afin de le calomnier. Exemple sur cette induction.*
3. *Moyen pour rendre les calomnies vray-semblables par fausseté de lettres, & le remede de cette calomnie.*
4. *Faux témoins domestiques gagnez pour rendre la calõnie vray semblable.*
5. 6. 7. *Exemples sur ce suiet.*

1. FIrmius Catus Senateur voulant par la ruine de Lybon, allié de la maison des Cesars, s'auancer en la bonne grace de Tibere, persuada à ce ieune homme plus vain que sage, de s'enquerir des deuineurs & magiciens, s'il pourroit pas vn iour paruenir à l'Empire, & sur ces esperan-

ces luy conseilla de se ietter en dépenees, & d'emprunter argent, l'accompagnant 1 en tons ses plaisirs, & luy faisant faire tout ouuertement ce qui pouuoit seruir à l'accusation qu'il meditoit d'intenter contre luy. Et quand il eut assez de témoins de ses deportemens, lors il le defera à Tibere par l'entremise du Cheualier Flaccus.

1 *Tac. 2. Annal. Socius libidinum & necessitatum quo pluribus indiciis in ligaret.*

2. Stipiota qui sçeut finement éloigner Iean Hagiotheodoria son compagnon pour gouuerner seul les affaires sous Manuel Comnene, ne sçeut pas se garder d'vne surprise pareille à celle qui ruina Sabinus, de laquelle Camaterus Logotheta se seruit, le calomniant enuers l'Empereur, comme vn trompeur & imposteur, trahissant les affaires de Sicile: & afin de rendre sa calomnie plus vray-semblable, fit cacher l'Empereur en vn certain endroit de son logis, d'où il pouuoit entendre tout ce qui se disoit en vne chambre, en laquelle Camaterus mena Stypiota, qui s'estant mis à parler des affaires de Sicile, se laissa aller à plusieurs discours qui firent entrer en deffiance l'Empereur, lequel les entendoit: & Camaterus non content de cela, adioustant ruse sur ruse, fit encore ietter

quelques fauſes lettres dans les Regiſtres, & parmy les papiers de Stypiota, qui eſtans ſecoüez en la preſence de l'Empereur, ces lettres tomberent, & ſeruirent à le conuaincre, de façon qu'il fut condamné à perdre la veuë.

3. C'eſt exemple nous donnera ſuiet de paſſer au ſecond moyen que pluſieurs ont tenu pour rendre leurs calomnies vray-ſemblables par la fauſſeté des lettres. Car encores qu'elle puiſſe eſtre enfin découuerte, neantmoins elle a eu cette force par le ſeul ſoupçon d'aliener la volonté du Prince, & contraindre le Calomnié (ayant aduis de ce changement) de ſe retirer doucement des affaires, craignant pis ou bien pour ſe garentir de mal, ſe reſoudre à quelques voyes extraordinaires, qui ont donné nouueau ſuiet de le calomnier, & acheué de le ruiner prés le Prince, comme il aduint à Syluanus, duquel nous auons parlé.

4. Les faux teſmoins peuuent auſſi rendre vne calomnie vray-ſemblable, meſmement ſi elle eſt des crimes, à la preuue deſquels l'on a couſtume d'aider, comme de leze Maieſté & infidelité: Mais plus ayſement y adiouſte l'on foy, quand les teſmoins ſont domeſtiques.

5. Eutropius voulant ruiner Timasius vieil Capitaine de l'Empereur Arcadius, & lequel auoit acquis beaucoup de credit & de reputation, rechercha de gagner vn nomme Bargus qui estoit à la suitte de Timasius & de ses plus familiers : & par cét homme le fit accuser d'auoir voulu entreprendre sur l'Estat : ce qui fut d'autant plus aysement creu, que l'on ne se pouuoit persuader qu'vn homme que Timasius auoit tant aimé, & obligé, l'eust voulu accuser de chose qui n'eust esté veritable.

6. A quoy ayant ioint quelques memoires contrefaits, cét homme de bien fut relegué auec son fils en l'Isle d'Oasis, d'où depuis ils ne retournerent, ny l'vn ny l'autre.

7. Tigillinus voulant donner le saut à C. Petronius qui se trouuoit plus propre que luy à seruir Neron en ses volontez, corrompit vn des seruiteurs de Petronius pour accuser son Maistre d'auoir eu intelligence auec Sceuin, lequel auoit coniuré contre l'Empereur & ainsi le ruina.

CHAPITRE XXX.

1. La creance que le Prince a au calomniateur, rend la calomnie vray-semblable.

ble Exemple sur cette creance.

2. *L'opinion que le Prince a pris du calomnié, conforme à la calomnie, rend la calomnie vrai-semblable.*

3 4. *Exemple de cette opinion.*

5. *Ruse d'Arbetio sur ce suiet pour retirer de la Cour Vrsicinus, & puis l'obliger.*

1. LA creance aussi que le Prince a en celuy qui luy fait rapport d'vne calomnie, fait qu'il la croit plus aisement. Ce que reconnoissant Seian lors qu'il voulut faire croire à Liuia mere de Tibere la mauuaise volonté d'Agrippine veufue de Germanicus, 1 il gagna Iulius Posthumus confident de Liuia, & lequel entretenoit Mutilia Prisca femme puissante à manier l'esprit de cette Princesse.

2. Mais les Calomnies sont encores plus aisement creuës, quand elles s'addressent contre ceux 2 desquels le Prince a déja quelque deffiance. De laquelle aucuns se sont seruis, non seulement pour reculer ceux qu'ils calomnioient, mais aussi pour gagner les bonnes graces du Prince.

3. Les Courtisans de Vitellius ne calomnierent Balsus que sur le declin de sa faueur, & lors que l'Empereur sembloit en entrer en défiance, laquelle

1. Tac l. 4. Ann. Atque hæc callidis criminationibus, inter quos delegerat Iuliũ Posthumum per adulterium Mutiliæ Priscæ inter intimos auiæ, consiliis suis peridoneum, quia Prisca in animo Augustæ valida.

2 *Ta. Aulici acriter Principium offensas speculantur*

fut aydée par la personne que l'on employa à son accusation, qui estoit le frere de Vitellius.

3 *Ta. 319. Suspectabat maximè Cornelium Syllam, sacrum ingenium, eius in contrarium trahens, callidum & simulatorem interpretando. Quem metum Grapius ex libertis vsu & senecta á Tiberio vsque domum Principum edoctus tali mendacio intendit.*

4. 3 Grapius affranchi de Cesar tenu pour vn vieil & affiné Courtisan par Tacite, calomnia Cornellius Silla, duquel Neron se deffioit, afin de se conseruer aux bonnes graces de l'Empereur: & le semblable fit Tigillinus contre Plautus & Sylla.

1 *Ibid. l. 14. Ann. Validio in dies Tigillinus, motus eius rimatur, compertoque Plautum & Sillam maximè timeri, nuper amatos, &c.*

2 *Ammiā*

5. 1 Arbetio en fit aussi de mesme, calomniant Vrsinus General de la Caualerie, & suspect à l'Empereur Constantius, à cause de Gallus duquel Vrsicinus estoit parent. Le fait toutesfois dont il estoit accusé, ne pouuant estre prouué, Arbetio fit contenance de le vouloir sauuer, remettant ce iugement à vne autre deliberation, & ainsi laissant cette affaire indecise, il fit trois coups à son aduantage; car il sembloit par là obliger Vrsicinus qui deuoit craindre l'iniquité d'vn iugement, tel qu'il s'en donnoit plusieurs en ce temps-là; il reculoit cependant des affaires & de la Cour vn plus capable, & plus

homme de bien que luy, à quoy principallement il tendoit, & aydant à la defiance que le Prince auoit de cet homme, il luy faisoit croire qu'il veilloit à sa conseruation. *Marcel. in initio lib 15. Arbetio consilio in* *leuitudinem flexo facinus impium læsæ Maiestati quo Vrsicinus accusabatur, ad deliberationem secundum deferendum persuasit, contentus exturbasse collegam, quem hac ratione sibi diuinxisse existimabat.*

CHAPITRE XXXI.

1. *Les rapports des choses pretenduës vrayes, se rendent vray semblables.*
2.3.4. *Exemple de Tybere sur ces raports.*
5. *Moyen de reprocher à vn Tiran ses meschantetez.*
6. *Conclusion des calomnies.*

1. LEs rapports des mesdisances pretenduës dites par quelqu'vn se rendent aussi vray-semblables, quand l'on impute à quelqu'vn d'auoir mesdit du Prince en chose qui se trouue veritable,

2. Cepio Crispinus voulant calomnier Granius Marcellus d'auoir mesdit de Tibere, choisit ce qui estoit de plus sale, & de plus reprehensible en la vie de ce Prince, & accusa Granius de l'auoir dit : ce qui fut d'autant plus aisément creu, que 1 chacun re- *1. Tacite dit élegã.*

connoissoit toutes ces saletez veritables.

ment. Et quia vera erant etiã dicta credebantur.

3. Cette façon fut suiuie par la plus-part des autres Calomniateurs, qui impunément reprochoient à cét Empereur ses meschancetez & vilainies, sous ombre de calomnier les autres : ce qui deuoit dégouster ce Prince de leur prester l'oreille.

4. Toutesfois haïssant les reproches & aimant la calomnie, pour ne point oüir les premieres en presence du Senat, & contenter sa cruauté par la derniere, il se resolut enfin de se retirer de Rome, 1 & faire son seiour à Caprées.

5. C'est le seul moyen de reprocher seurement à vn Tyran ses meschancetés, que de calomnier quelqu'vn d'en auoir parlé. Ainsi en vsoient ceux qui vouloient reprocher à Neron le parricide commis en la personne de sa mere, accusans quelqu'vn d'en auoir parlé, non tant poür faire mourir celuy qu'ils accusoient, 2 que pour diffamer ce Tyran.

6. Voilà les plus ordinaites façons de se seruir des calomnies, outre lesquelles il faut auoir l'œil aussi aux autres artifices que la malignité peut inuenter, selon la disposition des affaires, & l'inclination du Prince.

1 *Tac. l. 4. Annal. Tiberium perpulit vt vitandos crederet patrum cœtus, vocesq; quæ plerumque vera & graues grauis coram ingerebantur.*

2. *Xiphil.*

passions aux louanges par lesquelles le plus souuent nos ennemis ne nous font pas moins de mal.

CHAPITRE XXXII.

1. Seconde ruse dont nos ennemis vsent pour nous rēdre suspects & odieux au Prince, qui est des louanges qu'ils disēt de nous, pour dissimuler leur haine.

2. 3. Comment quelques vns l'ont employée. Exemples sur cela.

4. 5. Aduis aux Courtisans que les Princes se seruent aucune fois de cette ruse, en caressant extraordinairement celuy qu'ils veulent perdre.

6. Louanges mises en auant, pour ietter le Prince en ialousie de celui que l'on loue.

7. Dit notable de Iulian sur cette hipocrisie.

8. Autre hipocrisie de louer quelqu'vn pour blasmer vn autre.

9. Autre à louer les morts, pour faire honte aux viuans, ainsi que faisoit Auguste.

10. Autre ruse de reprocher & accuser en excusant à la mode d'Auguste.

11. Aduis & precautions contre les ruses & Hipocrisies.

12. Troisiesme moien que nos ennemis enuieux & concurrens tiennent pour nous défauoriser & chasser hors de la Cour & nous ruiner, est la force, & comment elle se pratique.

13.14. *Exemple de ce troisiesme moyen.*

1. AVcuns les ont employées pour dissimuler leur haine, enuie ou ialousie contre celuy qu'ils ont desiré tromper plus aisément.

2. Fabius loüoit deuant tout le monde Manlius Valens, pour mieux couurir les mauuais offices qu'il luy faisoit secrettement enuers Vitellius. 2 Arbetio appelloit Visicinus homme de courage & vaillant, dit Marcelin en mesme temps qu'il le calomnioit enuers l'Empereur.

1. *Tac. in l. 1. Hist. Manlius Valens quamquã de partibus meritus, nullo apud Vitellium honore fuit secretis cum criminationibus infamauerat Fabius ignarum, & quo incautior deciperetur, palam laudatũ,* 2. *An. l. 15. Impugnabat Vrsicinum perfectæ benignitatis illecebris Arbetio & virum fortem propalam sapè appellans ad innectendas letales insidias vitæ simplici perquam callens, & ea tempestate nimium potens.*

3. Alphonse Roy d'Aragon voyant qu'vn des siens loüoit vn certain de ses compagnons plus que de coustume, dit à quelqu'vn de ses fauoris que toutes ces loüanges tendoient à ruiner celuy que l'on loüoit : ce qui fust aduenu, si ce Roy n'eust détourné l'accusation qui au bout de six mois

fut intentée contre celuy-là par celuy qui auparauant le loüoit. 1 Mucianus en fit de mesme voulant ruiner Antonius Primus, le loüant en plein Senat, peu auant qu'il le desarmast.

4. Mais le Courtisan doit estre aduerty que non seulement les autres de sa condition; mais aussi les Princes quelquesfois vsent de cette dissimulation enuers ceux qu'il veulent perdre.

5. Quand Tibere voulut faire mourir Libon; il le fit Preteur, & le caressa extraordinairement, & le receuant à sa table, sans se monstrer ny en paroles ny en visage émeu contre luy. De mesme en vsa-il enuers Seian. Domitian n'estoit iamais tant à craindre que lors qu'en apparence il se monstroit plus doux. Nicetas dit que les loüanges d'Andronicus estoient le commencement d'iniures, sa liberalité signe de confiscation, & sa douceur l'auant-coureur de la mort.

6. Il y en a qui se sont seruis de loüanges pour mettre le Prince en ialousie de ceux qu'ils loüoient, comme ceux qui loüoient Iulius Agricola deuant Domitian: à quoy Tacite attribuë vne partie de la disgrace de son beau-pere.

7. 1 Iulian Empereur, escriuant à

1. Tac in l. 4. Hist. Igitur Mucianus, quia propalam opprimere antonium nequebat, multis in Senatu laudibus cumulatũ, secretis premissis onerat, citeriorem Hispaniã ostentans, discessu Flauii Rufi vacuam.

1 Iul. 9

2 Mamer. & Polyb. l. 4. Calli.

Basile, dit qu'il n'y a point de plus grands ennemis que ceux qui se seruent de cette hypocrisie de Cour. Aussi l'auoit-il senty, à ce que dit Mamertin en son Panegyric : 2 & Polybe dit que c'est vne nouuelle façon de calomnier de laquelle de son temps on se seruoit aux Cours des Princes, où l'enuie iouë ses ieux à couuert, & la flatterie à decouuert.

do notendi artificio, accusatoriam dicacitatem laudum titulis peragebant, in omnibus conuenticulis quasi per beneuolentiam.

3. Tac. Inuidia in occulto, adulatio in aperto erat.

8. Il y a encores vne autre façon de se seruir des loüanges pour defauoriser quelqu'vn, quand on louë les vns pour reprendre 4 & blasmer les autres. Plutarque accuse Herodote de cette malignité, lequel en loüant les Atheniens de s'estre opposez aux Perses, a eu plustost intention par là de blasmer les autres Grecs, que de faire honneur aux Atheniens.

4. Chrys. Hom 11. in 1. Cor & Senec. Regalis ingenii mos est in præsentem contumeliam amissa laudare, & eis virtutem dare vera dicendi à quibus audiendi periculum non est.

9. Et Seneque dit que cette façon est assez ordinaire aux Roys de loüer les seruices de ceux qui sont morts, pour faire honte aux viuans : comme Auguste faisoit la fidelité de Mecenes & d'Agrippa, qu'il regrettoit, lors que le mauuais gouuernement de ses filles fut découuert : afin de

reprocher à ceux qui estoient prés de luy le peu de soin qu'ils auoient de ses affaires & de sa reputation.

10. Le mesme Auguste se seruoit des excuses aussi bien que des loüanges, pour reprocher & accuser ce qu'il trouueroit à redire, comme il en vsa enuers Tibere, lors qu'il luy fit donner le pouuoir de Tribun. Car 1 escriuant de luy au Sènat en termes assez honnorables, il y adiousta plusieurs choses qu'il y auoit à reprendre, lesquelles en excusant, il sembloit luy reprocher.

1. Tac. in 1. Ann. de habitu, vultuque & institutis eius tacuerat quo velut excusandum exprobaret.

11. Par là nous apprendrons à rechercher de connoistre aussi bien l'interieur de ceux qui nous louent ou font semblant de nous excuser, commme de ceux qui nous calomnient.

12. Le dernier moyen que nos ennemis employent pour nous défauoriser, est la force, laquelle se pratique quand les affaires sont disposées, ou à vne émotion populaire, ou à vne sédition ou reuolte de gens de guerre, pour le mécontentement que l'on peut auoir de nostre aduancement ou de nos déportemens.

13. L'on sçait les émotions aduenuës à Paris du regne de Iean, pendant sa prison, & durant la regence de son fils, dans lesquelles aucuns

des principaux qui gouuernoient les affaires, coururent fortune.

14. Depuis quelques années en çà les seditions des Ianissaires ont extorqué des mains des Empereurs Turcs leur principaux fauoris. Stilico se voulant défaire de Ruffinus qui gouuernoit tout prés d'Arcadius, enuoya Gaines auec quelques troupes, sous pretexte de renforcer l'armée d'Arcadius, auec commandement secret que lors que Ruffinus, accompagnant Arcadius, se presenteroit deuant les troupes, les soldats à certain signal se iettassent sur luy, & le taillassent en pieces, comme ils firent peu de temps apres Eutropius estant entré en la place de Ruffinus, & mécontentant plusieurs Grands de la Cour d'Aarcadius, Gaines fit reuolter Tribigildus, lequel pilla & sacagea l'Asie auec ses troupes iusques à ce qu'aux despens de la teste d'Eutropius l'accord se fit auec l'Empereur par l'entremise de Gaines, qui estoit demeuré à la Cour pour mieux ioüer ce ieu. Et depuis le mesme Gaines s'estant luy mesme ouuertement reuolté & ioint à Tribigildus pour s'accorder auec Arcadius, demanda qu'Aurelian, Saturnin, & Iean qui gouuernoient lors les affaires, luy

fussent liurez entre les mains, pour en faire à sa discretion : ce qui fût fait, s'estant contenté qu'ils fussent bannis, apres leur auoir fait sentir la pointe de son espée.

CHAPITRE XXXIII.

1. *De la défaueur qui prouient par le mauuais naturel du Prince, neufiesme de cette partie.*
2. *Seneque aduisé Courtisan. L'enuie & la deffiance du Prince est cause souuentefois qu'il est mal seruy, & comment cela.*
3. 4. *Exemples d'aucuns Courtisans sur cela.*
5. *Iugement de l'autheur sur cette procedure*
6. *Moyens de se décharger de la ialousie enuers le Prince.*
7. *Exemple sur cela*
8. *Enuie & ialousie, maladie commune à tous les Princes, mais pour moindre suiet aux vns qu'aux autres.*
9. *Exemples de telle ialousie.*
10. *Moyens au Courtisan de se gouuerner à l'endroit des Princes de ce naturel.*

1. QVelquesfois le mauuais naturel du Prince rend les fortunes de ceux qui le seruent plus courtes,

mesmement 1 s'il est leger & inconstant, vain, deffiant, enuieux, auare, cruel ou timide : ces imperfections surmontans le plus souuent toute la prudence qu'vn homme puisse apporter pour se maintenir. Senecque, quoy qu'en certaines choses assez libre enuers son Maistre, estoit neantmoins estimé pour sage & aduisé Courtisan : mais le mauuais naturel de Neron son disciple surmonta toute son accortise, laquelle ne peût empescher que son eloquence & ses richesses ne fussent enuiées, qui auec les mesdisances de ses ennemis luy firent perdre premierement son credit, & puis enfin la vie.

1 *Plin. Nullum tam infidum mare quam Blanditiæ Principũ illorum quibus tanta leuitas, tãta fraus, ut satius esset iratos, quàm propitios habere.*

2. Plusieurs ont tellement craint la deffiance & enuie du Prince contre eux, qu'ils ont plûtost desiré diminuer leur reputation aux despens des affaires de leur Maistre, que de l'accroistre en bien faisant, de peur de se ruiner.

3. Venditius craignant l'enuie d'Antonius, sous l'authorité duquel il faisoit la guerre, se contenta 2 de repousser les Parthes iusques à la Medie & Mesopotamie, par trois batailles qu'il leur donna, sans les poursuiure plus auant, bien qu'il le peût faire.

2 *Appian. in Parthic.*

4. Agathias dit que Bellissaire sous Iustinian en fit de mesme, se contentant de chasser son ennemy, sans le poursuiure, de peur que croissant la reputaion de ses exploits, l'enuie des principaux de la Cour ne reueillast celle du Prince, & crust dauantage par les applaudissemens & resiouïssances du peuple.

5. C'est à la verité trahir, & son honneur & son Maistre; mais la faute en doit estre imputée plûtost au Maistre qu'au Ministre. A cause de cela Mecenas conseilloit à Auguste de n'imputer les mauuais euenemens des affaires à ses Ministres, ny leur enuier les bons, afin qu'ils s'employassent sans crainte pour son seruice. Car plusieurs de ceux (ce dit-il) qui ont le maniment des affaires, craignans de ietter leur Maistre en ialousie, ont souuent aymé mieux mal faire que bien faire, preferant la seureté qu'ils trouuoient au premier, à la reputation qu'ils eussent peu acquerir par le dernier.

6. I'approuue toutesfois dauantage la procedure de ceux qui pour se decharger de la ialousie d'vn grand exploit, en ont laisse tout l'honneur au Maistre, soit qu'il y ait esté present ou non.

7. Agrippa gendre d'Auguste faisoit & conseilloit aux autres d'entreprendre choses hazardeuses, 1 & en laisser l'heureux euenement au Prince. Ainsi en fit Ioab au siege de Rabatha, à ce que dit Iosephe, lequel en differa la prise iusques à la venuë du Roy. Craterus en vsa de mesme à l'endroit d'Alexandre son Maistre, l'attendant pour receuoir la composition d'Artacena. 2 Agricola attribuoit à son Capitaine tout le bon heur de ses exploicts.

1. *Dion. l. 49.*

2. *Tacit. Nec vmquam in suam famam gestis exultauit, ad authorem ducem minister fortunam referebat.*

8. Cette enuie ou ialousie (car l'vne & l'autre produit pour ce regard vn mesme effet) est vne maladie commune à tous les Princes, & les plus courageux, comme Philippe & Alexandre son fils, en ont esté trauaillez: mais il y en a qui s'y laissent aller pour moindre suiet les vns que les autres.

9. Theodose II. Empereur ayant donné à vn nommé Cyrus la Sur-intendance de la construction d'vne muraille de la ville de Constantinople depuis vne mer iusqu'à l'autre, il la fit paracheuer en soixante iours. La beauté de cét ouurage, & la celerité apportée en cette besongne réioüissoit tant le peuple, qu'allant par la ville il crioit tout haut que Constan-

tin auoit basty la ville, & Cyrus l'auoit renouuellée : ce que l'Empereur ayant entendu, il le disgracia incontinent & le contraignit de se rendre Moine, pour recompense d'auoir promptement executé ce qu'il auoit commandé.

10. Auec tels naturels il y a beaucoup plus de peine à se gouuerner, que s'ils estoient plus considerez, & se laissoient moins emporter à leurs craintes & imaginations. C'est pourquoy le Courtisan s'efforcera de tant plus de penetrer & reconnoistre ses mouuements, pour s'en parer & deffendre, s'il peut, sinon au moins aura-il cette consolation de n'y auoir rien oublié de ce que l'accortise & dexterité y pouuoit apporter.

CHAPITRE XXXIV.

2. *La mort du Prince derniere cause de la défaueur celuy qui est iugé le plus heureux en faueur de la Cour.*

2. *Le Prince qui succede à l'Estat auance plustost ses seruiteurs, que ceux de son predecesseur*

3. 4. *La faueur se continuë apres la mort du Prince, ou en se rendant necessaire aux affaires, ou en obligeant le successeur à quelque signalée action,*

ou seruice agreable, Exemple sur ce suiet

5. *Aduis notables sur ces considerations, afin d'éuiter la défaueur du Prince. humileté necessaire aux Grands pour se maintenir.*

6. *Auoir l'œil aux louanges & calomnies qu'on dit de nous.*

7. *Fondement plus ordinaire des calomnies & le remede qu'il y faut apporter.*

8. *Ammender & suppleer le defaut dont on nous calomnie soit par parler discretement, ou à interpreter ce qui peut estre mal pris.*

9. *Ne s'eloigner de celuy enuers lequel ont craint d'estre calomnié.*

10. *Faire des amys en Cour, pour nous deffendre des faux rapports. En Cour chacun drappe son compagnon.*

1. L'On iuge celuy heureux en faueur de Cour, duquel le credit suruit le Prince qui le premier l'a éleué, & est continuée par le successeur (chose assez rare) aduenant ordinairement que ceux qui sont éleuez à ce degré, sont obligez, pendant qu'ils y sont, de heurter & contrebuter en plusieurs choses le presomptif heritier du Prince,

[1] lequel est le plus souuent suspect à celuy qui regne : de façon qu'au lieu d'en estre aymé, il en est le plus souuent hay à mort.

2. Et quand bien cela ne seroit, celuy qui succede à l'Estat, ayant d'autres seruiteurs, desquels l'affection luy est plus connuë, ou il se resout de les auancer plustost que de maintenir celuy que son predecesseur a fauorisé ; ou bien ses seruiteurs pour tâcher d'entrer en cette place, s'efforcent de reculer celuy-là.

3. Si y en a-il qui se sont maintenus ou aidez à cela par l'occurrence & disposition des affaires, ausquelles leur seruice estoit iugé vtile, ou gagnant par quelque agreable office les bonnes graces du successeur, & adorant (comme l'on dit) le Soleil leuant.

4. Macro n'épargna pas sa propre femme pour gagner les bonnes graces de Caligula, auquel il fit encores ce seruice de haster, 2 à ce que l'on dit, la mort de Tibere. Et Arbetio se rendit si necessaire, que l'Empereur Iulian qui le connoissoit homme entreprenant & broüillon, & qui en effet ne l'aimoit point, le conserua en

1. Tac suspectus dominãtibus qui proximus destinatur.

2. Tac. in fin. 6. Annal. Macro interpidus, opprimi senem iniectu multæ vestis iubet, discedique limine. Sic Tiberius finiuit.

5. Amm. Arbetionẽ sẽper ambiguũ, & præ tumidum, quẽ iam omnino salutis suæ nouerat obiectum præfecit quæstionibus. Ibid. Arbetionem ex consule agentem iam dudum in otio ad se venire

hortatus est, vt Constantini ducis verecundia truces animi lenirentur.

credit & en authorité, & depuis fut encore appellé par Valentinian, pour s'opposer à Procopius.

5. Par la consideration de tous ces exemples, il sera aisé à recueillir vne partie de ce que nous deuons éuiter, afin de ne point tomber en la disgrace du Prince. Mais le plus vtile conseil que l'on peut donner à vn homme qui est en credit, 1 est de s'abaisser le plus qu'il pourra enuers son Maistre, & faire le craintif, mesurant ce qu'il doit faire plus par la condition du Prince qu'il sert, que de sa fortune. Ne faire rien par ostentation, mais seulement par obeïssance; & à l'ordinaire pour éuiter l'enuie : y ayant eu mesmes des Grands, qui pour cette consideration ont fait semblant de s'amuser aux débauches, & d'autres aux lettres, pour monstrer qu'ils estoient fort éloignez de penser à l'Estat, comme pour vn temps fit Domitian, 2 & à l'oysiueté, comme fit Galba du temps de Neron : pareillement s'ils font quelque chose de remarque, ils

1. *Tac. Primoribus claritudo sua obsequiis prosequenda est, adeoque iis minus sordida adulatio videtur, quia necessaria est.*

2. *Sueton. in vit. sua c. 9. & Tac. Hist. l. 1. Paulatim in desidiam, segnitiē que conuersus est, ne quid materia praberet Neroni, & vt dicere solebat, quod nemo rationem otij sui reddere cogeretur. Vt quod illi segnitia erat, sapientia vocabatur.*

en donneront l'honneur à leur Maistre.

6. Mais sur tout sans s'endormir aux loüanges & apparences exterieures, faut auoir l'œil sur ses ennemis, enuieux & concurrents, pour détourner leurs calomnies & artifices, soit enuers le Prince, ou autres qui peuuent nuire.

7. Les calomnies sont ordinairement fondée, ou sur quelques manquement que l'on pretend estre en nous, ou sur quelque parole dite mal à propos, & à dessein de l'offencer, ou pour quelquelque faute que nous auons commise contre quelqu'vn.

8. Le commandement que l'on presuppose estre en nous doit estre, ou amendé, ou excusé par nous, ou par nos amis, ou supposée par quelque autre aduantage : & tant en nos paroles qu'en nos deportemens faut apporter telle circonspection que nous ne disions ny faisions rien qui puisse estre diuersement interpreté par ceux qui sont presens, l'intention desquels nous deuons sonder auant que de nous ouurir à eux. Et où quelque chose par mégarde nous seroit eschappée, nous rechercherons de faire connoistre par quelque office, ou discours contraire fait auec occasion,

que nostre intention a esté bonne, & est encore telle à l'endroit de celuy qui s'en pourroit offenser.

9. Ne faudra aussi s'éloigner que le moins que l'on pourra de celuy enuers lequel on craint d'estre calomnié, car outre que l'absence auec le temps diminuë l'ardeur de l'affection que l'on nous peut porter, l'on a temps d'imprimer vne calomnie, de la verité de laquelle l'on ne peut-estre si-tost éclaircy. Et ne se trouuant rien au contraire, l'on est comme forcé de la croire; ou si l'on ne la croist, le cerueau demeurera my-party & en doutes: mesmes quand le calomniateur l'afferme & l'asseure, quelque disposition que l'on ait au contraire. Et si l'on la laisse vieillir en l'esprit du Prince auquel le rapport se fait, insensiblement la défiance s'y engendre, qui l'empesche de s'enquerir de la verité plus auant: d'où vient qu'elle degenere en estrangeté, & de là en inimitié.

10. Celuy donc qui est absent, doit necessairement se pouruoir d'vn ou plustost de plusieurs qui luy puissent faire cét office de vray amy, de le deffendre contre les faux rapports, & les choisir tels qu'ils ayent entrée & credit aux lieux, où l'on luy peut

prester telles charitez Chose que ie confesse estre tres-rare & difficile en la Cour, chacun estant bien aise de drapper (comme l'on dit) ou d'oüir drapper sur son compagnon. Neantmoins aucunes fois il s'en peut rencontrer quelqu'vn qui poussé ou d'obligation qui nous a, ou des desirs de nous obliger, ou par enuie ou haine qu'il peut porter au calomniateur, nous pourra faire cét office.

CHAPITRE XXXV.

1. *Fuir l'ostentation de peur que le Prince n entre en ialousie.*
2. *Exemple du Cardinal Spinosa sur cette ostentation*
3. 4 *Le Courtisan ne doit attendre à la regler & moderer au declin de la faueur; mais commencer à se composer de bonne heure à la modestie. Exemples de ceux qui s en sont mal trouuez faisant autrement*
5. *Le Courtisan doit s'obliger le plus de gens qu'il pourra, & pourquoy.*
6. *Consideration sur ce point.*

1. I'Ay dit qu'il ne falloit rien faire par ostentation, ce que ie repete non seulement pour éuiter l'enuie de nos compagnons; mais aussi pour ne

faire entrer le Prince en ialousie de nous.

2. L'on escrit qu'en Espagne vn des moyens desquels les Courtisans du Roy Philippe second se seruirent, pour donner le saut au Cardinal Spinosa, fut en se rangeant tous sous luy, monstrans qu'ils en dependoient, iusques-là que les domestiques du Prince ne faisoient que ce qu'il commandoit. Ce que le Roy reconnoissant, il l'éloigna de la Cour, & en deux ans sa fortune fut ruinée par cét artifice.

3. De là le Courtisan apprendra de s'accompagner de peu de gens, & selon la qualité en laquelle le Prince trouue bon qu'il demeure, voire plûstost au dessous. Il ne faut attendre au declein de sa fortune à retrancher cette suite. Il ne seruit de rien à Senecque apres auoir perdu les bonnes graces de Neron, de se retirer en sa maison, faire semblant de vacquer à l'etude, ou d'estre indispose & faire fermer sa porte, à ceux qui auoient coustume de le courtiser. Non plus seruit-il à Agricola sous Domitian de n'aller que de nuit & peu accompagné.

4. Il faut de bonne heure se composer à la modestie.

5. Celuy toutesfois qui sera en cre-

dit, ne laissera d'obliger le plus de gens qu'il pouurra, non pour la vanité d'estre suiuy; mais afin que sa cheute en soit plus douce, & qu'il ait qui le recueille.

6. Car encores que l'on tienne qu'il soit bien difficile de 1 faire des amis en la Cour qui vous assistent en vôtre disgrace: Toutesfois en vn si grand nõbre il s'en peut trouuer quelqu'vn, lequel si ce n'est par consideration d'amitié, au moins par son propre interest, pour l'accez qu'il auoit pres de vous, & l'esperance qu'il pouuoit auoir d'en tirer quelque auantage, plaindra vostre fortune, & s'efforcera de vous aider.

CHAPITRE XXXIV.

1. *Le Courtisan & fauory du Prince doit se comporter auec discretion aux demandes qu'il fera au Prince pour autruy, & la raison pourquoy.*
2. *Qualité des demandes qu'il fera au Prince.*
3. *Ne se vanter de son credit.*
4. *Comment il se faut comporter en l'execution des cõmandemens du Prince.*
5. *Ne faut refuser aucun cõmandement ou cõmission du Prince. En quelle maniere les Princes iugẽt & mesurent la*

grandeur de leurs commandemens.

6 *Le Courtisan se doit tenir tousiours en garde pres du Prince, de peur d'estre surpris. Preceptes sur ce suiet.*

7. *Comment il conuient se gouuerner auec les mal-contens.*

8. *Parler modestement & sobrement du Prince & de ses domestiques.*

9. *Aduis de ne rompre iamais auec le Prince, & pourquoy*

1. MAis comme il est tres auantageux pour adoucir nostre disgrace, d'auoir fait ressentir à plusieurs la faueur que nous auions pres du Prince, pendant qu'elle duroit, en intercedant pour eux : Aussi auertiray-ie le Courtisan de s'y porter discretement. Car la pluspart de ce que le Prince nous accorde pour autruy, il nous le met à compte, & partant nous reseruerons nostre credit pour nous, s'il n'est bien grand : & ne nous presenterons pour telles intercessions que rarement, & pour sujet dont le Prince ait desia quelque connoissance, 1 de peur que l'on ne nous rende responsables de ses fautes.

1. Hor. in 1. li. Ep. 11. *Qualem commendes, etiam atque etiam adspice, ne mox Incutiunt aliena tibi peccata pudorem.*

2. Faut aussi que les demandes que nous ferons au Prince, soient iustes, conuenables au temps, ordinaires à estre accordées, conioinctes, si faire se peut

peut à son honneur profit, ou plaisir. S'il nous accorde quelque chose nous en ferons grand cas, & estans refusez, nous nous en deuons monstrer mal contents, & par toutes sortes de demonstrations le luy faire croire.

mox. Incutiant aliena tibi peccata pudorem.

3. Il ne faudra pas toutesfois faire feste & parade enuers les autres de nostre credit enuers le Prince, ny moins se vanter, comme aucuns ont fait que nous gouuernons nostre Maistre. Les Princes veulent estre veus faire ce qu'ils font d'eux mesmes sans conduite, addresse ou entremise d'autruy, moins d'aucuns de leurs Subiets. Aussi la pluspart de tels vantars sont vendeurs de fumée.

4. S'il nous commande quelque choses, ou nous donne quelque commission, nous la ferons mettre par escrit, si faire se peut, auec toutes ses circonstances : nous remuerons toutes les difficultez que nous pourrons preuoir deuoir aduenir en l'execution. Et si c'est chose non subiete à estre écritte, & laquelle nous soit commandée secrettement, nous la repeterons souuent au Prince, afin de mieux conceuoir son intention : & par cette repetition faire que plus aysement il se ressouuienne à l'aduenir,

de ce qu'il nous aura commandé.

5. Nous ne deuons refuser aucune cõmission ou commandement du Prince, quelque petit qu'il soit : souuent peu de chose à seruy d'ouuerture à vne grande fortune, & puis les Princes iugent la grandeur de leurs commandemens, non par l'importance, mais par leur propre grandeur, & se sentent autant offencez du mespris d'vn commandement de peu de chose, que du refus d'vn qui leur importeroit dauantage.

6 Estant prés du Prince, il faut estre tousiours en garde, de peur d'estre surpris : preuoir à peu prés les affaires desquelles il nous peut parler, se preparer à celles qui sont sur le tapis, parler peu & seulement de ce que nous sçauons bien : estre attentif lors que le Prince parle, monstrer que l'on ne songe point ailleurs : ne se monstrer ny triste, ny pensif, de peur que cela ne soit interpreté à mespris, ou mécontentement.

7. Si quelque mal-content vient à nous pour descharger son cœur, nous le pouuons escouter vne fois, & monstrer de compatir à sa disgrace, en luy donnant courage & esperance de mieux, diminuer le tort qu'il pre-

tend luy auoit esté fait, excuser le Prince, l'exhorter à se taire & prendre patience; mais sur tout nous prendrons garde aux offres que nous ferons à telles gens. Car la pluspart feignent d'estre mal-contens & desireroient tirer de nous quelque demonstration de mauuuaise volonté contre le Prince, pour s'en preualoir, & nous ruiner: ou s'ils sont mal-contens, ordinairement la passion les transporte, & ne sçauent pas taire ce que l'on leur dit.

8. Faut aussi qu'vn Grand commande à ses seruiteurs de parler modestement & sobrement, soit du Prince ou de ceux qui sont prés de luy: car souuent l'on accuse le Maistre de ce qu'on entend dire aux valets.

9. Mais la sagesse principale est de preuoir la défaueur ou refroidissement du Prince, & découdre tout doucement sans rompre: afin que le Prince se rauisant, nous ayons tousiours vne porte ouuerte pour r'entrer ne monstrans d'en estre offencez, ny mesmes que nous ayons reconnu son refroidissement enuers nous.

CHAPITRE XXXVII.

1. *Aduis sur la durée de la faueur ou credit d'vn Courtisan Treiziesme diuision de cette partie.*

2. *D'où prouient la faueur des Princes enuers nous, & des causes qui meuuent le Prince à fauoriser & aymer vn Courtisan.*

3. *La faueur qui precede la grace personelle, n'est de durée.*

4. *De la cöformité de l'humeur du Prince & de son fauory. Les aduantages que cestuy cy en recoit. Doit mesnager le temps & le faire valoir.*

1. Mais afin que le Courtisan puisse iuger de la durée de son credit enuers son Maistre, outre ce qu'il en peut coniecturer par l'humeur du Prince, & par la faueur que ses amis & ennemis peuuent auoir pres de luy, il faut qu'il consider aussi la cause pour laquelle son Maistre l'ayme. Car cette cause venant à manquer ou s'en trouuant vne plus puissante en vn autre, sans doute la faueur aussi diminuera en son endroit, si elle ne manque du tout.

2. Il y a bien des faueurs desquel-

les l'on auroit peine de deuiner la cause, & plusieurs se trouueroient empeschez de rendre raison de leur bon-heur. Toutesfois pour en parler comme il en aduient plus ordinairement : La faueur des Princes prouient ou d'vne conformité d'humeurs, grace, ou façon qui leur agrée, ou d'obligation des seruices faits, ou pource qu'ils reconnoissent ceux qu'ils veulent fauoriser, instrumens propres pour seconder leurs volontez : ou auoir en eux quelques parties & suffisance non commune.

3. La faueur qui procede de cette grace personnelle, bien qu'elle semble estre attachée de deux costez, c'est celle qui passe plus tost : n'y ayant rien si inconstant que les humeurs des hommes : lesquels se changent non seulement (comme nous auons dit) par l'aage, mais par vne bien petite rencontre aux affaires qui peuuent suruenir. Ioint qu'il est impossible que deux personnes se rencontrent si conformes en humeur, qu'il n'y ait tousiours quelque particularité d'vn costé ou d'autre qui les rend en cela differentes & la quelle heurtée les separe & esloigne plus loin qu'elles n'estoient auant qu'el-

Gratiæ Subiiciet aliquis, ista quidem ademptus est, sed effare quo merito. Quid me oneras, sciscitor à ratione in fœlicitatis nemo redidit. Deus est qui Deo proximus tacito munium dispergit arbitrio. & beneficiorum suorum indignatus per homines stare iudiciū mauult de subdi-

les se fussent vnies.

tis dedisse miraculū. 4. I'aduoueray toutesfois, qu'où cette conformité se trouue plus grande, elle produit en la personne du Prince des effets de faueurs plus grāds qu'aucune autre cause. Mais celuy qui se void fauorisé, doit mesnager le temps, & le faire valoir le plus qu'il pourra, & comme s'il preuoyoit la tempeste proche, doit haster sa recolte, pour se retirer à couuert.

CHAPITRE XXXVIII.

1. *De la faueur des Princes enuers les femmes.*
2. *Comment font celles qui se veulent maintenir en credit pres du Prince.*
3. *Exemple de* Popée *enuers* Neron
4. *Quelques Princes ont esté retenus plus par les artifices d'estre gourmandez des femmes, que par la ioüissance.*
5. *La faueur procedant des seruices faits est de peu de durée, & pourquoy.*
6. *Le Prince se fasche qu'on croye qu'il soit redeuable à son vassal de quelque grand & signalé seruice, ne le voulant pour cela voir.*
7. *Cōsideratiō sur cela. Les Princes d'ordinaire peu soucieux de recompenser*

leurs seruiteurs

8. *Consideration sur cela. Il vaut mieux estre oblige à son Maistre que de l'auoir obligé*

9. 10. *De la faueur de ceux qui secondent les inclinations du Prince, & consideration sur ces inclinations.*

1. TElles faueurs sont d'autant plus violentes enuers les femmes que le plaisir du Prince, & la fureur de ses desirs se mesle par dedans.

2. Mais si la mauuaise conduicte qui est ordinairement en telles femmes ne les rompt, la satieté, ou vn autre plus agreable obiect les rompra aysement : aussi celles qui veulent se maintenir en credit, s'efforcent ordinairement de distraire les Princes de toutes autres compagnies, & les destourner des obiects qui leur peuuent faire changer d'aduis. Autres y ont apporté les refus simulez, & quelques-vnes plus hardies les recognoissans attachez à elles, les ont gourmandez.

1 Tac. in 13. Ann. Sed accepto aditu, Poppea primum per blandimenta & artes valescere imparem cupidini se, & forma Neronis captā simulans: mox acri iam principis amore ad superbiā vertēs, si vltra vnā alteramque noctem attineretur, nuptam esse se dictitans, nec posse matrimoniā amittere deuinctā Othoni per genus vitæ quod nemo æquaret. Illum animo & cultu magnificium: ibi se sumam fortuna digna viscere. At Neronem pellice ancilla, & assuetudine Actes accinctum, nil è contubernio seruili nisi abiectum & sordidũ traxisse.

3. Ce fut vn traict du mestier que celuy dont vsa Poppea enuers Neron : apres qu'elle l'eut rendu amoureux, de feindre qu'elle se vouloit retirer auec Othon son mary auquel elle estoit (ce disoit-elle) obligée par mariage & pour son merite, qu'elle éleuoit par dessus celuy de Neron, lequel elle disoit n'auoir accoustumé de se mesler qu'auec des chambrieres : & depuis encore Neron differant de repudier Octauia de peur qu'Agrippine ne le trouuast mauuais (en 1 se mocquant de luy) l'appelloit pupille, qui non seulement n'estoit pas Empereur, mais aussi n'estoit pas libre.

1. *Nero flagrantior in dies amore Popea, quæ sibi matrimonium, & dissidium Octauiæ incolumi Agrippina hinc sperans, crebris cri-*

4. Il y a des Princes de cette humeur lesquels par tels artifices sont entretenus plus aysément en haleine, que par la facilité de la ioüyssance & par les caresses. Mais nonobstant tout cela le plus souuent l'inconstance les emporte ailleurs.

5. La faueur qui procede des seruices faits, sembleroit deuoir estre plus durable que les autres, comme celle qui est acquise à meilleur

tiltre, & qui peut reueiller beaucoup de gens au seruice du Prince.

6. Mais au contraire nous n'en voyons point qui dure moins, & souuent les plus grands seruices qui ne se peuuent payer sont ceux 2 qui attirent sur nous plustost la disgrace que la grace du Prince.

minationibus aliquando per facetias incusare Principem, & pupillum vocare, qui iussis alienis obnoxius non modo imperii, sed libertatis etiam indigeret. 2 *Senec. Argumento nihil debentium odia quærunt.*

7. C'est l'ordinaire des Princes de vouloir estre déchargez de toutes sortes de debtes : ce faix leur pese: mais plus se faschent-ils qu'on croye qu'ils soient redeuables à vn de leurs subiets de quelque grand & signalé seruice. Ils en apprehendent mesme la rencontre qui leur reproche leur honte & leur ingratitude, & le plus souuent il n'y a gens si empeschez, & ie le diray auec regret, si mal-heureux que cette sorte de seruiteurs, Car comme ils ont l'honneur en recommandation ils ne veulent aussi tost qu'ils ont fait vn seruice à leur Prince, exiger incontinent la recompense : de peur qu'ils ne soyent venus plustost vendre leur seruice que le faire liberalement, & d'ailleurs les Princes pour la plus-part sont peu soucieux de recompen-

ser leurs seruiteurs : & bien qu'aucuns reconnoissent le deuoit faire, il reiettent cela en autre temps, & autres occasions pour donner loisir au seruice receu 1 de vieillir en la memoire de ceux qui en sont tesmoins, & peu à peu de l'oublier.

1. *Senec. in Controuers. Hæc est consuetudo vestra, nempe bonorum, tamdiu vobis cordi sumus quãdiu vsu*

8. Cela fait qu'aucuns se sont resolus de battre le fer, comme l'on dit, pendant qu'il estoit chaud : & que preuoyans deuoir estre necessairement employez en quelque affaire, voulans mesnager cette occasion auant que l'on se soit adressé à eux, ils ont tire quelque aduantage du Prince : l'esperance d'vn seruice à receuoir, ayant plus de force à l'endroit des Princes, que le fruit d'vn seruice receu. Et tiennent plusieurs qu'il vaut mieux estre obligé au Maistre, 1 que le Maistre le soit à nous : le Prince voyant de meilleur œil ceux qu'il a obligez, comme ceux qu'il croist auoir plus de subiect de luy estre affectionnez, que ceux ausquels il n'a point ou peu faict de bien : & l'ayans neantmoins merité sans l'auoir receu, il reconnoit qu'ils ont peu de subiet de l'affectionner. C'estoit l'opinion de Louys XI. à ce que dit Philippes de Commines.

1. *Plin in Panegiric. Traian. Sed in Principe rarum ac prope insolitum est, vt se putet obligatum aut si putet, amet.*

9. La faueur de ceux, lesquels secondent les passions & inclinations du Prince, semble aussi deuoir durer, comme ordinairement elle fait, tant que le Prince se trouue possedé des mesmes passions. Mais comme il tombe d'vne passion en vn autre, ainsi change-il d'instrument & de ministres, & quelquesfois se tournant vers le deuoir de sa charge, il entre en dégoust des passions qui y sont contraires, & prend en hayne ceux qui l'y ont seruy.

10. Toutesfois comme les passions sont plus durables les vnes que les autres; aussi ceux qui y seruent, durent dauantage en credit les vns que les autres, selon la passion de laquelle ils se rendent ministres.

CHAPITRE XXXIX.

1. *Des plaisirs des Princes & des trois excez ausquels ordinairement les Princes se laissent aller.*

2. *L'amour est le premier, & de ceux qui les seruent en leurs amours.*

3. *De la cruauté, second excez, l'enuie des cruautez reiectee sur le Maistre qui les fais executer. Exemple de cela, Cesar Borgia.*

4. Considerations sur cét Exëple: & que ceux qui se font executeurs des cruautez des Princes, ne la font pas longue, ains son tost ruinez.

5. Exemple de Neron.

6. De l'auarice du Prince & ses effects, troisiesme excés ordinaire des Princes. De ceux qui secondent le Prince en cét excez, leur faueur est plus durable pourueu qu'ils moderent leurs deportemens, & qu'ils ne s'enrichissent excessiuement

7. Considerations sur les déportemens de tels Maistres.

8.9. Exemple pris de nostre France, comme de Pierre de la Berche, du tẽps de Philippe le Bel, d'Angueran de Marigny, du sieur de Guyac & autres.

10. Aduis de l'Auteur sur tels Ministres, & cõment il se faut gouuerner pour seruir inutilement en ces charges; voire auec honneur & credit.

1 IE ne parleray icy de plusieurs plaisirs ausquels les Princes se laissent ordinairement transporter: pource que rarement seruent-ils de fondement pour bastir vne grande fortune. Mais ie rapporteray les trois excez, ausquels les Princes se laissent plus ordinairement aller, qui sont l'amour, la cruauté & l'auarice.

2. Pour le regard de l'amour, plus il est violent, moins il est durable : & quoy que cette passion dure au Prince, si ne dure-elle gueres en mesme obiet. Neantmoins vne infinité de personnes y ont fait fondement, iusques à prostituer leurs femmes mesmes, comme Othon, auquel toutesfois il n'en prit pas bien auec Neron : car cela fut cause qu'il fut éloigné par luy, afin de se déliurer de la ialousie.

3. Autres ont creu de pouuoir obliger le Prince à les maintenir en grace, en se rendans compagnons, tesmoins, & ministres de mille vilennies & impudicitez, comme Tigillinus: ne considerans pas que le Prince est tousiours assez puissant pour se dégager de l'enuie & de la hayne que telles actions peuuent causer contre luy, en les abandonnant & sacrifiant au public : Cela se pouuant pratiquer en ce subiet aussi bien que Cesar Borgia le pratiqua pour se descharger de la haine des cruautez qu'il auoit fait faire par Remiro d'Orco : lequel il fit mourir en reiettant toute la faute sur luy.

4. Qui est vn exemple pour nous faire connoistre que les faueurs de

ceux qui se rendent executeurs des crautez des Princes non seulement ne durent pas ; mais conduisent ceux qui se meslent de ce mestier à leur ruyne. Car non seulement la cruauté se represente deuant les yeux du Prince : mais aussi il entre en defiance mesme de celuy qui a esté si volontaire à l'executer.

1. Tac. in 14. Ann. Annicetus leui post admissum scelus gratia, deinde grauiore odio: quia grauiorum facinorum ministri quasi exprobrantes aspiciuntur.

5. Neron quoy que confirmé & endurcy aux cruautez, en tomba là, apres auoir fait tuer sa mere par Anicetus, lequel peu apres il ne voulut voir, sa presence 1 luy reprochant le parricide qu'il luy auoit fait commettre.

6. L'auarice est celle qui dure plus long-temps. Car ny l'aage, ny la diuersité des obiects ne la peuuent faire changer comme l'amour : au contraire elle croist auec l'aage du Prince, & bien qu'elle soit odieuse au peuple aussi bien que la cruauté, toutesfois il la supporte plus longuement, à cause du pretexte de la necessité publique que l'on a coustume d'emprunter pour faire les leuées & exactions de derniers, & pour donner couleur aux retranchemens de la despense ordinaire : De maniere qu'il semble que ceux qui assistent le Prince en ce sub-

jet, sont pour se maintenir plus longuement en credit : pourueu que de leur costé ils apportent de la moderation, ne se rendans trop altiers & fascheux en leurs façons de proceder chose assez rare en telles sortes de gens qui souuent à leurs responces & refus adioustent les contumelies & les iniures & ne s'enrichissans trop excessiuement.

7. Le premier attire ordinairement la haine cõtre eux, de laquelle le Prince craignant enfin de se ressentir, est contraint de leur donner congé, s'il ne fait pis : & l'autre produit l'enuie non seulement du commun, mais aussi quelque fois du Prince mesme : lequel s'il est vrayement auaricieux, il est à craindre qu'il ne se contente pas, comme Vespasian de presser l'éponge: mais qu'il en vse comme les Paysans de leurs pourceaux, qui apres les auoir engraissez, les mangent.

8. Nostre France à veu plusieurs de cette condition, les vns pour l'insolence de leurs déportemens, & les autres pour l'enuie que l'on portoit à leurs richesses trop promptement acquises, precipitez tout à coup d'vne grande fortune en vn miserable estat.

9. Du temps du Roy Philippes le

Bel, Pierre de la Berche son premier Chambellan & Gouuerneur de toutes ses Finances, fut pendu & estranglé à Paris sous le Roy Louys, fils dudit Philippes, Enguerrand de Marigny ne récôtra pas mieux. Sous Charles VII. le sieur de Guyac, aussi premier Chambellan, ayant mesme charge, apres que l'on luy eut fait son procez, fut ietté dans la Riuiere en vn sac & noyé. Apres luy Camus de Beau-lieu estant entré en sa place fut tué à Poitiers. Et soubs Philippes I. Pierre des Essarts courut aussi fortune; mais enfin il en fut quitte pour cent mil florins.

10. Ie pardonneray à la memoire de quelques autres que l'on pourroit icy adiouster, pour dire que comme il faut fuyr la facilité en ces charges pour le biens des affaires de son Maistre, aussi faut il fuir l'insolence pour éuiter la hayne qu'il accompagne. Et comme il n'est pas deffendu de tirer quelque aduantage de ces seruices, estant le plus iuste moyen de s'enrichir; Aussi faut il euiter l'excez pour estre à couuert de l'enuie & demeurer plus long-temps en credit.

CHAP.

CHAPITRE XL.

1. *De la faueur qui procede de quelque capacité & suffisance non vulgaire, & ce qu'il faut considerer.*
2. *Ne faut se rendre concurrant en suffisance auec le Prince, en ce dequoy il pretend & desire exceller.*
3. 4. *Exemples sur ce suiet.*
5. *De ne paroistre trop sage deuant le Roy, conseil d'vn ancien sage. Faut se monstrer tousiours inferieur au Prince*
6. *Consideration sur le peu de durée de la faueur de Cour*
7. *A quoy le Courtisan se doit plus preparer, & conseil de l'Auteur sur cela.*
8. *Conseil & aduis de l'Auteur de se retirer de la Cour auant le declin de sa fortune.*
9. *Consideration sur la fortune des Courtisans*
10. *Conclusion & excuse de l'Autheur, prenant son instruction & ses souhaits de quelques vers Latins de Seneque qu'il rapporte pour passer en tranquillité, en douceur, en repos, & liberté le reste de ses iours.*

1. EN la faueur qui procede d'vne suffisance ou capacité non commune, il faut considerer si cette suffi-

ſance agrée au Prince, ou pource qu'elle luy eſt neceſſaire. ou pource que luy meſme s'addonne & s'occuppe au meſme ſubiet. Car au premier cas il ne faut point douter tant que la neceſſité durera, la faueur ne continuë: mais plus par force, c'eſt à dire par beſoin, que par amitié.

2. Que ſi le Prince s'addonne au meſme ſubiet auquel noſtre ſuffiſance eſt admirée, il faut croire que ſi-toſt qu'il reconnoiſtra que nous le ſurpaſſons, il commencera à nous voir de mauuais œil. Car c'eſt vn naturel commun non ſeulement aux Princes, mais auſſi à toutes perſonnes, de ne vouloir eſtre veus inferieurs à aucun en ce dont ils ſont profeſſion, moins le Maiſtre veut-il que l'on croye ſon valet en ſçauoir dauantage que luy.

3. Quelques vns encourageans Aſinius Pollio, de reſpondre à certains vers qu'Auguſte auoit faicts de luy, leur dit qu'il s'en garderoit bien d'eſcrire à l'enuy de celuy qui pouuoit proſcrire.

4. Et Fauorinus Philoſophe eſtant tombé en contention d'vn certain mot auec l'Empereur Adrian, luy donnant gagné, reſpondit à ſes amis qui l'en reprenoient, qu'il n'auoit

point de honte de paroiſtre moins ſçauant qu'vn qui commandoit à trente Legions.

5. C'eſt pourquoy 1 le Sage nous admoneſte de ne vouloir paroiſtre trop ſages deuant le Roy. Il n'y a remede, il faut en cela trahir ſon honneur pour en eſtrener ſon Maiſtre, ſi on veut eſtre le bien venu, & il ne ſuffit pas de luy ceder les paroles, il faut en effet monſtrer que l'on eſt inferieur en tout, voire faire pluſtoſt à eſcient quelque choſe mal à propos ſi elle luy peut aggréer, & que d'ailleurs elle ne nous puiſſe guerres preiudicier.

1. *Coram Rege noli videri ſapiens.*

6. De là l'on peut iuger le peu de durée de toutes les ſortes d'auancement, & que la puiſſance de la Cour eſtant ſi mal aſſeurée, la principalle conſideration de celuy qui ſe voit ainſi éleué, eſt de ſe preparer à la deſcente: ce ſera bien courage de combattre le plus qu'on pourra: mais ſi en combattant il y a plus à perdre qu'à gaigner, ce ſera prudence de pouruoir à ſa retraite, & ne combattre que comme les Parthes en ſe retirant.

7. Il eſt beaucoup plus honnorable de deſcendre doucement & ſortir par les degrez & par la porte, 2 que d'attendre que l'on nous face ſauter

2. *Quid fatigatæ felicitati moleſtus es; quidẽ exſpectas donec caſtris eiiciaris?*

Dit vn ancien Romain.

la fenestre : Et est plus honteux d'estre chassé que de prendre son congé de soy-mesme sous quelque honneste pretexte.

1 Senec. Fœlicitas, in ipsa fœlicitate mori.

8. L'on tient heureux ceux qui meurent au milieu de leurs felicitez, & moy ie tiens heureux le Courtisan qui se sçait retirer au milieu de ses prosperitez. Ceux qui ne sçauent que c'est, diront que telles gens sont indignes & incapables de leur fortune de l'abandonner ainsi au milieu de la course. Mais il les faut laisser dire, & se souuenir qu'en tous ieux de hazard il vaut mieux se retirer sur son gain, que sur sa perte, & ne hazarder le certain pour l'incertain.

2 Imit. Horat. in arte poëtica. Ego fungar vice cotis acutum Reddere qua ferrum valet, exor ; ipsa secandi.

9. L'on monte en ces grandes fortunes par degrez : mais quand l'on est monté iusques au comble, le plus souuent l'on n'en trouue point pour descendre ; & le moindre éblouïssement de veuë qui prend ordinairement à ceux qui sont éleuez si haut, leur fait perdre l'assiette du pied, & les precipite en bas tout d'vn coup.

10. C'est ce qui m'est tombé sous la plume, & que i'ay recueilly icy, plus 2 pour satisfaire à vostre desir, que pour mon vsage particulier.

FIN.

BIBLIOTHEQUE ROYALE

21 . 8bre . 1670 .